W0368014

Gregor Arzt

CHAKREN DER ERDE

Gregor Arzt

CHAKREN DER ERDE

SPIEGEL DER MENSCHHEIT

Urachhaus

ISBN 978-3-8251-5163-8

Erschienen 2019 im Verlag Urachhaus
www.urachhaus.de

Gestaltung, Grafik und Satz: Manfred Christ
Druck: Beltz, Bad Langensalza

INHALT

LEBENDIGE GEOMANTIE

Immer stärker greift der Gedanke um sich, dass die Natur, die Landschaft und der Raum im Allgemeinen keine bloßen Objekte sind, über die wir frei verfügen können, sondern dass sie selbst mit Leben und Bewusstsein durchdrungen sind. Ein Umdenken beginnt, auch und gerade bei all jenen, die sich weitestgehend an den ›logischen Verstand‹ halten und Vorstellungen über das Wesenhafte der Natur vorschnell als ›esoterisch‹ abzutun bereit sind. Es ist daher an der Zeit, Wege zu finden, die komplexen seelischen und geistigen Erscheinungen der Natur, das Lebendige, auf unser Verhalten Reagierende der Logik der modernen Weltanschauung einzugliedern.

Gregor Arzt hat hier einen eigenen, originellen Zugang gefunden. Als Geomant beschäftigt er sich mit den individuellen Besonderheiten einzelner Orte und Landschaften. Doch nimmt er sie nicht ›für sich‹ wahr. Er betrachtet die Phänomene der Natur und mit ihnen die der kulturell überformten Stadtlandschaften. Er sieht sie in ihrer Beziehung zum Menschen, sowohl zum menschlichen Körper wie auch zu seinen Gefühlen und vor allem eingebunden in historische Zusammenhänge. Dadurch schlägt er eine Brücke zwischen den Lesenden und den tieferen Dimensionen der Orte und Landschaften, die relativ leicht zu begehen ist. Hier liefert ihm das uns allen beim Menschen inzwischen wohlbekannte Chakrensystem ein geeignetes Werkzeug, um die spezifischen Beziehungen zwischen Mensch und Landschaft auf einer ätherisch-geistigen Ebene zu untersuchen. Er beschäftigt sich mit den Erdchakren, die in gewisser Analogie zu den menschlichen stehen; er sieht sie für die jeweiligen Menschen vor Ort arbeiten und versucht, Blockaden, die ihren Grund zumeist in einem sich über längere Zeit erstreckenden negativen Verhalten der Menschen vor Ort haben, zu erkennen und zu lösen. Aus diesem Verständnis heraus bemüht sich

Gregor Arzt, einen Zugang zu schaffen zu einem bewussteren Umgang mit unserer Erde. Für alle.

Was dem Buch seinen besonderen Wert gibt, sind die persönlichen Erfahrungen des Autors, seine eindringlichen, oft intimen Schilderungen. Viele Begegnungen mit der Erde, mit einzelnen Orten und deren Wesen finden in Gedichtform ihren Ausdruck. Hinzu kommen Übungen, die es der Leserin oder dem Leser ermöglichen, die Erfahrungen der beschriebenen geomantischen Erscheinungen nachzuvollziehen beziehungsweise selber zu machen.

Die ökologischen Zerfallsprozesse dringen immer tiefer ein in unser Leben und in die lebendige Umwelt. Rettende Maßnahmen können einen dauerhaften Erfolg nur haben, wenn jeder einzelne Mensch die veralteten Muster unserer Beziehung zur Erde und zur Natur wandelt, wenn er sein Herz, seinen Körper und seinen Verstand den tieferen Dimensionen dieser unserer Mitwelt und ihren Wesenheiten öffnet. Das Buch von Gregor Arzt ist dazu eine ausgezeichnete Anregung und Inspirationsquelle.

Marko Pogačnik, UNESCO Artist for Peace
Šempas, 9. August 2018

VORWORT

Die Erde ist schön, und sie lebt. Sie ist weit mehr als ein Klumpen Gestein. Sie ist uns weisheitsvolle, treue, fürsorgliche und oft duldsame Begleiterin. Von ihr können wir Gelassenheit und Mut lernen. Sie möchte uns zu einer gemeinsamen Entwicklung einladen und zeigt uns den Weg, auch zu uns selbst. Sie hofft, dass auch wir uns ihr liebevoll zuwenden und das Gespräch mit ihr suchen.

Seit bald zwanzig Jahren spreche ich in geomantischen Seminaren und Vorträgen über die lebendige Erde und freue mich, wenn der Funken meiner Begeisterung auf andere überspringt. Bei vielen Menschen spüre ich eine große Sehnsucht danach, mit der lebendigen Erde in Verbindung zu kommen. Deshalb richtet sich dieses Buch voraussetzungslos an alle, die wie ich diese Sehnsucht haben. Wie können wir lernen, die lebendige Erde noch besser wahrzunehmen? Wie uns noch inniger mit ihrem Leben verbinden, dessen Teil wir als Menschen immer schon sind? Was wünscht sich die Erde von uns und was für uns?

In diesem Buch geht es um Grundlagen der Geomantie, der Erfahrungswissenschaft von der lebendigen Erde. Der Weg und die innere Haltung, selbst entsprechende Erfahrungen machen zu können, ist verbunden mit einem Erwecken der Wahrnehmung und einer Schulung, die in ein vertieftes Fühlen und Denken führt, vom Sinnlichen zum Übersinnlichen. Was auf diese Weise erkannt werden kann, wird anhand meiner Forschungen zu den Chakren der Erde gezeigt. Die Erdchakren sind Hauptgegenstände der Geomantie, und sie werden in diesem Buch in einer grundsätzlich neuen Weise betrachtet. Denn ich verstehe sie nicht nur als eines der Systeme, durch die die Erde das Leben auf ihr energetisch ernährt, sondern auch als Kollektivorgan der Menschen der Region, für die das jeweilige Chakra arbeitet. Insofern ist dieses Buch auch eine Betrachtung der menschlichen Gesellschaft aus einem neuen Blickwinkel: dem einer zukünftigen Gemeinschaft, die die Geistwesen einschließt, die uns in unserer Entwicklung auf der Erde unterstützen.

Dass der Mensch selber Chakren besitzt, Zentren seines Energiekörpers, wird den meisten bekannt sein, vielleicht sogar aus eigener Erfahrung. Dass auch die Erde über einen Energiekörper mit Chakren verfügt, wird manch einen verwundern, vielleicht auch erfreuen. Die Erdchakren spiegeln uns durch ihren Zustand, wie gut oder schlecht wir selbst verbunden sind mit der Erde, ob wir uns im großen Lebensfluss frei bewegen können oder nicht, inwieweit unser schöpferisches Potenzial schon entfaltet ist und ob wir durch unsere geistige Arbeit mit unserer kosmischen Heimat verbunden sind. In vielem davon sind wir noch nicht sehr weit, und die Chakren können dann nur das Nötigste für uns tun. Sie brauchen vielmehr unsere Heilungsarbeit, die nicht zuletzt eine Arbeit an uns selbst ist.

Wenn man an Chakrenorten die Erde fragt, wie alles einmal sein könnte, dann lassen die Antworten erahnen, wie ein friedlicheres, liebevolleres und achtsameres, zutiefst mit der Erde wie dem Kosmos verbundenes Leben der Menschen möglich wäre. So hören wir in diesem Buch von Gesprächen mit Landschaften, Elementarwesen, Engeln, Ahnen, Gesteinen, Pflanzen und Tieren – Gesprächspartnern, die wir vielleicht für stumm, tot oder inexistent gehalten haben. Durch sie ertönt die Erdseele in einfachen und berührenden Worten. In allem spüren wir die belebende, heilende Anwesenheit des Göttlichen auf neue Weise. Von allen erfahren wir, was wir selber dafür tun können, damit das eintritt, was die Erde sich von uns wünscht: dass wir wirklich Mensch werden.

Ich würde mich sehr freuen, wenn Sie selbst Lust darauf bekämen, allein oder zusammen mit anderen sich auf den Weg zu machen, die Pforten der eigenen Wahrnehmung zu öffnen und die Schätze zu suchen, die das Gespräch mit der Schöpfung bereithält – falls Sie nicht schon längst damit begonnen haben. Es ist gar nicht so schwer! Das Gefühl von Zeitknappheit, von Noch-schnell-etwas-Wichtigeres-Erledigen-Müssen kennen wir alle. Doch wie können wir wenigstens gelegentlich den Schalter umlegen, das Hamsterrad verlassen? Das Gespräch mit der geistigen Seite der Wirklichkeit ist an der Zeit. Es soll hellwach sein durch unser klares Denken, tief und echt durch unser Fühlen und gut geerdet durch unseren Leib.

WAS IST GEOMANTIE?

Geomantie ist die Erfahrungswissenschaft von der lebendigen Erde. Sie ist so alt wie unser Bemühen, uns auf der Erde nachhaltig einzurichten, und sie ist weiterhin nötig, um zu einer integralen Kultur zu gelangen, in der die Menschen an der Geistigkeit von Erde und Kosmos unmittelbarer als heute mitwirken, ein Konzept, das der slowenische Bildhauer und Geomant Marko Pogačnik als »Geokultur« beziehungsweise »Gaiakultur« bezeichnet.[1]

Die Geomantie hat in den vergangenen dreißig Jahren einen großen Aufschwung genommen, an dem Marko Pogačnik wesentlichen Anteil hat. Als sich die Ökologiebewegung Anfang der Siebzigerjahre zu formieren begann, haben Vordenker wie er bald auch nach der spirituellen Dimension eines ganzheitlichen Verständnisses der Erde gesucht. Nur wenige Jahrzehnte nach dem magischen Missbrauch im Dritten Reich konnte die Geomantie durch Marko und andere, geprägt vom freiheitlich-kritischen Geist der Achtundsechziger-Generation, ihren Schatten ein Stück weit hinter sich lassen. Geomantie war seit jeher auch ein Werkzeug der Aufklärung und Gerechtigkeit. Sie kann – und sollte auch – aus der zwischenzeitlichen Verbannung ins Paranormale erlöst werden. Sie ist transparent, lehrbar und dem verstandesgeprägten Bewusstsein zugänglich, sofern eine grundsätzliche Bereitschaft besteht, sich den durch sie zu erschließenden Wirklichkeiten zu öffnen.

Geomantie zu definieren ist für mich eine Herausforderung, die ich immer wieder aufs Neue annehme, weil sich daran die wunderbare Nichtabgeschlossenheit, das Zukünftige der Sache zeigt. Der Wortbedeutung nach geht es ja darum, aus den Zeichen, die uns die Erde gibt, zu weissagen. Das klingt zunächst veraltet, lässt an Orakel und Trancezustände denken, an etwas, das sich dem Erkenntnisanspruch unserer wissenschaftlich geprägten Zeit entziehen will. Ich habe daher immer wieder nach einem geeigneteren Begriff gesucht. Wir hören auf das, was die Erde uns sagen will, also wäre doch der schlichte Begriff »Erdkunde« angemessen – leider schon besetzt. »Spirituelle Erdwissenschaften« nenne ich die Geomantie im Untertitel meiner Ausbildungskurse. Doch komme ich immer wieder zu dem Ergebnis, dass der Vorgang der Zeichendeutung, das Vermögen, zu verstehen, was uns die Erde mitteilen will, das Entscheidende ist. Wir Geomanten waren, wir sind und wir bleiben Übersetzer dessen, was sie uns in zumeist nonverbaler Form zeigt. Es kommt darauf an, ob wir das, was wir erfahren, jeweils in ein zeitgemäßes Verhältnis zur Lebens- und Bewusstseinswelt des Menschen stellen können. Und da haben wir wahrscheinlich durch die Epochen hindurch öfter, als es uns lieb war, die Rolle der Mahner und Propheten spielen müssen.

Geomantie auszuüben kann für all jene Menschen eine angemessene Form der Geistesforschung sein, die sich gerne bewegen und draußen unterwegs sind, die lieber reisen als im Labor oder Meditationszimmer, in einer Bibliothek oder am Patienten zu arbeiten. Sich eine Gegend durch geomantische Arbeiten zu erschließen ist eine unvergleichlich erfüllende Erfahrung. Auf keinem anderen Wege kann man der Erde in dieser Intensität nahekommen. Alle touristischen Bemühungen, die Entschleunigung und »Erlebnisse« versprechen, verblassen dagegen. Man kommt nach einiger Zeit zu der Erkenntnis, dass die geomantische Arbeit in einer Landschaft eine Form der gegenseitigen seelischen und geistigen Ernährung werden kann. Der Mensch nährt die Geistwesen der Landschaft mit seinem offenen Interesse. Sie treten aus dem Schatten, werden endlich gesehen und gewürdigt. Eine neue Form der Zusammenarbeit entsteht.

Als universale Lehre von der lebendigen Erde beruht die heutige Geomantie auf fünf Säulen:

Erstens ermöglicht ihre Ausübung eine zeitgemäße Form der *religio,* der Rückbindung an die geistige Welt, aus der wir kommen: Wir beginnen selbst, die geistigen Kräfte zu erfahren, die hinter den sinnlichen Erscheinungen stehen, die Schöpfung in Gang halten und in leitender oder beratender Weise auf den Menschen einwirken können. Wenn wir das gemeinsam tun, ist die Forschung zugleich eine kultische Handlung, ein Dienst am Göttlichen, denn unser Grundanliegen ist ja, die Anwesenheit und Wirksamkeit des Göttlichen hinter den Dingen zu erkennen und anzuerkennen.

Zweitens hat die Geomantie gesellschaftliche und politische Aspekte, die uns einer echten ökologischen Lebensweise näherbringen können. Ich betrachte es als eine besondere Herausforderung und Möglichkeit, die Weisheit von Geistwesen der Natur tatsächlich bis in demokratische Entscheidungsprozesse einfließen zu lassen.

Drittens benötigt und erlaubt Geomantie künstlerische Ausdrucksformen, damit treffender gesagt werden kann, was die Erde uns mitteilen möchte, sei es in Wort, Bild, Bewegung, Musik oder Architektur. Künstlerische Fähigkeiten werden wiederum benötigt, um Orte ihrem *genius loci* gemäß ansprechend und heilkräftig zu gestalten.

Viertens vermag Geomantie therapeutisch zu wirken, indem Heilkräfte aus der geistigen Welt fließen. Als therapeutisch kann schon das einfache, altbekannte Anliegen verstanden werden, für Mensch und Tier die geeigneten Wohn- und Schlafplätze zu finden. Therapeutisch motiviert ist heute umso mehr der Wunsch, einen Ausgleich zu schaffen für die Wunden, die der Mensch der Erde zufügt, indem er die Ressourcen, die sie uns selbstlos zur Verfügung stellt, mehr oder weniger rücksichtslos ausbeutet. Ein integrales therapeutisches Verständnis von Erde und Mensch ergibt sich schließlich, wenn man beide als gleichberechtigte Partner einer Bewusstseinsevolution ansieht.

Fünftens kann Geomantie methodisch und systematisch als eine Wissenschaft betrieben werden. Ich verstehe sie als eine Form der Geistesforschung mit fachspezifischer Theoriebildung und einer Methode, die jedem Interessierten die Erde geistig zugänglich machen kann. Dazu bedarf es keiner besonderen Begabung, sondern nur des geduldigen Übens. Die Ergebnisse der geomantischen Forschung sollen vom Alltagsverstand nachzuvollziehen sein. Jede wirklichkeitsgemäße Form von Geistesforschung kann in der Geomantie fruchtbar werden; das Geomantiespezifische ergibt sich aus der systematischen Erkenntnis der Gesetzmäßigkeiten des Energiekörpers der Erde. Ein geisteswissenschaftlich fundiertes Weltbild wie das der Anthroposophie ist dabei hilfreich.

Persönlicher Zugang und Methode

Ich bringe aus meiner Kindheit keine Fähigkeiten der übersinnlichen Wahrnehmung mit, jedoch ein starkes empathisches Interesse für Orte, die durch Eingriffe des Menschen leiden. Daher ist mein unmittelbarer persönlicher Zugang zur Geomantie therapeutisch. Ich hatte schon früh ein grundsätzliches Interesse, die Welt, in die ich hineingeboren wurde, zu verstehen. Ich habe Literatur- und Musikwissenschaften studiert und zugleich an Zusammenhängen zwischen Natur- und Geisteswissenschaften gearbeitet. Viel Aufmerksamkeit habe ich der Semiotik gewidmet, der allgemeinen Zeichentheorie. Das breit aufgestellte Studium betrachte ich rückblickend als eine gute Voraussetzung dafür, Geomantie auszuüben. Viele weitere Zugänge sind möglich: ein Studium der Geografie, Architektur oder Landschaftsgestaltung oder der Gärtnerberuf, um nur wenige Beispiele zu nennen. Die dahinterstehende Leidenschaft für die Erde ist entscheidend.

Gegen Ende des Studiums lernte ich durch meine Frau Hendrikje die Anthroposophie kennen, die mir heute eine gute Grundlage bietet, meine Erfahrungen in einen größeren geistigen Kontext zu stellen. Durch meine Verantwortung als Familienvater und einige Jahre Tätigkeit im Einzelhandel erwarb ich die Fähigkeit, anderen Menschen dienen zu können, was für mich als spiritueller Lehrer und Heiler in der Geomantie unerlässlich ist. In meinem vierunddreißigsten Lebensjahr kam es zur Begegnung mit Marko Pogačnik, der zu meinem wichtigsten Anreger und Lehrer wurde. Ich war nun so weit, zu verstehen, dass die Geomantie nicht nur ein Beruf sein kann, sondern dass sie meine Berufung ist. Ich bildete Fähigkeiten übersinnlicher Wahrnehmung aus, um den Beruf des Geomanten wirklich ausüben zu können. Fünf Jahre lang lernte ich von Marko und anderen und übte regelmäßig in einer Berliner Geomantiegruppe. Seit 2002 bin ich hauptberuflich als Geomant tätig und seit 2010 bilde ich selbst aus.

Zentrales methodisches Werkzeug in den von mir geleiteten Gruppen ist die einstündige geomantische Gruppenmeditation. Sie findet in der Regel an dem konkreten Ort statt, den es zu untersuchen gilt, sie kann aber auch aus der Ferne zu ihm hinspüren oder einer allgemeinen, nicht ortsgebundenen Fragestellung gewidmet sein, die für das Erde-Mensch-Verhältnis von Bedeutung ist. Jeder geomantischen Meditation geht ein gemeinsames Erörtern und Formulieren der Fragen voraus, die dabei an die geistige Welt gerichtet werden. Ist Erdheilung nötig, stellt man am besten gemeinsam die einfache Frage: Wie geht es dem Ort? Zeigt sich dann sein Leiden, fragt man weiter, wie er eigentlich gedacht ist und was man dafür tun kann, dass er wieder die ihm zugedachte Funktion ausüben kann. Geht es um Grundlagenforschung, fragt man: Welche Aufgabe hat dieser Ort in der Schöpfung?

Wenn ich ein Seminar gebe, rufe ich vor der ersten Arbeitseinheit immer laut die geistige Welt an und bitte um Hilfe bei der Forschung, um Schutz und Segen. Die Stunde über wird dann geschwiegen. Die Teilnehmenden konzentrieren sich übend auf den Ort und das Thema und notieren sich ihre persönlichen Erkenntnisse. Anschließend werden diese Ergebnisse in der Runde ausgewertet. Jeder Teilnehmende berichtet von dem, was er erfahren hat. Wenn man gut zuhört, kann man die Berichte als eine Form der geführten Meditation miterleben. Ich schreibe die Äußerungen der Berichtenden grundsätzlich mit, denn das erhöht die Konzentration aller auf das gesprochene Wort und ich komme so meiner Dokumentationspflicht auch für die Forschung nach. Der subjektive Wahrheitsgehalt eines Berichtes wird von mir nicht infrage gestellt. Authentizität, persönliche Diktion, gegebenenfalls auch künstlerischer Ausdruck und therapeutische Wirkkraft stehen für sich und sind einmalig. Ein übersubjektiver Gehalt ergibt sich leicht aus dem Vergleich der Ergebnisse mehrerer Berichtender. Hier interessieren Parallelen, etwa in den Motiven der aufgetretenen

Imaginationen, der aufgekommenen Gefühle und Intuitionen, aber auch thematische Kontrapunkte. Allen Beteiligten bietet diese Methode einen guten Rückhalt für das eigene Lernen. Sie ermöglicht, das Welthaltige der eigenen Wahrnehmung und ihrer Interpretation im Vergleich mit den anderen Meditationsberichten zu erfahren. Die geistige Welt unterstützt diese Arbeitsweise in der Gruppe. Ich halte sie für zeitgemäß und bestehe gerade auch bei Haus- und Firmenuntersuchungen auf einem solchen gemeinsamen Vorgehen.

Die in diesem Buch veröffentlichten Erkenntnisse basieren, wenn sie nicht anders gekennzeichnet sind, auf meinen Wahrnehmungen während solcher geomantischer Gruppenmeditationen. Doch ließen sich jedem Beitrag von mir eine Reihe parallel entstandener Beiträge zur Seite stellen, die zum Teil erstaunliche Übereinstimmungen aufweisen.[2]

Was das theoretische Rüstzeug betrifft, so orientiere ich mich an der Systematik, die Marko Pogačnik in seiner *Schule der Geomantie*[3] vorgelegt und in der überarbeiteten Neuausgabe unter dem Titel *Die Geheimnisse der Erde. Neue Schule der Geomantie*[4] weiterentwickelt hat, da ich sie für sachgerecht und konzise halte. Seine Gliederung geomantischer Phänomene in physische, ätherische, astrale und mental-spirituelle folgt den Grundkategorien theosophischer beziehungsweise anthroposophischer Betrachtungsweisen, etwa der Wesensgliederlehre von Rudolf Steiner. Im Laufe der Zeit ist mir klar geworden, dass ich gerade auf der ätherischen und astralen Ebene keine so detaillierten Wahrnehmungen habe wie Marko, jedoch sehr intensive auf der mental-spirituellen. Diese Ebenen hängen miteinander zusammen, und doch können sie sich, isoliert betrachtet, bisweilen recht unterschiedlich darstellen. In den seltensten Fällen erhalten wir auf der physischen Ebene Hinweise auf die Existenz von Erdchakren. Auf der ätherischen Ebene begegnen uns nicht nur die Grundformen, in denen die Lebenskräfte fließen (wirbelförmig, trichterförmig, sternförmig, linear, in Wellen ...), sondern wir werden auch mit einem immensen Formenreichtum konfrontiert, den wir zwar nach den Funktionen des jeweiligen Organs klassifizieren können, den wir aber jeweils vor Ort in seinen immer wieder neuen Varianten studieren müssen. Im Astralen erfahren wir die Anwesenheit und Wirksamkeit von Geistwesen, die diese ätherischen Gebilde permanent neu erzeugen. Auf der mental-spirituellen Ebene zeigen sich die moralischen Kräfte, die Motive, aus denen heraus die Geistwesen das alles tun. Da die Evolution der Erde aus Sicht der Geistesforschung und Geomantie auf das Engste mit der Menschwerdung verbunden ist, zeigt sich auf der mental-spirituellen Ebene eine Spiegelung von Menschen- und Naturwelt. Während also Marko Pogačnik die ätherische Struktur eines Erdchakras oder eines anderen feinstofflichen Organs in der Landschaft detailliert beschreibt, seine Aufgabe in Bezug auf die Lebenskräfte charakterisiert und auch von den damit verbundenen Elementarwesen im Detail berichtet, nehme ich vor allem wahr, wie solche Organe einen ganz bestimmten Aspekt der geistigen Entwicklung des Menschen unterstützen und darin eine Aufgabe erfüllen. Ich beschreibe daher in diesem Buch am Beispiel der Erdchakren vor allem, wie die jeweiligen Organe als Kollektivorgane der Menschen, die die jeweilige Gegend bewohnen, arbeiten. Die spirituelle Ebene ist mir auch an Marko Pogačnik vielleicht weniger bedeutend erscheinenden Phänomenen wie den sogenannten Erdstrahlen sehr greifbar. Entwicklungen, die er im Speziellen seit 1998 als Erdwandlungen beschrieben hat, zeigen sich mir in allgemeinerer Form auf allen mir zugänglichen Ebenen und an allen Phänomenen. Die ätherische Wiederkehr Christi erlebe ich als eine durchgängige moralische Kraft, die mit Strenge, Konsequenz und zugleich unerwartet liebevollen Lösungen erscheint.

Als künstlerischer Ausdruck für die Erfahrungen mit der geistigen Welt hat sich mir die Gedichtform erschlossen. In der lyrischen Sprache ist eine Verdichtung, Nachhaltigkeit und Heilkraft der Aussage möglich, und ich sehe darin eine Parallele zu den »Kosmogrammen« von Marko. Die Gedichtform ist für mich in den letzten Jahren so zentral und verbindlich geworden, dass um sie herum das gesamte vorliegende Buch entstanden ist. Da neben dem geisteswissenschaftlichen der künstlerisch-therapeutische Aspekt der Geomantie so bedeutend ist, bitte ich darum, die Gedichtform als gleichberechtigt zu betrachten und die Heilkräfte wirken zu lassen, zum Beispiel durch lautes Vorlesen. Sie werden eine ganze Reihe Gedichte in diesem Buch finden. Ein jedes hat einen Titel, und es sind Tag und Ort des Entstehens verzeichnet wie in dem folgenden Beispiel:

Ein Natur-Gesetz (Geoforschungszentrum auf dem
Telegraphenberg in Potsdam, 18. 7. 2017)

Vor dem Gesetz sind alle gleich:
Die Bäume, die da wachsen.
Die Steine, die da liegen.
Die Wolken, die da fliegen.
Die Menschen, die da hoffen.
Die Tiere, die da leiden.

Ihnen allen zu begegnen,
Das sollst du nicht vermeiden.
Ihnen allen zuzuhören,
Das sollst du täglich üben,
Und nie damit aufhören,
Deine Lieb hinzuzufügen.

Dieses Gedicht entstand anlässlich eines Besuches mit meinem Potsdamer Arbeitskreis Geomantie beim Geoforschungszentrum Potsdam. Wir wollten gerne wissen, was die dort lebenden Elementarwesen und Engel den Mitarbeitern dieses international bedeutenden Forschungsstandortes ins Stammbuch schreiben würden. Das Gedicht artikuliert die Antwort, die ich vor Ort bekommen habe.

Die Gedichte entstehen in der Regel so: Ich stelle mich während der Meditation aufrecht hin, bin völlig leer, lasse mich von der geistigen Welt bewegen, und zwar am gesamten Körper, und dann kommen, nach einiger Zeit, aus den Rhythmen der Bewegung heraus, erste, einzelne Worte. »Gesetz« kam zuerst. Die Bewegungen lassen dann nach, Imaginationen und Intuitionen speisen das weitere innere Hören. Je mehr ich den Sinn der entstehenden Botschaft greifen kann, desto aktiver werde ich beim Schreiben und bei der Wortwahl. Maß- und Reimverhältnisse ergeben sich und helfen. Gegen Ende bin ich es dann ganz selbst, der schreibt. Oft zeigt sich in der geführten ganzkörperlichen Bewegung eine gestische Botschaft. Sobald ich sie verstehe, lässt die Bewegung nach, ein umso stärkeres Gefühl kann mich berühren, der sinnhafte Zusammenhang der Botschaft erschließt sich nach und nach aus vielleicht nur einem gegebenen Wort, er entsteht Zeile für Zeile durch mein aktives Hineinspüren in den vor mein Bewusstsein tretenden Gedankeninhalt.

Wie aber steht es in der Geomantie ansonsten mit Genauigkeit und Eindeutigkeit, die ja oft hilfreich wären? Geomanten machen gelegentlich unterschiedliche Aussagen über die Lage einzelner Organe des Energiekörpers der Erde. Phänomene der feinstofflichen Welt können nur bedingt dem physischen Raum zugeordnet werden, auch wenn in der Geomantie dies versucht wird. Meine Erfahrung ist, dass Angaben umso mehr übereinstimmen, je ähnlicher die verwendeten Methoden und Theoriebildungen sind, aber auch die Motive, warum geomantisch gearbeitet wird. Unterschiedliche Ergebnisse werden verständlicher, je mehr man sich in die Grundannahmen des anderen einarbeiten kann. Ich bin sehr interessiert an einer fruchtbaren kollegialen Forschungskultur in unserem Metier und in der Geistesforschung allgemein, ich nehme daher seit vielen Jahren an entsprechenden Treffen teil und sehe in dieser Richtung noch viel Potenzial.

In diesem Buch finden Sie geomantische Zuordnungen, wie sie sich mir ergeben haben. Ich bestehe nicht darauf, dass sie in jedem Fall nur so vorgenommen werden können, und werde auch einige Beispiele dafür geben, dass und warum andere Zuordnungen möglich sind. Mein Hauptanliegen ist, Ihnen einen Eindruck zu vermitteln von der Vielgestaltigkeit, Fülle und Tiefe der Phänomene und Sie so anzuregen, eigene Erfahrungen zu machen.

Die Chakren beim Menschen

Zum besseren Verständnis der Erdchakren ist es hilfreich, die entsprechenden Hauptchakren des Menschen zu kennen und in ihrer Funktionsweise zu verstehen. Ich möchte diese daher kurz vorstellen. Unsere Begriffe von den Chakren des Menschen beruhen auch heute noch auf dem jahrtausendealten Erfahrungswissen der fernöstlichen Tradition. Dieses wurde besonders seit der Mitte des neunzehnten Jahrhunderts durch die englische Theosophie im europäischen Kulturkreis eingeführt.[5] Meist werden sieben Hauptchakren gezählt, beginnend mit dem Wurzelchakra im Bereich des Gesäßes bis herauf zum Kronenchakra über der Schädelplatte. Die Hauptchakren Nummer zwei bis fünf des Menschen sind entlang der Wirbelsäule angeordnet. Alle Hauptchakren entspringen dem Hauptenergiekanal des Menschen, der seinerseits im Erdinneren entspringt, entlang der Wirbelsäule verläuft und senkrecht über dem Kopf dem Kosmos zustrebt. In der hinduistisch geprägten Tradition des Yoga wird dieser Hauptenergiekanal als ›Sushumna‹ bezeichnet. Die Chakren bilden von der Sushumna aus ätherische Wirbel, die man sich trichterförmig vorstellen kann. Im Wurzelchakra streben diese nach unten, im Kronenchakra nach oben. In den Chakren dazwischen prägen sie sich horizontal nach vorne hin aus. Alle ragen weit über den physischen Leib hinaus. Die Chakren werden in der asiatischen Tradition mit dem Bild der Lotusblüte verglichen. Im ungeschulten Menschen versehen sie als geschlossene Blüten einen Dienst ›auf Sparflamme‹, indem sie lediglich die lebenserhaltende Funktion des Energiekörpers unterstützen. Durch Meditation können sie schrittweise zu Wahrnehmungs- und Erkenntnisorganen werden; die Blüten öffnen sich. Nach meiner Beobachtung lassen sich die Chakren, die entlang der Wirbelsäule des Menschen aufgereiht sind, auch mit einer Tonleiter vergleichen, die die vom Kosmos ins Scheitelchakra einstrahlende Energie stufenweise bis ins Wurzelchakra herab in irdische Qualitäten übersetzt. Kronen- und Wurzelchakra stehen dann im Oktavverhältnis zueinander.

Im Dialog zwischen dem weiblich-irdischen und dem männlich-kosmischen Pol werden alle Themen des Menschseins in den Chakren durchgearbeitet und finden auf dieser Stufenleiter ihren Platz: Wir alle sind Teil der geistigen Welt und über den Scheitel mit dem allgemeinen göttlichen Prinzip verbunden (Kronenchakra, in der Abbildung lila, von unten nach oben gezählt das siebente Chakra). Das Kronenchakra impulsiert unsere Geisteskraft (Stirnchakra, dunkelblau) und unser schöpferisches Potenzial (Halschakra, hellblau). Wir kommen durch unsere Liebes-, Begeisterungs- und Hingabefähigkeit im Herzen ins Zentrum unserer Individualität (Herzchakra, grün). Unterhalb des Herzchakras befindet sich das Zentrum unserer gesellschaftlichen Beziehungen, das Solarplexuschakra (gelb). Es folgen das Sakralchakra (orange) als der irdische Pol der göttlichen Kreativität im Dienste der Zeugung und das Wurzelchakra (rot) als Zentrum unserer Anbindung an die konkreten leiblichen Bedürfnisse in einer stofflichen Welt, das die Reihe der Hauptchakren nach unten hin beschließt.

Jedes Chakra vollzieht in sich eine Transformation des mit ihm verbundenen Themas; man kann die zwischen leiblichem und seelischem Pol changierenden Aspekte auf ihre Wirksamkeit in den verschiedenen Schichten der menschlichen Aura hin untersuchen. Dabei lässt sich grob die dicht am Körper anliegende Schicht des Ätherleibes (Vitalenergie) von der daran anschließenden Schicht des Astralleibes unterscheiden, auf die wiederum die mentalen und die spirituellen Schichten folgen. Die Aufgaben der Chakren kann man in aufsteigender Reihenfolge als den physischen Leib, den Ätherleib, den Astralleib und den spirituellen Leib ordnend charakterisieren. Diesen Zusammenhang hat insbesondere Wolf-

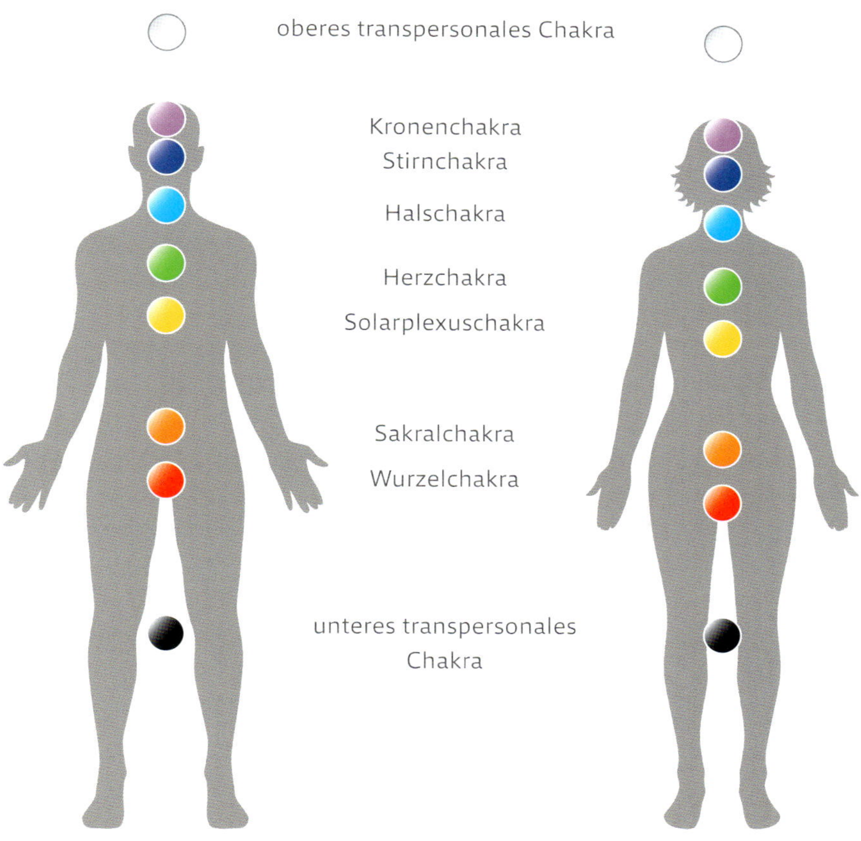

Die sieben Hauptchakren des Menschen und zwei transpersonale Chakren

gang Schneider beschrieben und auch seiner Arbeitsweise als Geomant zugrunde gelegt.[6] Zu den Chakren des Menschen gibt es mittlerweile eine reiche Auswahl an Literatur.[7] Dabei werden häufig noch weitere Chakren vorgestellt, sowohl in der Hauptreihe entlang der Wirbelsäule als auch an anderen Orten des menschlichen Körpers. Da das hermetische Gesetz »Es ist alles im Kleinen so wie im Großen« (siehe S. 23) immer gilt, ist es grundsätzlich möglich, für jedes vorhandene Detail des menschlichen Energiekörpers eine Entsprechung im Energiekörper der Erde zu finden. Für meine geomantischen Betrachtungen muss ich mich auf die bereits vorgestellte Hauptreihe beschränken, da schon hier die auffindbare Fülle an Phänomenen und Entsprechungen volle Aufmerksamkeit verdient.

Die Lage einiger eigener Chakren mit der Hand spüren

ÜBUNG

Diese Übung eignet sich zum Ertasten der Chakrenreihe vom Stirnchakra abwärts bis zum Sakaralchakra. Sie kann die Erforschung des Themas durch eigene meditative Übungen ergänzen und bietet eine Möglichkeit, relativ schnell über das Hellfühlen eine deutliche, auch leiblich spürbare Erfahrung zu machen.

Man hält eine Hand mit der Handfläche nach innen in Höhe des Haaransatzes mittig vor der Stirn. Die Hand soll die Stirn nicht berühren. Die Kuppe des Mittelfingers hält einen Abstand von zwei bis drei Zentimetern von der Stirn. Man stelle sich vor, dass aus der trichterförmigen Öffnung der Chakrenwirbel ein leichter Wind in Richtung Handfläche bläst. Nun beginnt man, die Hand langsam entlang des Gesichtsprofils abwärts zu bewegen, als wäre man mit einem Luftkissenboot unterwegs. Bald wird die Hand aus dem Stirnchakra in Höhe der Nasenwurzel einen Bewegungsimpuls erhalten, den man besser aufnehmen kann, wenn man sich vorstellt, dass er in die Handinnenfläche greift wie eine Windböe an einem ansonsten windstillen Tag in ein Segel und das Boot so ein Stück weit nach vorne bewegt. Bewegt man die Hand weiter senkrecht abwärts und ›umfährt‹ dabei das eigene Gesichtsprofil, können einem eventuell noch kleinere Strömungen entgegenkommen, so zum Beispiel aus einem Nebenchakra im Mund. Vor dem Kehlkopf wird man den nächsten größeren Strom spüren, das Halschakra, und so kann man die Fahrt entlang der Mittelachse des Rumpfes abwärts fortsetzen, bis man das Sakralchakra in der Leistenbeuge erreicht hat. Die windartige Strömung kann als ein kinesiologischer Effekt verstanden werden, eine Muskeltonusänderung, derer sich die uns führenden Geistwesen bedienen. Es kann auch sein, dass man ein Kribbeln,

Wärme oder Kälte in der Fingerkuppe spürt. Die Übung kann dadurch unterstützt werden, dass man die geistige Welt anruft, bei der Führung der Hand mitzuwirken. Man bittet den eigenen Engel oder das eigene Körperelementarwesen, da beide ja den Energiekörper ›ihres‹ Menschen in der Regel besser kennen als dieser selbst. Mit einiger Übung kann man sich noch weitere Aspekte der ätherischen Architektur des Chakras im Luftraum vor dem Körper erschließen, gerne wieder durch geführte Unterstützung.

Entsprechungen der Energiekörper von Mensch und Erde

Sobald man beginnt, hinter der grobstofflichen Ebene von Erde und Mensch auf eine feinstofflichere zu schauen, bemerkt man die Ähnlichkeiten, die zwischen den Energiekörpern beider bestehen. Zu erklären sind sie mit der Lehre von der gegenseitigen Bedingtheit von Mensch und Kosmos, dem sogenannten hermetischen Gesetz, das schon im Altertum bekannt war. Wir Menschen spiegeln die Verhältnisse des uns umgebenden Makrokosmos im Kleinen wider. Was immer energetisch an einem Ort des Universums geschieht, es gibt in unserem Energiekörper einen Ort, an dem dies Resonanz findet. Umgekehrt teilt sich auch das scheinbar Persönlichste in uns dem Kosmos mit. Wir sind mit allen und allem verbunden. Es ist unten so wie oben. Wenn wir uns auf diese Weise in Relation zum Universum sehen, können wir uns leicht klein und verloren vorkommen. Die Beschäftigung mit der Erde als einem lebendigen Wesen bietet uns Halt, wir finden hier verschiedene Zwischenstufen, anhand derer wir den Weg von unserer körperlichen Lebenswelt in die Weiten des Universums schrittweise erschließen können. So kann auch unser Nähesinn mitgenommen werden.

Der größte in sich geschlossene Energiekörper, mit dem wir uns in der Geomantie befassen können, ist der planetare. Er enthält dasselbe energetische ›Inventar‹ wie der menschliche Energiekörper, jedoch nicht in gleicher Anordnung, denn der physische Leib der Erde ist kugelrund, der des Menschen hingegen achsensymmetrisch in die Länge gestreckt. Die planetaren Chakren sind im Vergleich zu denen des Menschen riesig, dasselbe gilt für die Ley-Linien, die planetaren Entsprechungen der Energiemeridiane. Unterhalb der planetaren Ebene gibt es weitere, jeweils in sich abgeschlossene Energiekörper, die ihrerseits ineinander verschachtelt sind wie die Puppe in der Puppe. Im Unterschied zur russischen Matrjoschka jedoch so, dass in der nächstkleineren Dimension nicht nur ein Körper, sondern mehrere enthalten sein können. Soweit ich das feststellen konnte, sind die nächstkleineren Einheiten unterhalb der planetaren

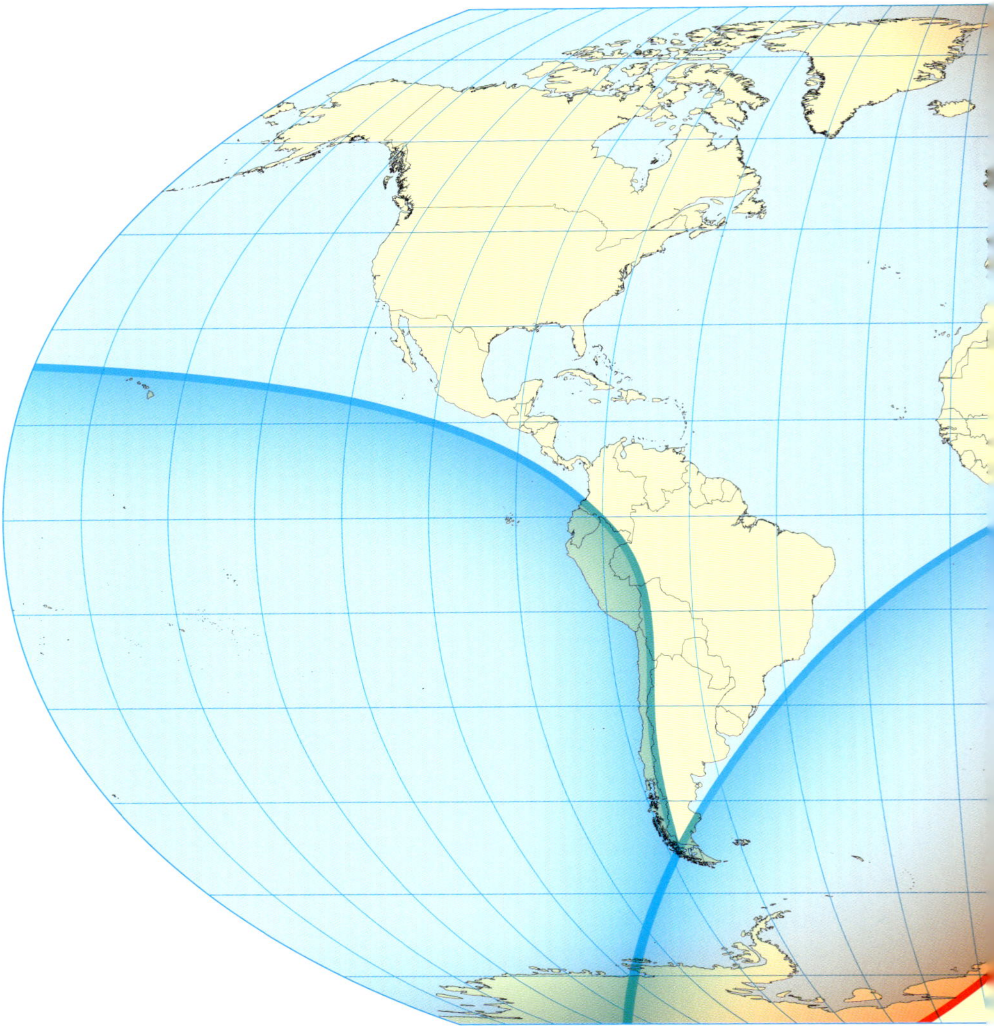

Ebene die Energiekörper Eurasiens, Ozeaniens und jener der beiden Amerika, jeweils mit großflächigen Überlappungen, insbesondere über Afrika.

Die drei an den Kontinentengruppen einerseits und der größten Wasserfläche andererseits orientierten Energiekörper bergen in sich wiederum Untereinheiten, jede für sich vollständig und weitere in sich aufnehmend. Interessanterweise stattet die geistige Welt nicht nur landschaftliche Einheiten, die als natürlich gegeben erscheinen, mit vollständigen Energiekörpern aus, sondern

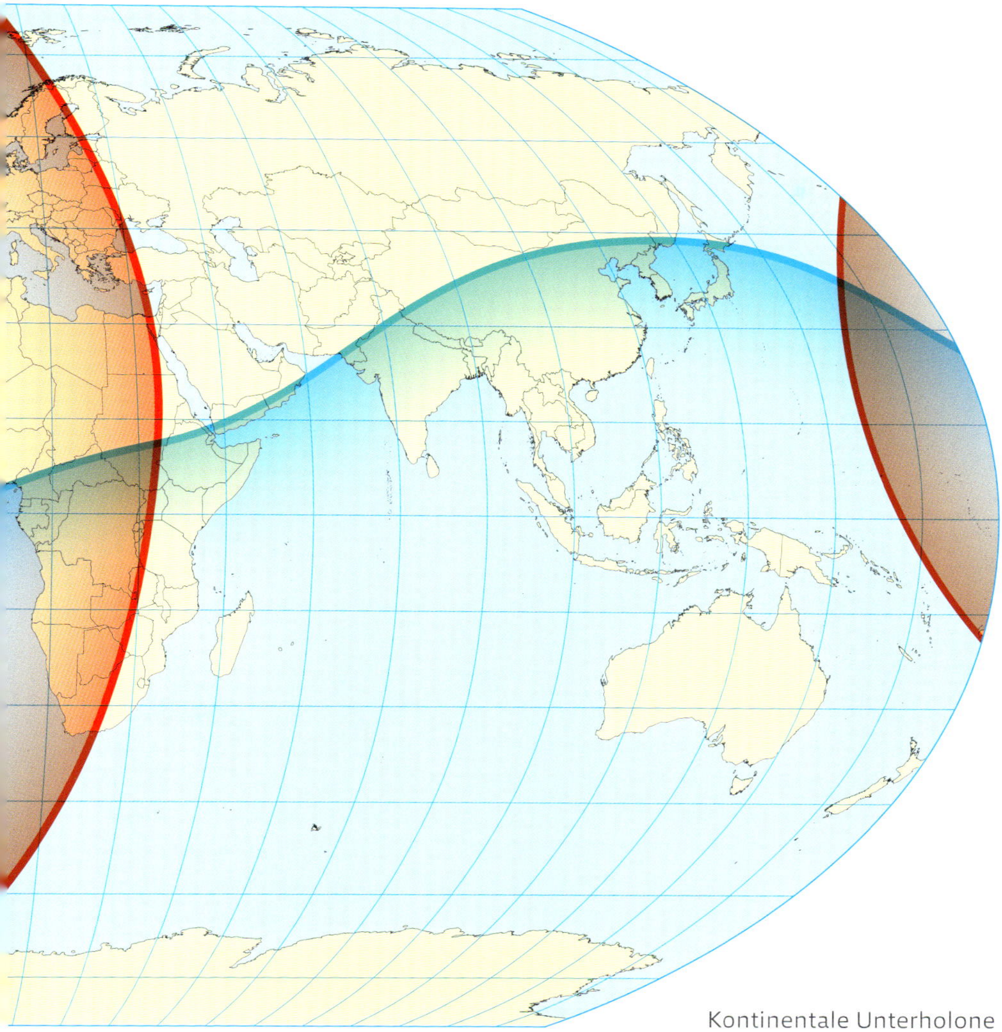

Kontinentale Unterholone

auch all jene geografisch einigermaßen einheitlichen Gebilde, die durch willkürliche Grenzziehungen des Menschen entstanden sind wie Staaten, Kommunen oder bewohnte Grundstücke. Wir werden im Kapitel über die Sakralchakren der Erde sehen, dass es aus Sicht der geistigen Welt keinen kategorialen Unterschied gibt zwischen dem, was wir heute aus dem Bewusstseinszustand der Trennung heraus als gegenätzlich, als Natur beziehungsweise Kultur betrachten.

Die Wohnung in einem Haus ist die kleinste räumliche Einheit, die für sich genommen über einen vollständigen Energiekörper verfügt. Die nächste, übergeordnete Einheit ist ein Haus mit Garten, sofern der Garten deutlich größer ist als die Grundfläche des Hauses. In diesen Energiekörpern spiegelt sich jeweils jener der in ihnen lebenden Menschen. Das Wissen um diese Gesetzmäßigkeit hilft, um bei Haus- und Wohnungsuntersuchungen ungelöste Lebensthemen der Klienten erkennen zu können. Sie ermöglicht, in größeren räumlichen Einheiten Themen des Menschenkollektivs zu erkennen, für das die feinstofflichen Organe des jeweiligen Energiekörpers arbeiten. Marko Pogačnik hat für einen vollständigen und relativ in sich abgeschlossenen Energiekörper der Erde den Begriff *Holon* eingeführt, den ich im Weiteren ebenfalls verwenden werde.

Die grundlegende Bedeutung der Erdchakren

Man kann die Erdchakren, wie bereits im Hinblick auf Marko Pogačnik gesagt, als Bestandteile der vitalenergetischen Systeme der Erde beschreiben, die eine je besondere Aufgabe im ätherischen Gefüge der Landschaft haben. Die Wesensverwandtschaft zwischen der Hauptchakrenreihe des Menschen und wichtigen ätherischen Organen der Landschaft wird von Marko Pogačnik weitgehend erkundet; es finden sich insbesondere in *Das geheime Leben der Erde* zu jedem Haupt- bzw. Yang-Chakra des Menschen Darstellungen, die diese Entsprechungen erläutern. Pogačnik zeigt dabei zugleich die Grenzen der Ähnlichkeit auf und äußert sich etwas verhalten[8], was die Tragfähigkeit des Vergleiches angeht. Ich meine, dass die Entsprechungen auf der spirituellen Ebene deutlicher sind, und halte es daher für gerechtfertigt, die Erdchakren in Anlehnung an die Hauptchakrenreihe des Menschen als Kollektivorgane der Menschen zu beschreiben. Ich erlebe die Erdchakren bei meiner Arbeit oft als Spiegel für den Zustand des jeweiligen Kollektivs, auch als ›Platzhalter‹ einer kollektiven Aufgabe, die zu ergreifen den Menschen dort einen Entwicklungsschritt ermöglichen würde. Bei der Besprechung der Erdchakrenreihe werde ich viele Beispiele für Zusammenhänge zwischen Erdorgan und Bewohnern geben. Obwohl die Geomantie eine Fülle von Phänomenen und Ordnungen bietet, die sich beschreiben lassen, beschränke ich mich hier auf die Erdchakren. Ich halte gerade die Erdchakren für besonders geeignet, um die Grundlagen der Geomantie zu vermitteln – eben die grundlegenden Beziehungen zwischen Mensch, Erde und Kosmos.

Chakrensysteme werden überall auf dem Erdkörper von der geistigen Welt eingerichtet, um die Entwicklung der Erdbewohner zu unterstützen. Sie spiegeln die vorhandene Entwicklung und regen noch zu bewältigende Entwicklungsschritte an. Sie zeigen die innere Logik unserer Lebenswege im Raum auf.

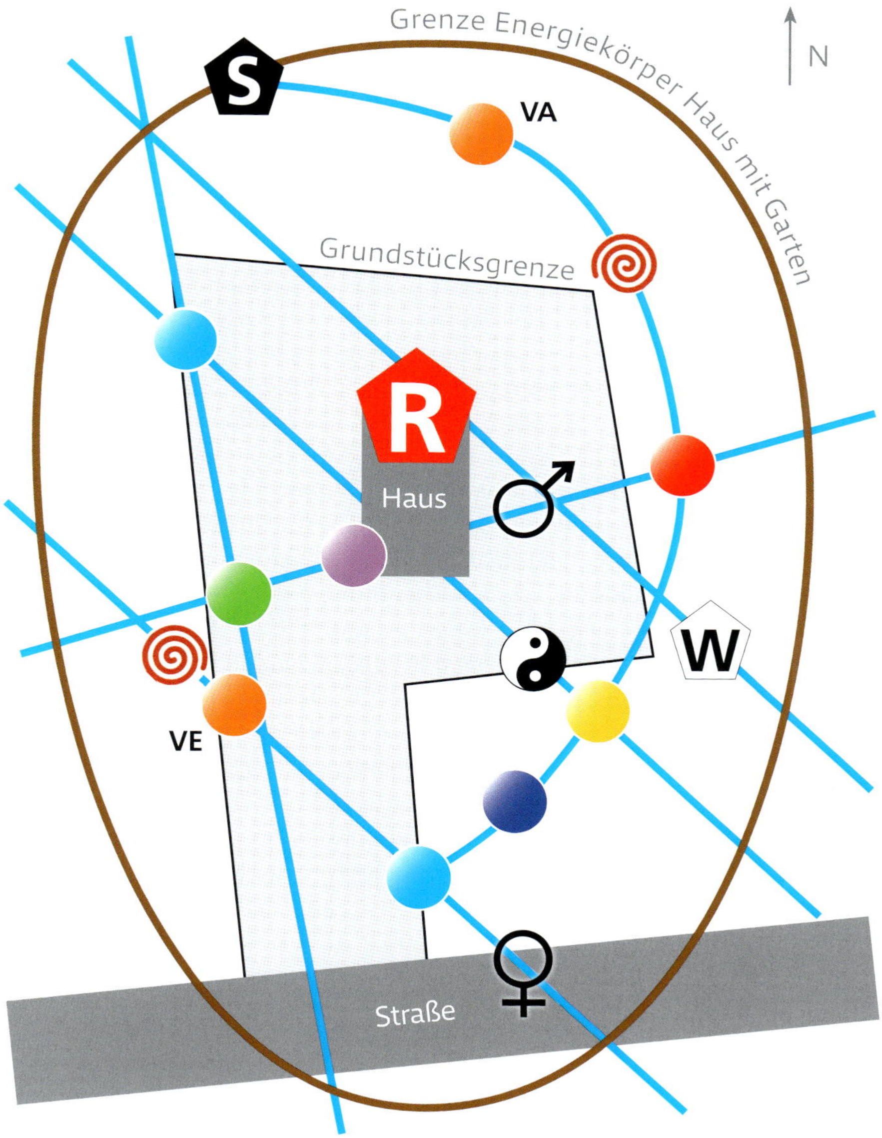

Exemplarischer Energiekörper eines Hauses mit Garten
(Zeichenerläuterungen siehe S. 244)

Allgemein sollen wir Menschen uns im Laufe unseres Lebens den irdischen Gegebenheiten anverwandeln, indem wir uns mit ihnen auseinandersetzen, sie annehmen und in ihnen schöpferisch tätig werden – das entspricht dem inkarnierenden Weg entlang der Chakrenreihe vom kosmischen Pol des Kronenchakras, unserer geistigen Heimat, her abwärts. Umgekehrt sollen wir im Laufe unseres Lebens die irdischen Gegebenheiten verwandeln und vergeistigen: eine exkarnierende Bewegung in die Gegenrichtung. So entstehen überall da, wo Menschen sich auf der Erde bewegen, Chakrenwege. Immer wenn ein Weg von A nach B führt, lässt sich eine Entwicklung beobachten, die einen Anfang und ein Ende hat. So schreiben sich die vielen individuellen Lebensthemen und Lebenswege dem Raum ein. Den jeweiligen Abschnitten des Weges, den so entstehenden Sinnstrecken lässt sich ein entsprechend angeordnetes Chakrensystem zuordnen. Wie dies zu verstehen ist, wird gleich am Beispiel der *Achsenchakren* erklärt. Oft sind Achsenchakrensysteme gemeint, wenn Geomanten von Erdchakren sprechen. Doch die Ordnung von Weg und Entwicklung kann sich räumlich auch in anderen Formen zeigen. Berge und Flüsse bilden ebenfalls Chakrensysteme aus. Beim Fluss finden wir immer an der Quelle das Kronenchakra, an der Mündung das Wurzelchakra und dazwischen die weiteren Chakren analog zur Anordnung beim Menschen. Der Berg trägt am Gipfel das Kronenchakra, am Fuß das Wurzelchakra, die verschiedenen Höhenzonen dazwischen können wiederum der Chakrenreihe zugeordnet werden – der Berg als aufgerichteter Mensch.

Geheimnisvoller als die ›aufgereihten‹ Achsenchakren muten die *Flächenchakren* an, denen in diesem Buch die meiste Aufmerksamkeit gewidmet wird. Hier erscheinen die Chakren nicht ausschließlich als ›Weghilfen‹ für den Menschen. Ein individuelles geistiges Gegenüber des Menschen, verkörpert im Leib des Ortes, leuchtet auf. Denn die Anordnung der Flächenchakren ist in jedem Holon der Erde anders, sie wiederholt sich nie. Die Unverwechselbarkeit des Ortes wird in diesen individuellen Lagebeziehungen erlebbar. Sie entspricht der Einmaligkeit jedes Menschen, seinem unverwechselbaren Gesicht, seinem Gang, seiner Handschrift. Die geheimnisvolle Ausprägung der Flächenchakren steht in Beziehung zum *genius loci,* dem Hüterengel des Ortes. Vielleicht gibt es deshalb bislang noch keine ausführliche Erörterung der Flächenchakren.

Manchmal begegne ich der Auffassung, das Chakrensystem des Menschen wie auch das der Erde hätte sich infolge der Erdwandlungen um die Jahrtausendwende, die ja mit dem Übergang ins Wassermann-Zeitalter zusammenhängen, grundlegend verändert. Es käme zukünftig wesentlich darauf an, die Qualitäten des Herzchakras auf allen Ebenen des Seins zu verwirklichen, und so könne man sagen, die Ordnung der Chakrenreihe löse sich allmählich auf oder gehe in ein großes Herzchakra über. Was die Verwirklichung der Herzkräfte angeht,

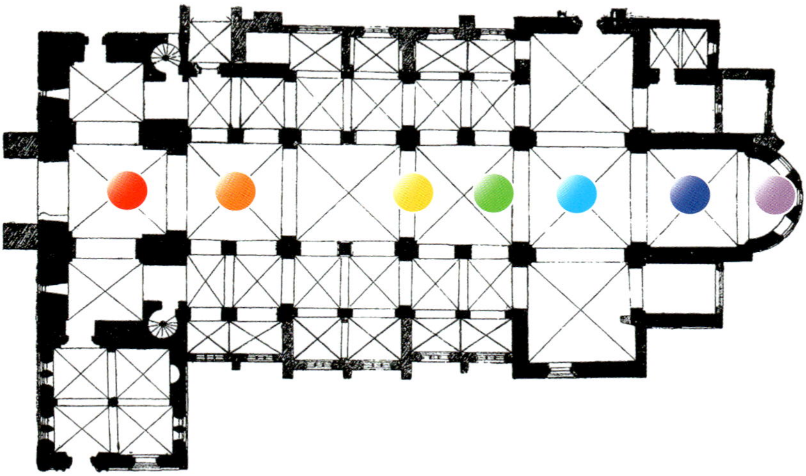

Achsenchakrensystem des Ratzeburger Doms
nach Eike Hensch

kann ich da gut mitgehen: Es gibt keine Alternative zum Herzensweg. Es wäre jedoch verfrüht, deshalb ein seit Jahrtausenden verankertes und funktionales System des Lebens in Auflösung zu sehen. Ich halte es vielmehr für wichtig, die Bedeutungen dieses Systems im Erdorganismus gründlich zu erforschen, um dadurch einen Beitrag zu einer zukünftigen integralen Kultur von Mensch und Erde leisten zu können.

Achsenchakren

Im Energiekörper von gotischen Kathedralen oder auch anderen Kirchen, die ein Langschiff und ein Querschiff haben, also einen kreuzförmigen Grundriss, sind die Chakren entlang der Mittelachse der Kirche so angeordnet, wie sie es beim Menschen entlang der Wirbelsäule sind. Die Baumeister haben den Grundriss dieser Kirchen in bewusster Analogie zum Gekreuzigten angelegt. Der Kirchenleib soll die Menschen, die ihn betreten, zu einer Ahnung des Auferstehungsleibes Christi hinführen. Während der Messfeier kommt es dann zu einer Vereinigung, durch die Wandlung von Brot und Wein zu Christi Leib und Blut und im Sakrament der Kommunion.

Kirchen und Kathedralen sind in der Regel mit der Apsis nach Osten hin ausgerichtet. Wenn wir den Kirchenraum durch das Westportal betreten, unter dem Turm oder Turmpaar, durchschreiten wir sehr bald das Wurzelchakra, passieren dann entlang der Mittelachse des Langschiffes Richtung Osten gehend als nächstes das Sakralchakra. (Wenn wir genau achtgeben, können wir während des Gehens in uns ein Aufsteigen der Lebensenergie entlang der Wirbelsäule und ein Aktiviertwerden der eigenen Chakren erleben.) Das Herzchakra des Sakralraums befindet sich zumeist kurz vor oder in der Vierung, dem Schnittpunkt der beiden rechtwinklig zueinander stehenden Hauptachsen der Kirche. Es folgen Richtung Chorraum bzw. Apsis Halschakra und Stirnchakra. In der Regel befindet sich der Hochaltar zwischen dem Stirn- und dem Kronenchakra der Kirche. Das Kronenchakra selbst liegt dann im Bereich der Außenwand der Apsis oder sogar schon ein wenig dahinter außerhalb des Gebäudes. Diese Anordnung ist in der Geomantie ein gutes Beispiel, um in die Geheimnisse der Erd-Mensch-Evolution einzuführen. Denn in der Geomantie erforschen wir gerade die innere Entsprechung der Erdenleiblichkeit des Menschen und der Menschengeistigkeit der Erde als einen Entwicklungsweg. Durch das Erlösungsgeschehen zwischen der Kreuzigung und der Auferstehung Christi wurde die Möglichkeit einer glückenden Erde-Mensch-Evolution errungen. Der Kirchenraum mit seinem Chakrenweg vom Turm zur Apsis hin drückt dies sinnbildlich aus.

Doch nicht nur in Kirchen finden wir Achsenchakren. Allgemein gilt, dass wir in sehr langgestreckten Holonen eine Anordnung der Chakren analog zur menschlichen Wirbelsäule erwarten dürfen. Solch aufgereihte Chakren finden sich beispielsweise auch im ätherischen Gesamtraum einer von Menschen angelegten Allee oder in einem so schmalen und langgestreckten Land wie Chile und, wie schon erwähnt, entlang des Energiekörpers eines Flusses.

Es gibt innerhalb des Energiekörpers von Europa mehrere große und natürlich sehr viele kleinere geomantische Achsensysteme. Zwei der großen sind besonders wichtig: die in west-östlicher Richtung verlaufende Achse Paris – Berlin – Moskau und die in süd-nördlicher Richtung verlaufende Achse Kairo – Island. Beide Achsen kreuzen sich im Bereich der nördlichen Mittelgebirge Deutschlands. Marko Pogačnik hat die Süd-Nord-Achse Europas in ihrer geomantischen Bedeutung genauer beschrieben und auch viel entlang dieser Achse gearbeitet, zumal sie mit seinem Herkunftsland Slowenien verbunden ist. Diese Achse ist wiederum Bestandteil eines übergeordneten Holons, das er als atlantischen Landschaftstempel beschreibt. Dadurch erschließen sich ihm die geomantischen Zusammenhänge der europäischen und amerikanischen Kontinente, zumal er bereits Gelegenheit hatte, vielerorts dies- und jenseits des Atlantiks geomantische Projekte durchzuführen. Im Laufe der Jahre hat Marko die Betrachtungen der Chakren Europas entlang dieser Achse immer weiter in die Fläche ausgedehnt. Wenn die Hauptachse der Chakrenreihe dem Verlauf der

Wirbelsäule des Menschen entspricht, dann verfolgt er immer mehr auch so etwas wie ›Rippen‹, rechtwinklig von der elementaren Säule abzweigende Energielinien, entlang derer sich weit in die Fläche des Kontinents hinein Aspekte des jeweiligen Chakras ausbreiten.

Da ich im Rheinland aufgewachsen bin und seit 1985 im Berliner Raum lebe, lag mir zunächst die Beschäftigung mit der Ost-West-Achse näher. Das Kronenchakra dieser Achse befindet sich in Carnac in der Bretagne. Die berühmten Steinreihen sind meines Erachtens als eine verstärkende Stein-Akupunktur dieser Struktur aufzufassen, was die Vermutung nahelegt, dass man schon in älterer Zeit um diese Achse wusste. Sie verläuft über Chartres (Stirnchakra), Paris, die Ardennen (Halschakra), Berlin (Herzchakra), Minsk, Smolensk, Moskau (Wurzelchakra) und endet im Ural. Die genannten Orte markieren den Mittelstrang

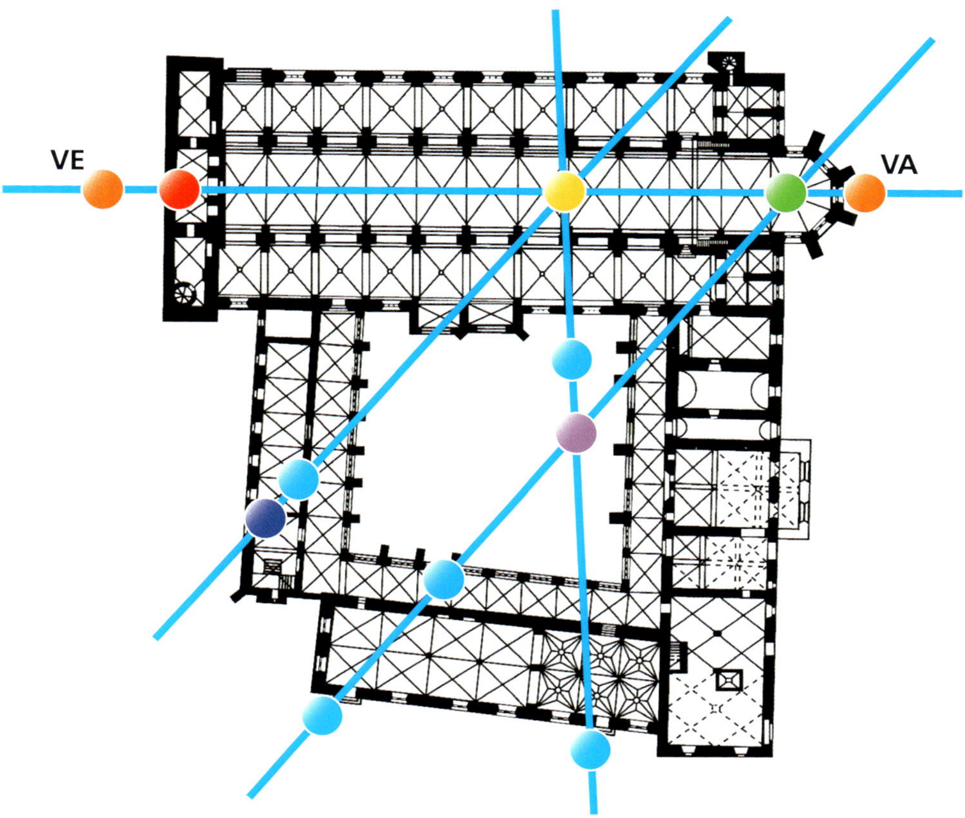

Flächenchakrensystem des Havelberger Doms

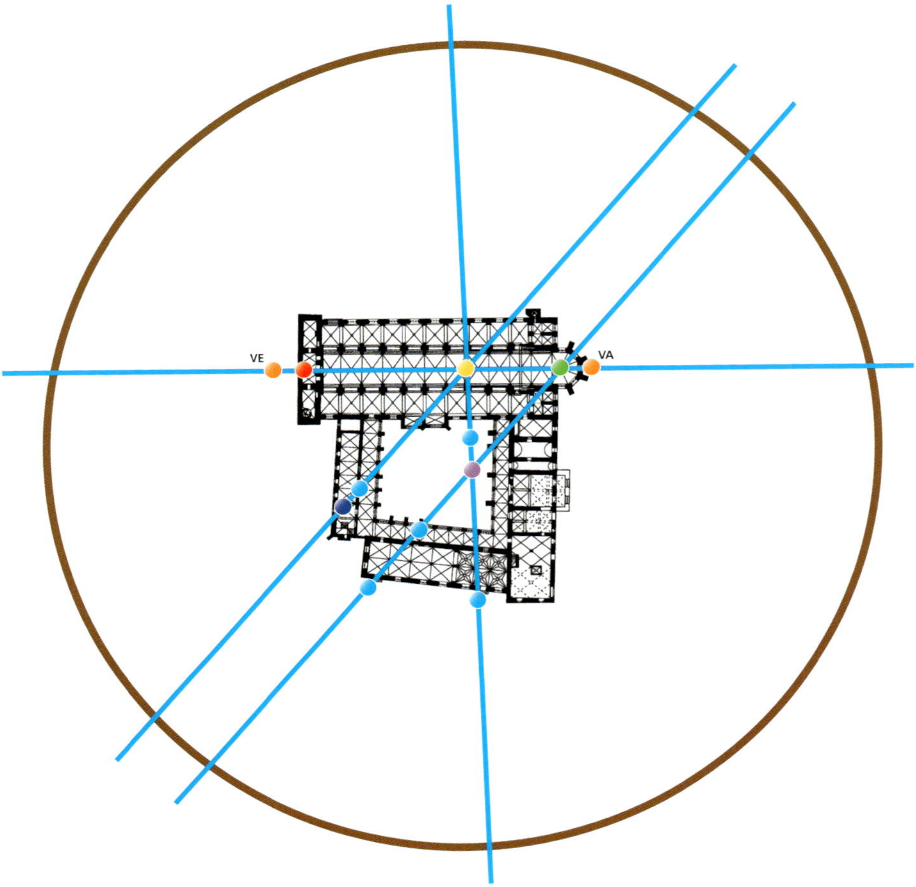

Vollständiges Holon des Havelberger Doms St. Marien

dieser Achse. In der Breite dehnt sie sich über zweihundert Kilometer aus, sodass eine Vielzahl weiterer wichtiger Orte auf dieser Achse liegen. Ich empfinde sie meinerseits als ein Rückgrat von Europa. Ihr Thema ist, bezogen auf die europäischen Völker, die Begegnung von Ost-, Mittel- und Westeuropa im Sinne einer gegenseitigen kulturellen Befruchtung. Ihre Blockade ist Ausdruck der Perversion einer solchen Begegnung durch egoistische Machtinteressen, weswegen diese Achse in den vergangenen tausend Jahren tragischerweise häufiger eine Aufmarschtrasse der Heere gewesen ist, meist mit Stoßrichtung von West nach Ost. Alexander Kluge hat den Kessel von Stalingrad als das Endergebnis einer tausendjährigen Reihe verfehlter Politik charakterisiert. Spätestens mit der Ostexpansion des Deutschritterordens im Mittelalter wurden die falschen Weichen gestellt. Bis heute ist der riesige Raum Osteuropas im Bewusstsein der meisten Mittel- und Westeuropäer seltsam abgeblendet, fast nicht vorhanden. Man empfindet allgemein die deutsch-polnische Grenze als Ostgrenze Mitteleuropas. Ein Blick auf die Landkarte lehrt jedoch, dass Ostpolen gerade mal auf halber Strecke zwischen Portugal und dem Ural liegt. Der Schwerpunkt der europäischen Landmasse befindet sich gar in Russland. Mit einem einseitig Yang-orientierten Expansionsdrang haben West- und Mitteleuropa regelmäßig den Yin-geprägten Osten verletzt und damit zugleich die Quellen der eigenen weiblichen Sensibilität. Bei Stalingrad liegt nach meiner Einschätzung das europäische Herzchakra, ein von der Ausdehnung her riesiges Flächenchakra. Es ist durch die Kampfhandlungen des Zweiten Weltkriegs sehr stark in Mitleidenschaft geraten. In dem Abschnitt über die Herzchakren werde ich genauer darauf eingehen. Zunächst zum Typus des Flächenchakras als solchem.

Flächenchakren

Wenn einer Langschiffkirche innerhalb einer Klosteranlage ein Kreuzgang und vielleicht weitere Gebäude anliegen, kann es sein, dass das Ensemble ein gemeinsames Holon bildet und kein eigener Energiekörper der Kirche vorhanden ist. So ist es beispielsweise beim Havelberger Dom.

Hier finden wir die Chakren nicht in einer aufsteigender Reihe geordnet im Kirchenkörper, sondern über die gesamte Anlage verteilt. Die Form des Holons ist nicht länglich, sondern in alle Richtungen ausgedehnt. Wir haben es mit einem Flächenchakrensystem zu tun.

Das Chakrensystem macht natürlich nur einen Teil des Energiekörpers eines Holons aus; die weiteren feinstofflichen Organtypen (u.a. Energiemeridiane, Landschaftsengel, Gaia-Aktivität, Yin-Yang-System) werden hier nicht näher erläutert, sind jedoch auf den Schaubildern teilweise mit eingezeichnet. Allgemein kann man sagen, dass Holone dann Flächenchakrensysteme ausbilden, wenn ihr Umriss nicht eine dezidiert langgestreckte Form ergibt, sondern eher rund, oval, quadratisch ist.

Kleinere Achsenchakrensysteme können ohne Weiteres vollständig innerhalb von größeren Flächenchakrensystemen liegen und umgekehrt. So befindet sich das Chakrensystem des Rheins innerhalb des Holons Mitteleuropa, durch das er fließt. Das Holon Mitteleuropa ist fast kreisrund und bildet ein eigenes Flächenchakrensystem aus. Eine solche Unterscheidung kann helfen, wenn Geomanten unterschiedliche Angaben zur Lage von Erdchakren machen. Oft wird nicht zwischen Flächen- und Achsenchakren unterschieden. Zudem können die Verhältnisse höher geordneter Achsen innerhalb eines großen flächigen

Holons wie Europa die Ausrichtung kleinerer Flächensysteme mitbestimmen. Die Hauptausrichtung der einzelnen Kraftorte zueinander orientiert sich in vielen untergeordneten geomantischen Systemen Mitteleuropas an den beiden europäischen Hauptachsen. Diese Achsen üben einen deutlichen Einfluss auf die kleineren Systeme aus. Fast überall in Mitteleuropa beobachte ich eine leichte Schräglage in der Ost-West-Richtung hin zu Ost-Nord-Ost und West-Süd-West, analog der Längsausrichtung Europas. Diese Ausrichtung findet sich auch in der geologischen Struktur vieler Mittelgebirge Mitteleuropas als Faltungsrichtung. Ein weiterer Unterschied zwischen Achsen- und Flächenchakren besteht darin, dass es bei einer Achsenreihe jeden Chakrentyp nur einmal gibt, während bei Flächenchakren, insbesondere beim Sakral- und Halschakra, innerhalb eines Holons mehrere Chakrenorte existieren können, die unterschiedliche, einander ergänzende Aufgaben haben.

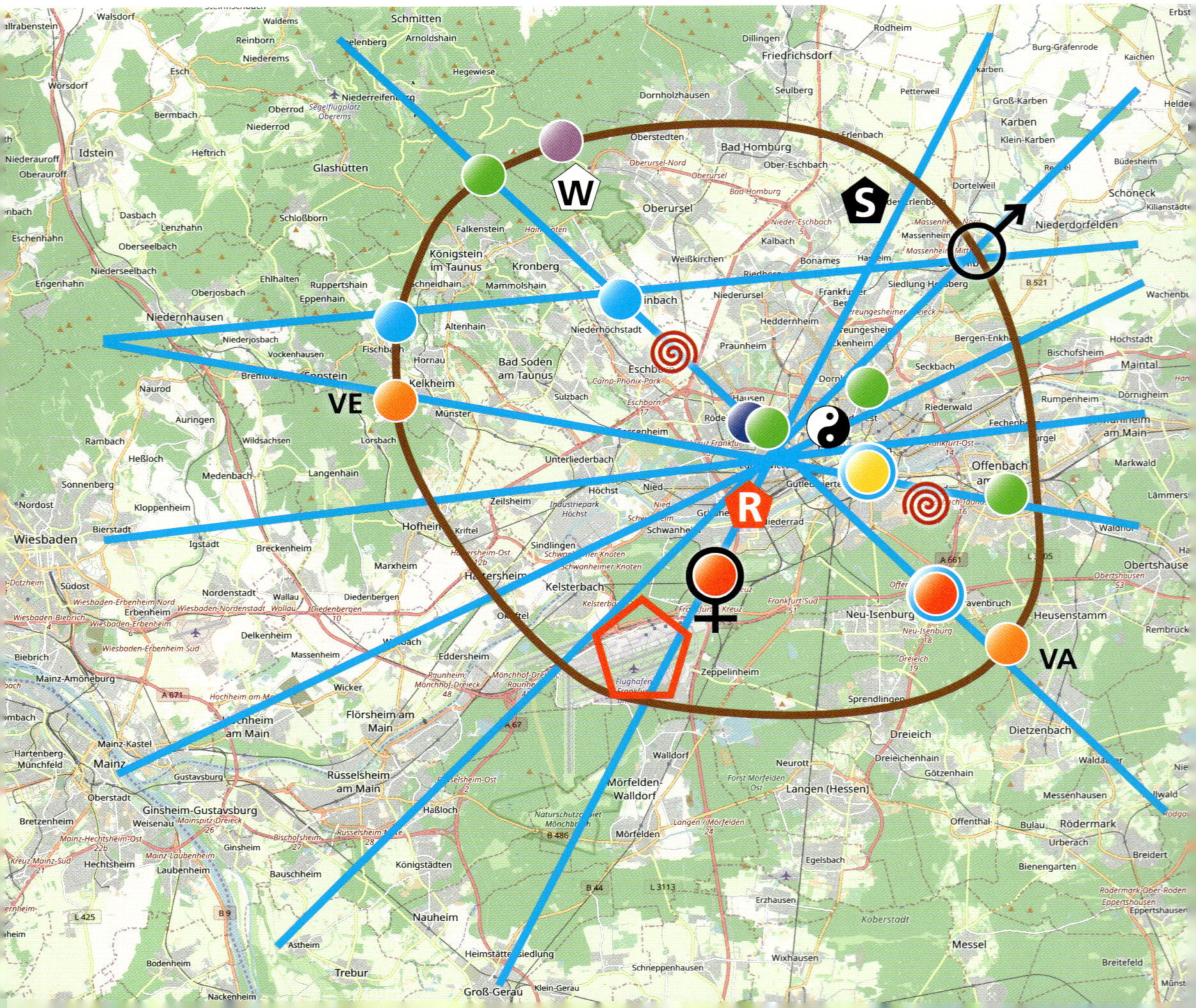

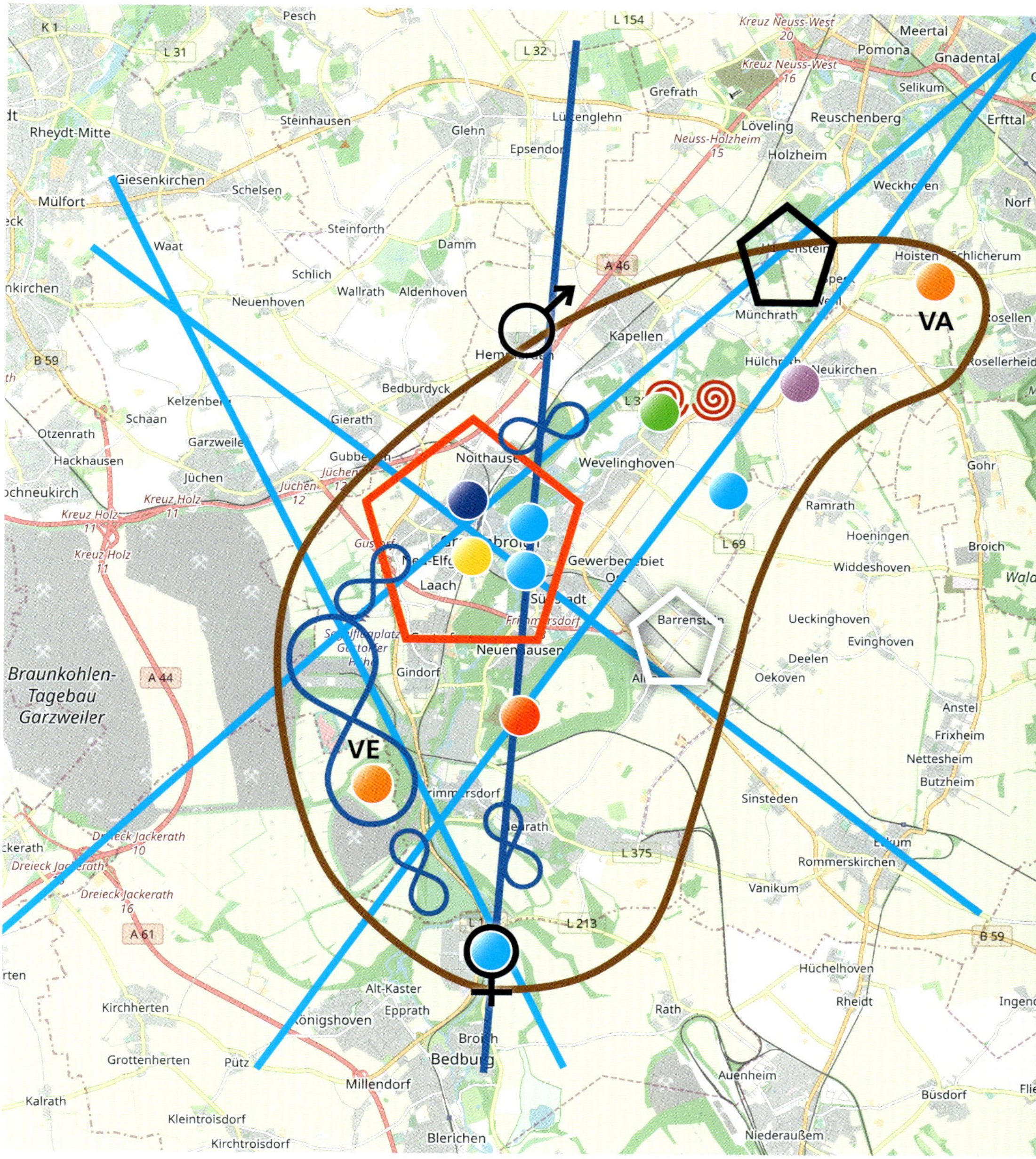

Die Vielgestaltigkeit der Energiekörper – verschiedene Holone im Vergleich:
Frankfurt am Main (linke Seite) und Grevenbroich (oben)

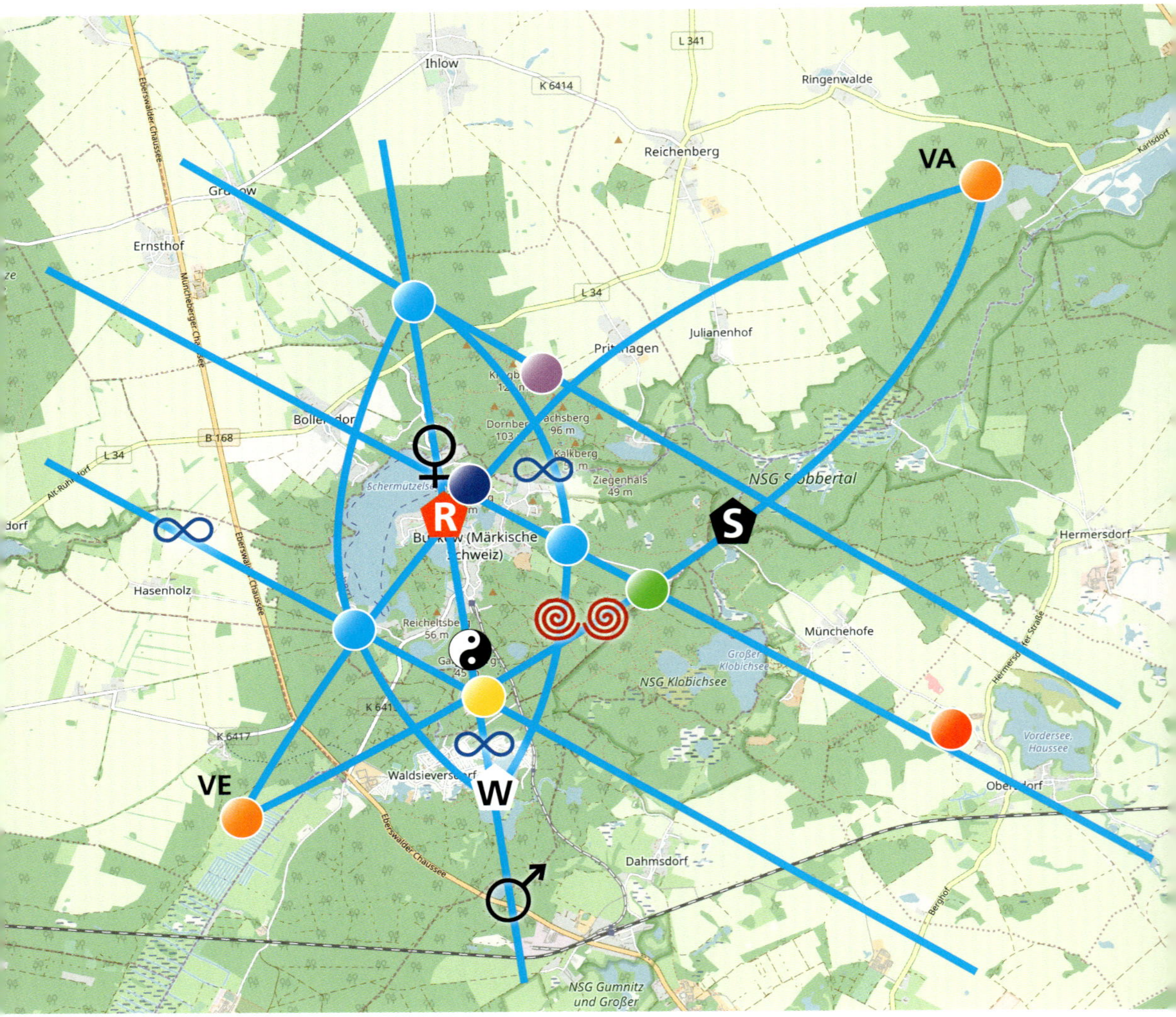

In diesem Buch wird es, wie gesagt, vor allem um Flächenchakren gehen, von denen lokaler Holone bis hin zum planetaren Holon. Das Faszinierende an Flächenchakren ist ja, dass ihre räumliche Anordnung innerhalb des Holons, für das sie arbeiten, in jeder Beziehung einzigartig ist. Bei Achsenchakren gilt das nur für die Ausrichtung der Achse und die Längenverhältnisse der Strecken zwischen den Chakren. Liegt ein Flächenchakrensystem vor, weil das entsprechende Holon in alle Richtungen ausgedehnt ist, so ist auch die Anordnung sämtlicher

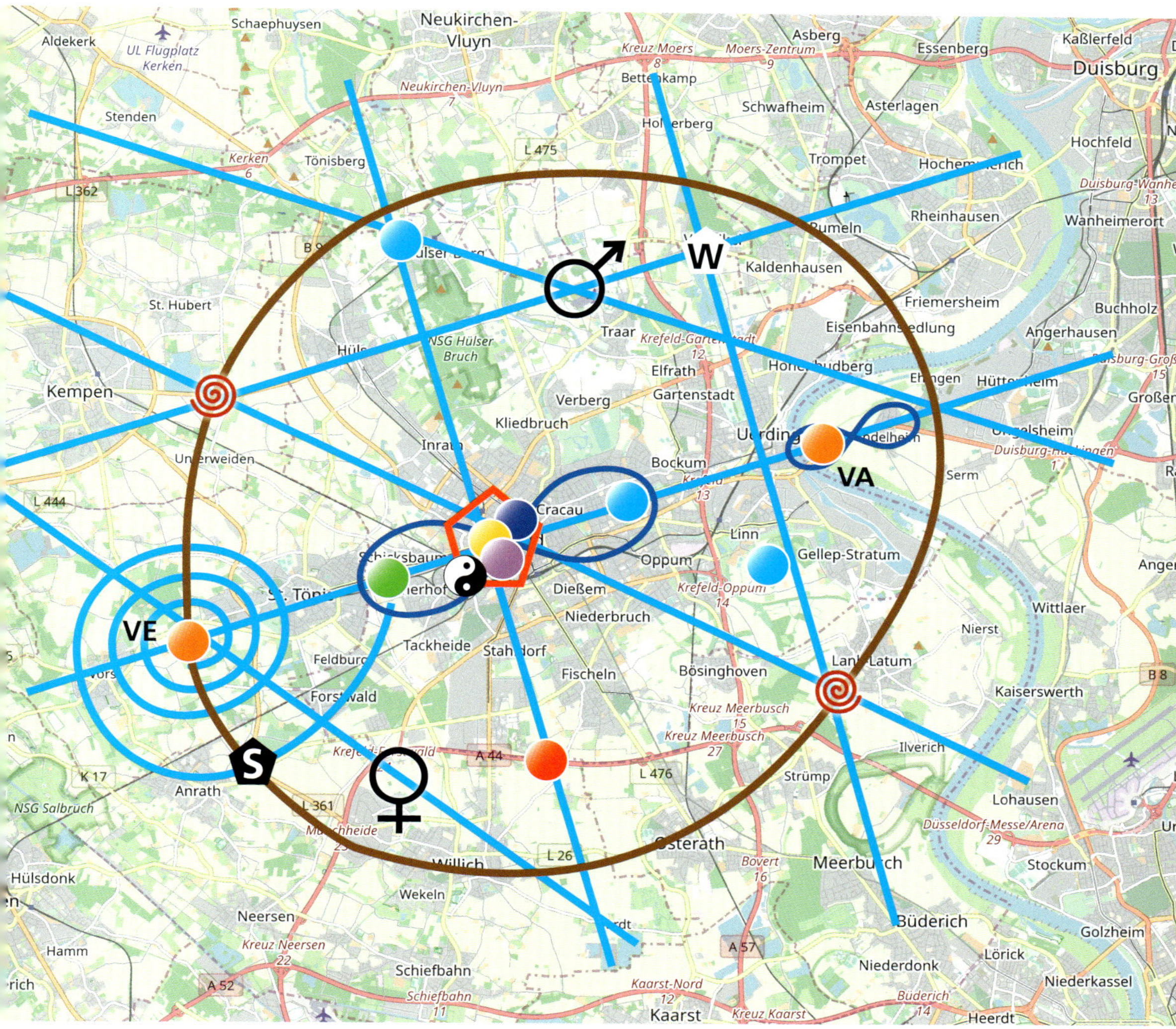

Energiekörper Märkische Schweiz (linke Seite) und Krefeld (oben)

weiterer Kraftorgane zueinander einzigartig. Die Art, wie die feinstofflichen Organe zueinander stehen, wiederholt sich in keinem anderen Holon auf der Erde, nicht in einem der vielen Millionen lokalen Holone. Der Grund dafür liegt zum einen im unregelmäßigen, nie geometrischen, mathematisch bestenfalls als fraktal zu beschreibenden Aufbau des Landschaftskörpers der Erde, den man besonders an den Küstenlinien, den Flussläufen oder entlang der Höhenzüge und Wasserscheiden gut erkennen kann. All diesen individuellen Verhältnis-

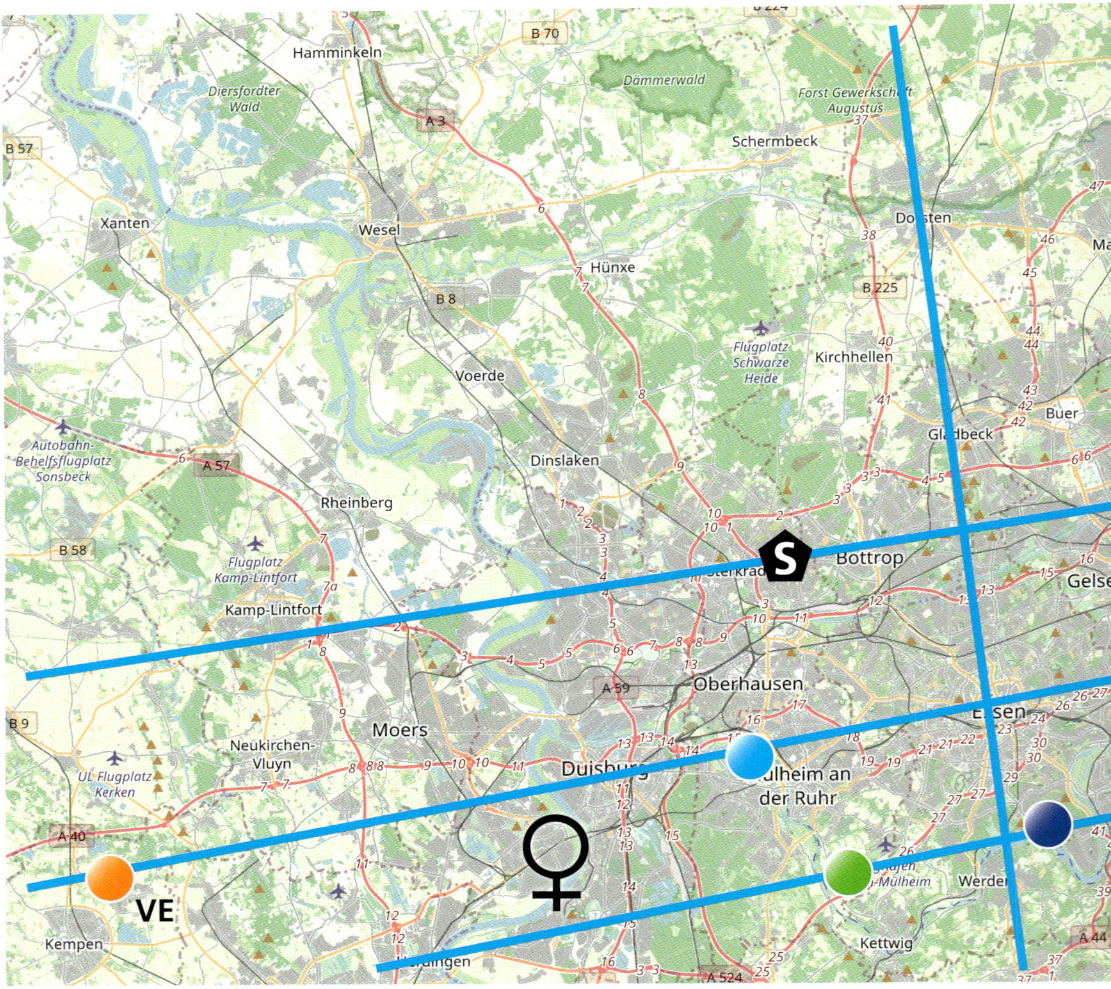

Energiekörper des Ruhrgebiets

sen im Physischen muss die Struktur des Energiekörpers Rechnung tragen. Die meisten räumlichen Einheiten auf der Erde sind von der Geordnetheit eines achsensymmetrischen Kirchenraums oder Menschenkörpers weit entfernt. Zum anderen liegt der Grund darin, dass sich in der einzigartigen Anordnung der Chakren und aller anderen feinstofflichen Organe im Raum das Individuelle, der besondere Ortsgeist ausdrückt. Daher kann man das Gesamtbild eines kartierten geomantischen Systems als Ausdrucksform des individuellen Kerns der Orte lesen. Es lässt sich dabei ein Linien- und Formencode ausmachen, den man

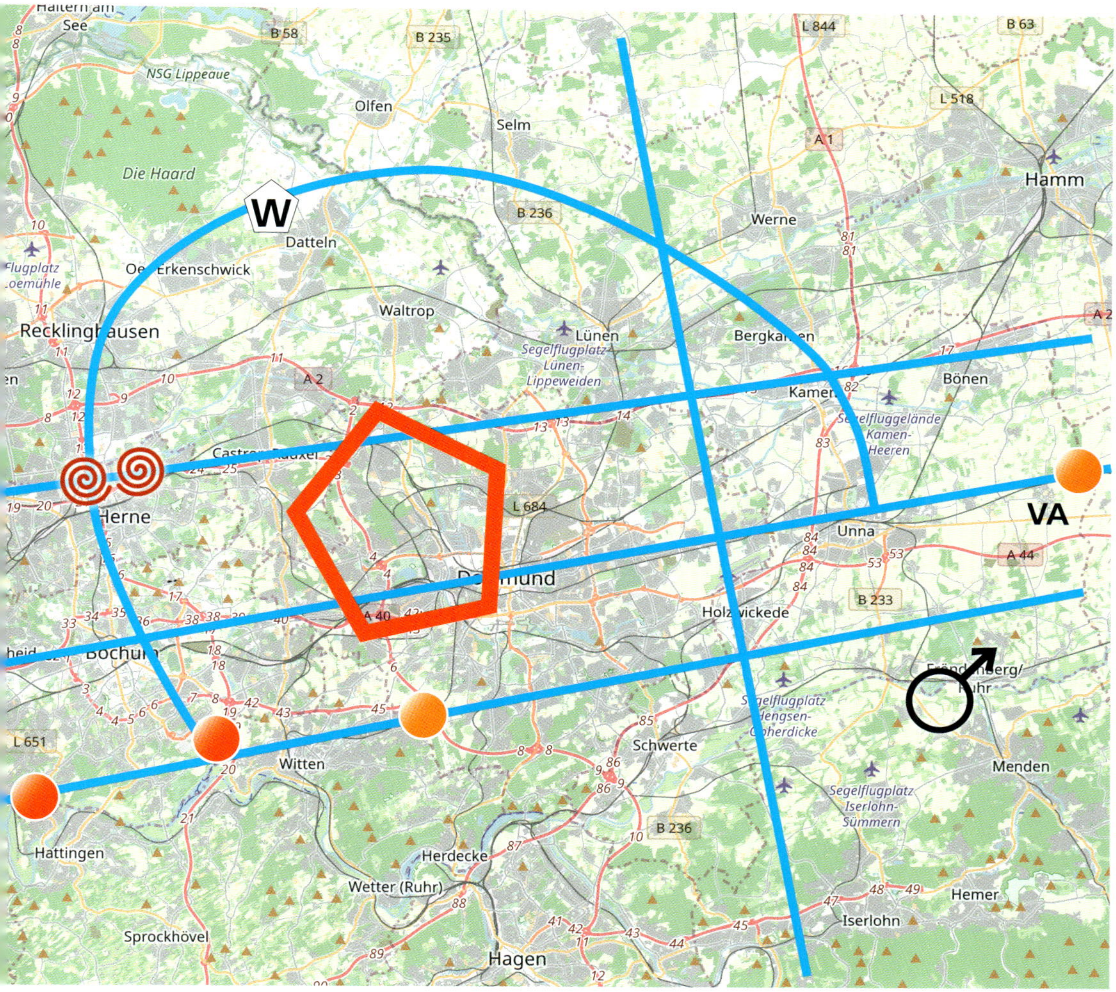

als Wirkungslinien der ordnenden und heilerischen Kräfte der geistigen Welt verstehen und mit den Kosmogrammen Marko Pogačniks vergleichen kann.

Die Anordnung der Kraftorte zueinander ist innerhalb eines Holons sehr häufig geometrisch – im Gegensatz zur Landschaftsform selbst. Organe aller Art können wie die Perlen einer Kette schnurgerade hintereinander aufgereiht sein, in immer neuen Abfolgen. Geometrische Formen aller Art sind möglich. So wirkt in dem stofflich-weiblichen Pol der Landschaftsform unsichtbar das kosmisch-männliche Prinzip.

Wenn man Gelegenheit hat, mehrere ineinander verschachtelte Flächensysteme zu untersuchen, kann man beobachten, in welch kunstvoller Weise die Architekturen der Systeme miteinander verwoben sind. Man kann dabei immer davon ausgehen, dass die grundlegende geometrische Struktur eines übergeordneten Holons auch für die in ihm liegenden untergeordneten Holone eine gewisse Rolle spielt. Die energetische Hauptachse von Krefeld beispielsweise ist Teil der südlichen Hauptachse des Ruhrgebietes.

Energiekörper von Potsdam

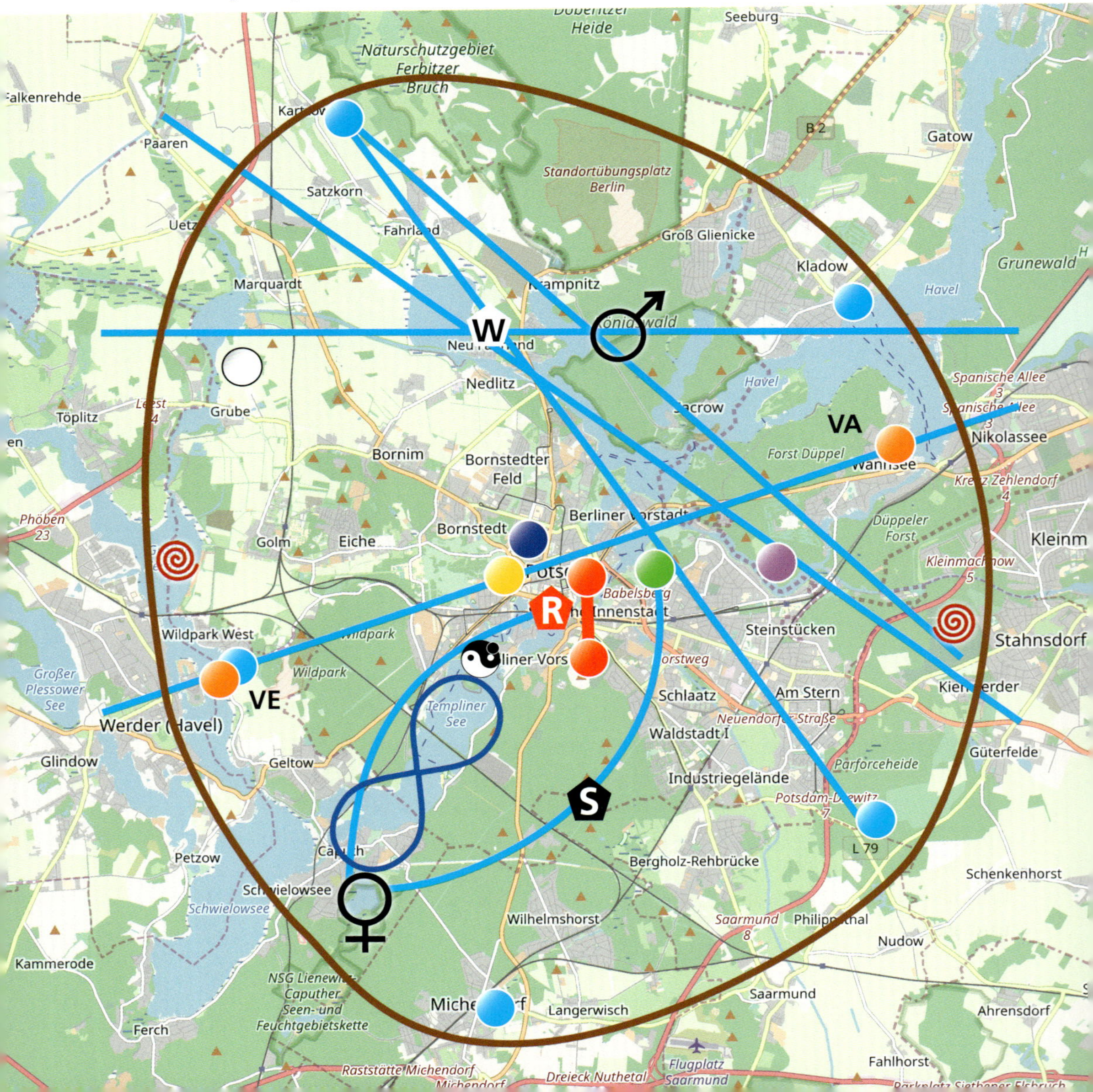

Kapitel 1

WURZELCHAKRA

KREATÜRLICHKEIT UND FRIEDE

Ein Paradies auf Erden

Der Volkspark Klein-Glienicke liegt landschaftlich wunderschön im waldreichen Berliner Südwesten an der Havel, die sich hier zu einem größeren See weitet. Im Süden grenzt er an die Bundesstraße 1, die schnurgerade die hügelige, eiszeitlich geprägte Landschaft durchschneidet und dann über die Glienicker Brücke, die berühmte ›Agentenbrücke‹, Potsdamer Stadtgebiet erreicht. Wenn man an einem schönen Wochenende mit dem Auto von Berlin-Wannsee oder Potsdam her kommt, um den Park mit dem klassizistischen Schloss zu besuchen, muss man mitunter schon einige hundert Meter oberhalb des Schlosszugangs an der Straße parken, denn die Anlage ist ein beliebtes Ausflugsziel. Ist das Auto abgestellt, kann man sich dem Strom der Besucher anschließen, die das Schloss und die weiteren von Karl Friedrich Schinkel geschaffenen Bauten besichtigen. Danach laden die schönen Wegführungen am Wasser oder in dem anliegenden Landschaftspark zu einem Spaziergang ein.

Ich möchte hier von einem Kleinod in diesem Park erzählen, das man leicht übersehen kann, denn es liegt, gut verborgen, neben der Bundesstraße, dort, wo vielleicht gerade das eigene Auto steht. Wenn man sich der Stelle von Nordwesten her, von der Parkseite aus nähert, geht man über eine größere ebene Wiese und betritt dann ein Wäldchen. Dort geht es unerwartet steil abwärts, in eine tiefe Mulde hinein, die fast vollständig von den Kronen der umstehenden Laubbäume überdeckt wird. Je tiefer man hinuntergeht, desto stiller wird es, und ganz unten findet man sich an einem kleinen Gewässer wieder, das der

Feenteich genannt wird. Eine Halbinsel mit einer Trauerweide ragt ins Wasser, die einhüllende Geste des Ortes noch einmal ins Kleinere und Innigere wiederholend. An den Spuren erkennt man, dass das Wild diesen Ort gern als Tränke besucht.

Wenn man die im Gegensatz zur geschwungenen Form des Teiches fast geometrisch gerade wirkende südliche Seite der Mulde betrachtet, stellt man fest, dass es sich um die Anschüttung des Dammes der Bundesstraße handelt, und man staunt darüber, dass man vom Verkehr, der geschätzte zwanzig Höhenmeter weiter oben vorbeirauscht, nichts hört. Und noch etwas erstaunt: Steigt man von dem Grund der Mulde aus Richtung Südosten nach oben, erreicht man auf direktem Wege den höchsten Punkt des Parks, der etwa vierzig Höhenmeter über Straßenniveau liegt – für brandenburgische Geländeverhältnisse eine rechte Höhe, bedenkt man, dass der Hagelberg bei Belzig mit zweihundert Metern schon die höchste Erhebung des Landes ist.

Zusammen mit dem anliegenden Hügel bildet der Feenteich das Wurzelchakra des Klein-Glienicker Volksparkes. Am Ufer des Teichs mit einer Ausbildungsgruppe 2011 meditierend, erhielt ich folgende Worte der Erdmutter:

Am Feenteich im Volkspark Klein-Glienicke

Alles, was auf der Erde lebt, und sei es noch so groß und gewaltig, wurde einmal aus mir, der Erde, geboren, klein und zart. Lange, lange hat es im Weltall die Glocke geläutet, auf dass es kommen darf. Es musste ganz und gar, durch und durch Erde werden, mit mir verschmelzen, durch mich hindurchgepresst werden. Eine jede dieser Geburten war schwer.
Und was dann die Augen aufschlug, staunte über die Schönheit der Blätter und des Lichtes. Da fiel ihm das Atmen ganz leicht. Und es suchte und fand seinen Stern, der es heranzog. Es wusste nicht genau, war es Pflanze, war es Mensch, war es Tier geworden. So lebte es eine Weile, nicht sehr lang, vielleicht einen Sommer lang, bis es Zeit wurde, sich wieder zu neigen. Es gab mir zurück, was Erde war, und wuchs in den Himmel, ganz leicht, wie der Sprung eines Rehs. Wird dir auf Erden das Atmen zu schwer, dann besuche diesen Ort des Ursprungs.

So zart und leicht fühlen wir uns im Laufe unseres Lebens leider nur allzu selten. Als negativ empfundene Erfahrungen veranlassen uns, Schutzwälle um uns aufzubauen, sodass wir die Reinheit unseres nackten Lebens und der uns umgebenden Schöpfung nicht mehr spüren können, letztlich aus purer Lebensangst. Wir errichten Schutzwälle aus Versicherungskonstruktionen und Machtausübung um uns herum, um bloß nicht verletzlich zu sein.

An Wurzelchakra-Orten begegnet uns die Erde in ihrer ganzen Kreatürlichkeit und Verletzlichkeit. Diese Begegnung kann uns zutiefst berühren. Sie zeigt uns die Kostbarkeit der Schöpfung, auch die unseres eigenen Lebens.

Das menschheitliche Entwicklungsthema, das damit einhergeht, ist, Frieden zu erlangen. Wir können an Wurzelchakra-Orten tiefen Frieden erleben, im Außen und in uns selbst. Da wir mittlerweile technisch in der Lage sind, unseren Planeten und mit ihm die ganze Menschheit zu zerstören, begegnet uns an diesen Orten zudem die Sorge der Erde um uns und die Schöpfung. Ob Frieden auf Erden werden kann, hängt ganz davon ab, ob wir ihn in uns finden und der Erde zurückgeben können. So hörte ich es von ihr an einem vergleichbar idyllischen Ort, am Wurzelchakra des Westerwaldes an dem Flüsschen Nister, das ich im Herbst 2012 mit einer Gruppe besuchte. Auch hier war es wieder ein tief gelegener Ort an einem Gewässer in Verbindung mit einem steil aufragenden Hügel.

Der Berg:
Die Früchte der Erde,
Ich zeig sie dir alle,
Ach, nimm sie doch gnädig hin.

Die Früchte der Liebe,
Ich reich sie dir alle,
Du fühlst daran, was ich bin.

Das Tal:
Ich bin nur die Erde,
Ich bin wie dein Kind,
Du bist mir ein Gott.
Mein Schicksal liegt ganz in deiner Hand,
Ich lieb dich so sehr, wie ich kann.

Spiegel unserer Lebensangst und Aggression

Beim Menschen liegt das Wurzelchakra zuunterst des Rumpfes, an der Unterseite der Beckenschale; es ist über die Beine und Füße mit der Erde verbunden. Wir können es uns ätherisch wie einen Reifrock vorstellen oder glockenförmig, wobei der Rock am Erdboden nicht aufhört, sondern sich energetisch in die Tiefe fortsetzt.

Man kann Wurzelchakren auch als feine Membranen oder Wahrnehmungsorgane der Erde betrachten, über die wir uns mit den unmerklichen Seelengesten unseres Bewegungsapparates der Erde mitteilen, ob wir wollen oder nicht. Zu den ursprünglichsten und unverdecktesten Ausdrucksformen der menschlichen Seele im Physischen gehört ja der Gang. Ein guter Physiotherapeut kann an der Gehweise eines Menschen nicht nur dessen Gesundheitszustand ablesen, sondern auch, woher er schicksalsmäßig kommt, wie er jetzt damit umgeht und auf was er zugeht. Es ist eine atemberaubende Vorstellung, dass jeder Mensch beim Blick auf die Vorübergehenden deren Körpersprache läse. Die Erde hat diese Fähigkeit. Unsere Füße sind der Erde am nächsten. Mit unseren Füßen berühren wir die Erde, wir begegnen ihr hier physisch unmittelbar. Die Erde spürt durch unseren Gang hindurch unsere Seelengesten, insbesondere die des Willens: Wie richte ich mein Leben auf der Erde ein? Betrachte ich die Erde als einen mir zu Füßen liegenden, als einen toten Gegenstand persönlicher Aneignung? Signalisiere ich Teilnahmslosigkeit meinem eigenen Leben und dem der anderen gegenüber? Spüre ich mein Leben und das der Erde so intensiv, dass ich am liebsten das ganze Jahr über barfuß gehen würde, um so der Erde einfühlsam und direkt zu begegnen?

Bei einer Heilungsarbeit an dem Wurzelchakra einer Schule im Ruhrgebiet im Jahr 2008 hatte ich die Imagination zweier sehr großer, runder, übereinanderliegender Mühlsteine. Zwischen den beiden Mühlsteinen lag eine Zunge, Spür- und Sprechorgan zugleich. Auf dem oberen Mühlstein, der zugleich die Erdoberfläche war, gingen Menschen aus verschiedenen Zeiten. Da war ein Paar in der typischen bürgerlichen Ausgehkleidung des Wilhelminismus. Er in einem uniformartigen dunklen Anzug, sie in einem weißen Spitzenkleid mit Reifrock und Sonnenschirm. Die beiden gingen eine Straße mit städtischem Gepräge aus der Zeit um 1900 entlang, zugleich gingen sie aber auf dem Mühlstein im Kreise. Die darunterliegende Zunge spürte den militärischen Gang des Mannes ganz genau, ebenso die ein wenig träumerischen, selbstvergessenen Schritte der Frau an seiner Seite. Dann schwoll die Zunge an. Sie versetzte die beiden Mühlsteine in eine langsame, schwerfällige, schmerzvolle Bewegung. Ich fühlte, dass die Erde hier über ihr Leiden an den Menschen in früherer Zeit sprach. Es verschaffte ihr Erleichterung, dass endlich jemand dies bemerkte und anerkannte.

Bei der Arbeit an Erdwurzelchakren erlebe ich manchmal ein Gefühl der Beschämung, denn ich kann in Resonanz mit der Störung an dem Ort auch vieles in mir erleben, was noch nicht den Frieden der Erde gefunden hat. Wir werden an Erdwurzelchakren auch mit eigenen unterdrückten Aggressionen konfrontiert und müssen bei geomantischen Arbeiten mit Gruppen gut darauf achtgeben, wie wir uns verhalten. Nur wer sich dieser Aggressionen bewusst ist, kann versuchen, sie anzunehmen, damit sie nicht unter dem Deckel eines aufgesetzten Friedensgebotes umso hitziger hochkochen. Solange wir auf dem Weg der Menschwerdung sind, werden wir mit unseren Aggressionen leben müssen. Wenn wir das Berechtigte an ihnen als Aufschrei und Widerspruch verstehen und integrieren können, dann müssen wir sie nicht gegen andere richten. Nicht nur das planetarische Wurzelchakra der Erde und viele ihrer regionalen Wurzelchakren, sondern auch unsere eigenen Wurzelchakren sind oftmals verschlossen oder blockiert, und das ist der Grund dafür, warum es uns nicht gelingt, einander zu vertrauen. Mit der Angst voreinander geht dann auch ein Gefühl einher, ungenügend versorgt zu sein, nie genug zu bekommen, und damit auch die Unfähigkeit, gern zu geben.

Bei einer Arbeit für ein Haus bekam ich am 17. November 2013 einen Heilungsimpuls der geistigen Welt. Das Haus wurde mangels Vertrauens der Besitzer in das Göttliche insgesamt nur sehr schwach mit kosmischer Energie versorgt. Ich behandelte mit dem Thema des mangelnden Urvertrauens also nicht nur das Wurzelchakra des Hauses, sondern auch das des Auftraggebers, denn in der Blockade des Erdwurzelchakras spiegelte sich dessen mangelndes Urvertrauen, die mangelnde Glaubenskraft und Bereitschaft, dem Ort zu schenken, was er vom Menschen brauchte. Das Haus stand am Meer, und der Besitzer wurde nun aufgefordert, sich an der Lebensfülle des Meeres ein Beispiel zu nehmen, um ein Gefühl dafür zu bekommen, dass er selbst zeitlebens ausreichend versorgt ist und allen, die seiner Fürsorge anvertraut sind, genügend geben kann.

Einst teilt ich dir das Leben zu,
Nicht mehr als nötig wolltest du
Von unsrer Erd- und Sternenspeis.

Nun siehst du, dass ich aus den vollen Händen
Den Samen werfen kann und wenden
Die Kargheit in die Fülle hier.

Ich bitte dich, komm tanz mit mir
Und streu mit mir im hohen Bogen
Das Himmelsgut vom Kamm der Wogen
Aufs Haus und in die Landschaft hier.

Du bist es wert, das sag ich dir.

Typische Lagen von Erdwurzelchakren

In den ersten Jahren meiner selbstständigen Arbeit als Geomant war ich überwiegend als Hausuntersucher tätig und lernte dadurch meist nur räumlich kleinere geomantische Systeme kennen. Damals fiel mir auf, dass das Wurzelchakra einer Wohnung oder eines Hauses häufig an einem Fenster war, ein runder Bereich von einem bis zwei Metern Durchmesser, die eine Hälfte schon draußen, die andere drinnen, so als wollte das Chakra mit dem einen Fuß unten im Garten sein und mit dem anderen oben im Wohnraum. Erst in den Jahren danach wurde mir durch Untersuchung größerer Holone klar, dass zu einem Wurzelchakra – wann immer es in einer Landschaft vom Bodenprofil her möglich ist oder in einer Stadt in der Ebene ersatzweise vom Gebäudeprofil her – zwei Orte gehören: einer im Tal, möglichst tief gelegen, gerne, aber nicht zwingend am Wasser, der andere auf einem Berg, möglichst hoch gelegen, und beide Orte nahe beieinander. Der Fuß im Garten war nichts anderes als die ›Talstation‹, der in der Wohnung die ›Bergstation‹; die Hauswand wurde als künstlicher Berg genutzt. Bei den beiden vorangegangenen Beispielen war es ja auch so: Feenteich unten, Parkhügel oben; das Flüsschen Nister unten, der anliegende Hügel oben. Warum diese beiden Stationen immer zusammengehören, begriff ich so richtig erst am Wurzelchakra des Holons Östlicher Thüringer Wald, als ich es im Herbst 2013 mit einer Ausbildungsgruppe besuchte.

Der Lauf der Saale beschreibt zwischen Saalfeld und Rudolstadt einen ausgedehnten Halbkreis. Die gesamte Talebene kann man als eine ätherische Schale wahrnehmen, die Impulse aus dem Kosmos und aus der Tiefe der Erde sammelt. Die steilen Abhänge des umliegenden Gebirges verbinden diese Schale mit dem Himmel über und mit der Erde unter ihr. Wir meditierten gemeinsam auf einer Anhöhe oberhalb des Saaletales bei den Saalfelder Höhlen. Ich nahm eine Röhre wahr, die vom Gipfel herab ins Erdinnere führte. Das obere Ende dieser Röhre erinnerte mich in meiner Imagination sehr an den Schallaustrittstrichter eines Blasinstrumentes. Es folgte auf der Ebene der übersinnlichen Wahrnehmungen eine Inspiration: Ich hörte, wie die Erde hier in ihrem Inneren an vielen Orten zugleich einen tiefen Ton erzeugte, mit dem sie das Erdreich auf seine möglichen Qualitäten als Resonanzkörper hin untersuchte. Sie experimentierte dabei genauso systematisch und hingebungsvoll wie ein Musikinstrumentenbauer auf der Suche nach neuen Materialien für Instrumente, die bislang unerhörte Tonschöpfungen möglich machen. Der Sinn dieser Tätigkeit wurde mir auf der Ebene der Intuition klar: Die Erde versuchte hier, ein Gegengewicht zu ihrem vom gegenwärtigen Menschen ausgehenden Absterben zu schaffen, denn sie weiß, dass sie tot ist, wenn sie sich so sehr verdichten muss, dass sie nicht mehr klingen kann. Mit ihren Versuchen, Töne zu erzeugen, bemühte sie sich, ein Teil der kosmischen Sphärenharmonie zu bleiben, und sie teilte dem Himmel dies durch die Schallröhren in den Bergen mit. Indem sie es tat, durchlichtete sie zugleich die Materie so weit, dass diese wieder klingen konnte.

Im Nachhinein wurde mir klar, dass die Wurzelchakrenorte, die ich in den Jahren zuvor bereits untersucht hatte, wenn es das Gelände irgend zuließ, jeweils mit Tal- und Bergstation ausgestattet waren. Ich verstand nun besser, warum ich mich beispielsweise 2011 beim Besuch des hessischen Wurzelchakras zwischen Darmstadt und Bad Dieburg an einem senkrecht abfallenden nackten Steilhang wiedergefunden hatte. Zu Beginn meiner Erkundung der Wurzelchakren war ich davon ausgegangen, dass Senken gut dafür infrage kommen, und ich war mit diesem Bewusstsein auch zum hessischen Wurzelchakra gereist. Es liegt ja innerhalb des Rhein-Main-Beckens, im Süden eines ansonsten von Mittelgebirgen geprägten Bundeslandes, und das Motiv der Senke taucht hier zusätzlich in riesigen menschengemachten Erdlöchern wie der nahegelegenen Grube Messel auf. Und doch liegt das hessische Wurzelchakra innerhalb dieser Tiefebene an einem kleineren Hügel, und der Steilhang, an dem sich sein Zentrum befindet, ist dadurch entstanden, dass aufgrund eines Steinbruchbetriebs die Hälfte des Hügels abgebaut wurde und dabei die Sohle des Steinbruchs sehr tief, weit unter Geländeniveau, gelegt wurde. Ich würde nicht ausschließen, dass sich der Fokus dieses ätherischen Organs erst nach Anlage der Grube dort zentriert hat. Bei der geomantischen Meditation auf der Spitze des Hügels hatte ich die Imagination eines St. Georg, der mit seiner Lanze in aller Ruhe wie mit einem Pflanzstock kosmische Wachstumsimpulse für das Land in die Tiefe der Erde einbringt.

Nach meiner Arbeit in Saalfeld verstand ich besser, warum einige Jahre zuvor bei der Suche nach dem Wurzelchakra Europas meine Hand kartenradiästhetisch nach Rumänien geführt worden war: Das europäische Wurzelchakra liegt in dem halbringförmigen Gebirgszug der Karpaten, der sich um die siebenbürgische Ebene legt. Im Nachgang von Saalfeld lernte ich auch, dass in dem Achsenchakrensystem von Langschiffkirchen gewöhnlich nicht nur das Wurzelchakra in der Längsachse unter dem Turm ist, sondern dass der Turm selbst die Bergstation ist.

Im Energiekörper von Städten liegen die Wurzelchakren gerne in den Industrie- und Handwerksvierteln, auch an Verkehrsknotenpunkten, so in Berlin nahe des ICE-Bahnhofes Spandau auf einer riesigen Straßenkreuzung oder in Köthen auf dem Gelände des Verschiebebahnhofes. Das ist kein Widerspruch dazu, dass sie ganz intime Orte der Begegnung mit dem eigenen Leben und dem der Erde sind. Auch das bereits beschriebene Wurzelchakra des Klein-Glienicker Volksparks liegt ja, so idyllisch es ist, ganz in der Nähe der viel befahrenen Straße. Solche Nutzungen durch den Menschen können zwar, sie müssen aber nicht mit dem verletzlichen Motiv des tiefen Friedens kollidieren, denn im Wurzelchakra vereinigen sich die Motive eines – möglichst – nachhaltigen Wirtschaftens, wozu auch lebhafter Waren- und Güterverkehr gehören kann, mit dem des angstfreien Lebens, des Friedens.

Ein gutes Beispiel für ein unbelastet arbeitendes Wurzelchakra in einem zunächst wenig anheimelnd wirkenden Stadtrandgebiet ist das von Neustadt an der Weinstraße. Es befindet sich im Westen des Stadtgebietes, zwischen Bauschutthügeln, einem Sportplatz und einer Notunterkunft für Sinti und Roma. Obwohl man bei dieser Zusammenstellung gleich an eine mögliche energetische Blockade denken könnte, repräsentieren die genannten Nutzungen hier verschiedene, mehr oder weniger umfassende Bewegungen im Physischen: Baustoffe, Sport, Nichtsesshaftigkeit. Das entspricht dem energetischen Moment dieses Chakras, denn Wurzelchakra bedeutet: Stille und Unterwegssein zugleich.

Ich werde nun von einigen Erdwurzelchakren berichten, die für größere Holone arbeiten, allen voran das planetare Wurzelchakra, und dabei weitere Eigenschaften dieses Erdchakrentyps herausarbeiten.

Das planetare Wurzelchakra: Palästina und Israel

Das Wurzelchakra der Erde hat sein Zentrum in Palästina und Israel und reicht bis in die angrenzenden Länder des Nahen Ostens. Ich habe es im Herbst 2017 erstmals bereist, um eine geomantische Arbeit mit einer Gruppe vorzubereiten. Ana und Marko Pogačnik betrachten diese Region ebenfalls als planetares Wurzelchakra.[9] Von mir hierzu nur einige allgemeine Überlegungen.

Sowohl im Geländeprofil der Region als auch hinsichtlich der Friedensthematik finden sich hier die oben beschriebenen Eigenschaften eines Wurzelchakras im Großen wieder. Die Wasseroberfläche des Toten Meeres liegt mehr als vierhundert Meter unter dem Meeresspiegel. Der Jordangraben ist die tiefstgelegene Region der Erde. Insbesondere an seinem westlichen Rand ragen immer wieder Berge steil auf, die seit Jahrtausenden als heilig verehrt werden. In einem großen Radius betrachtet findet das Wechselspiel zwischen Berg- und Talstation hier zwischen Jordangraben, Berg Sinai im Südwesten und dem Berg Tabor im Nordwesten statt, im Kernbereich des Organs wiederholt es sich zwischen den Städten Jericho unten und Jerusalem oben. Innerhalb von zwanzig Minuten kann man mit dem Auto bequem auf einer vierspurig ausgebauten Straße von Jericho nach Jerusalem fahren und hat in dieser Zeit über eintausend Höhenmeter überwunden. Neben dem Tempelberg in der Jerusalemer Altstadt und den ihn umgebenden Hügeln im Stadtgebiet würde ich als Teil der Bergstation des inneren planetaren Chakrabereiches auch den heiligen Berg der Samariter bei Nablus ansehen. So zeigt das Geländeprofil hier optimale Voraussetzungen für eine Anbindung des Erdkörpers an das Kosmische. Es ist kein Zufall, dass gerade hier Jesus Christus geboren wurde und wirksam war. Bei einem Vortrag in Berlin, den ich Mitte der 1990er-Jahre besuchte, verglich Uwe Oltmann, Priester der Christengemeinschaft, den Jordangraben mit einer tiefen Ackerfurche. Genau hier den kostbaren himmlischen Samen hineinzulegen, so sagte er, bot sich für die geistige Welt geradezu an.

Was durch Christus hier geschah, nimmt die Erfahrung des tiefen Friedens vorweg. Aufgrund des universellen Resonanzprinzipes heftet sich an das Thema eines Kraftortes aber immer auch das entsprechende Gegenthema, in diesem Fall ist es der tiefe Unfriede, der Hass. Seit Jahrhunderten streiten sich die monotheistischen Weltreligionen Christentum, Islam und Judentum um diese Region der Erde wie um keine andere, und immer wieder entzünden sich hier Konflikte, die den Weltfrieden bedrohen. Die Ursachen dieser Konflikte liegen meines Erachtens nicht nur in mangelndem Respekt vor unterschiedlichen Glaubensauffassungen, sondern auch in unseren weltweiten wirtschaftlichen Verteilungskämpfen, denn genau das, wozu Christus uns immer aufgefordert hat, dass wir unseren Nächsten lieben sollen wie uns selbst und die Dinge des Lebens miteinander teilen, das können wir nach wie vor nicht.

Wir haben heute eine Wirtschaftsweise, die einer Minderheit der Weltbevölkerung einen übertriebenen Lebensstandard sichert, während eine Mehrheit kaum mit dem Nötigsten versorgt wird. Erst wenn die Grundbedürfnisse der

VE

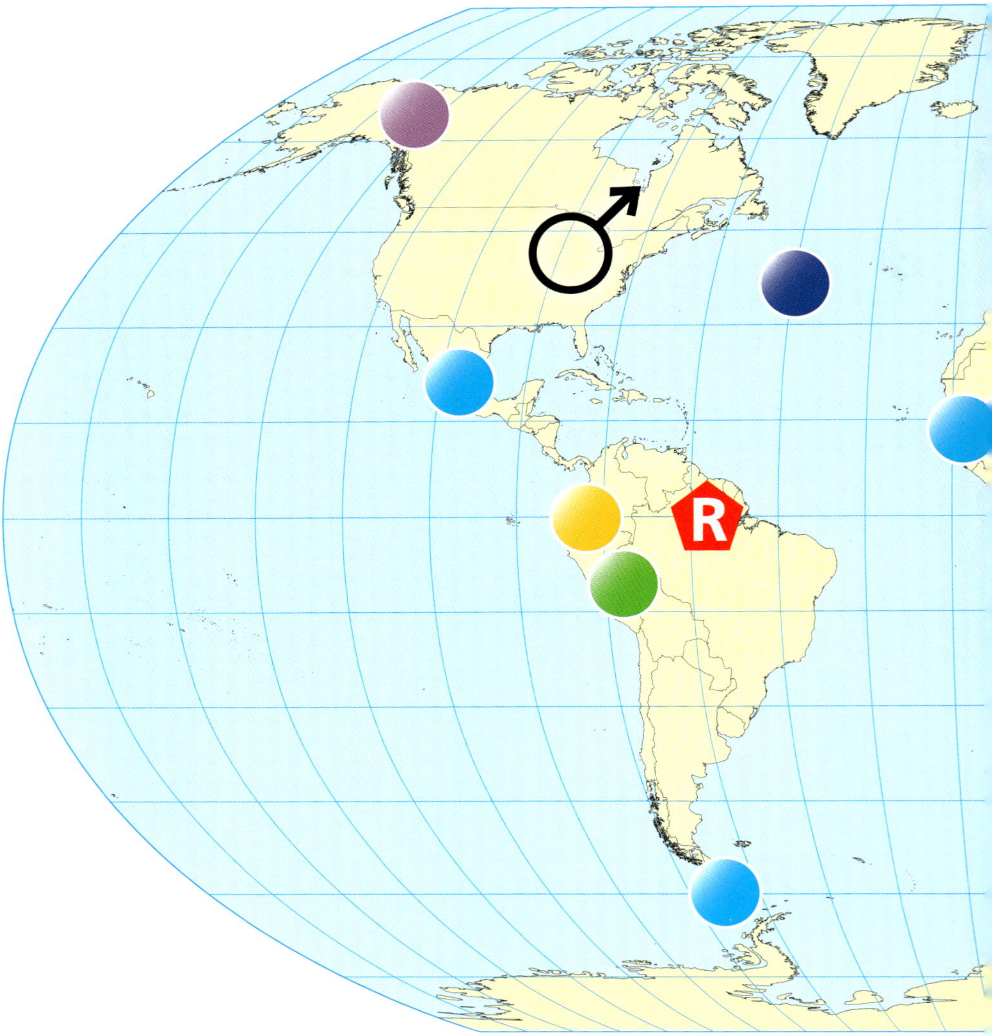

VA

physischen Existenz aller Menschen gestillt sind, wenn alle über ausreichend Nahrung, Kleidung und Wohnraum verfügen, kann in jedem einzelnen Menschen Friede sein, kann der Mensch sich angstfrei seiner eigentlichen Lebensaufgabe zuwenden. Deshalb ist das Thema der Erdwurzelchakren so sehr mit unserer Wirtschaftsweise verbunden. Immer noch ist der Motor unseres wirt-

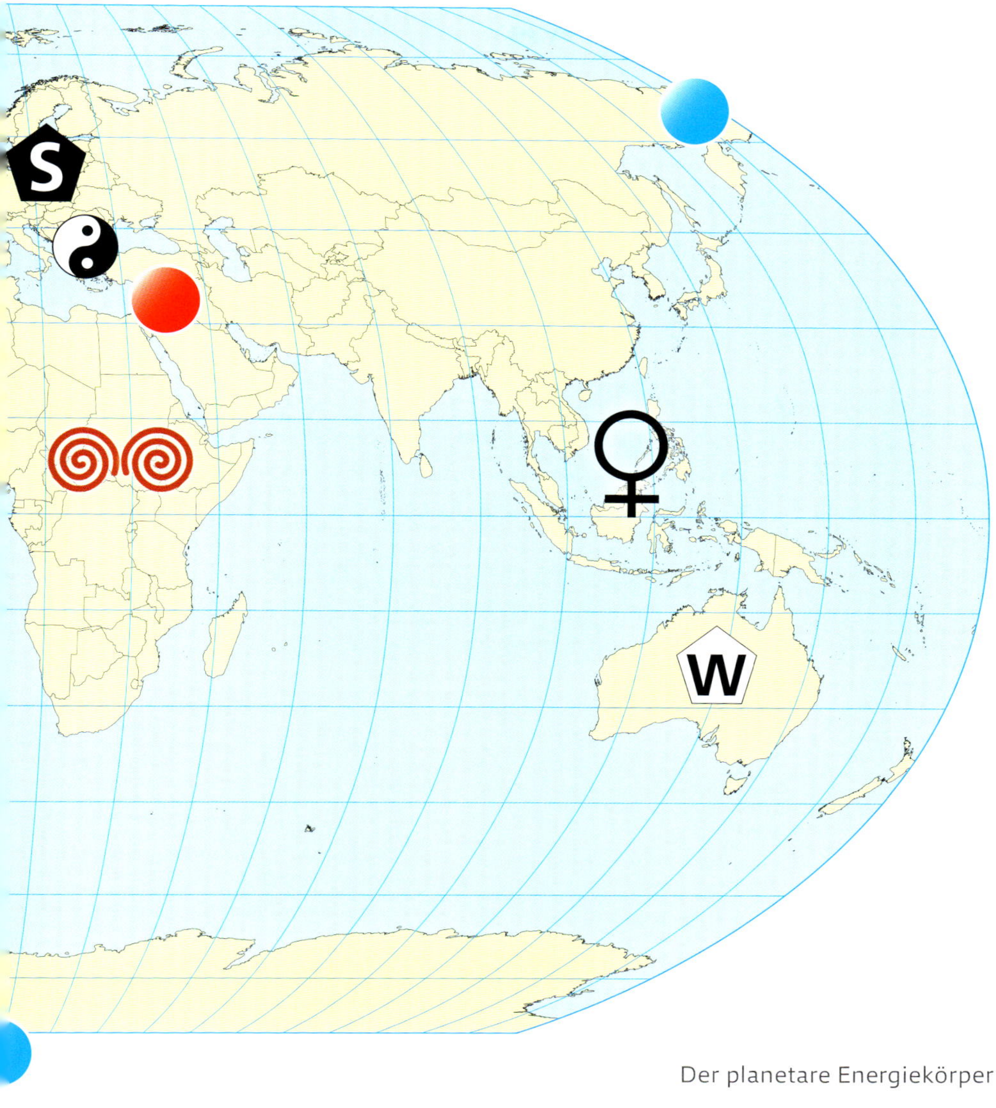

Der planetare Energiekörper

schaftlichen Handelns die Überlebensangst, aus der aufseiten der Habenden ein unsinniger Überfluss entsteht, der allein aber seelisch und geistig nicht befriedigen kann und der daher eine Sucht nach Ersatzbefriedigungen erzeugt. Die nämliche Angst führt auf der Seite der Nichthabenden zu einem tödlichen Mangel und zu falschen Erwartungen an eine Wohlstandswelt nach heutigem Muster.

Auf beiden Seiten kann auf diese Weise kein nachhaltiges Vertrauen in das Leben wachsen, so wie Christus es gedacht hat: «Sieh nur die Vögel auf dem Feld. Sie säen nicht, sie ernten nicht, und der himmlische Vater ernährt sie doch.»[10] Aus der systemischen Familientherapie wissen wir, dass wir wirtschaftlich nie auf einen grünen Zweig kommen werden, solange wir eine gestörte Beziehung zur eigenen Mutter haben. Um wie viel mehr muss das für das Verhältnis zu unserer planetarischen Erdmutter gelten? Wir verdanken ihr in viel weiter gehender Weise unser Leben, als es den meisten Menschen heute bewusst ist. Wenn sie und ihre Helfer, die Elementarwesen, auch nur für eine Sekunde die Arbeit einstellten, würden sich augenblicklich alle irdisch-materiellen Strukturen einschließlich der Materie selbst auflösen. Aus irdischer Sicht wären wir dann sofort tot. Wir könnten unsere zwischen Himmel und Erde wechselnden Entwicklungswege nicht mehr gehen.

Obwohl also die Erdmutter in umfassendster Weise für uns sorgt, führen wir nicht nur Krieg gegeneinander, sondern durch die hemmungslose Ausbeutung der Erde und unsere Ignoranz gegenüber dem uns geschenkten Leben auch Krieg gegen sie.

Mit dem Berliner Arbeitskreis meditierten wir am 9. März 2015 aus der Ferne zum planetarischen Wurzelchakra hin. Ich erlebte dabei den aktuellen Unfrieden in der Welt als eine Passionsgeschichte, die sich ebenso in meinem eigenen Wurzelchakra abspielt.

Tauchfahrt im See Genezareth

Am Boden meiner Taucherkapsel empfange ich Signale aus der Tiefsee.
Ist es Dein Echolot, das mich sucht, Christus?
Ist es Dein schlagendes Herz, das ich höre?
Lebt dort noch die Landschaft von damals?
Was sagen die Elemente?
Was sagen der Windhauch, die Welle, die Erdscholle, das Licht?

Christus und die Erde antworten:
Russen gehen tief in mir herab,
Ukrainer gehen tief in mir herab,
Libyer gehen tief in mir herab,
Syrer gehen tief in mir herab,
Tibeter gehen tief in mir herab,
Iren gehen tief in mir herab,
Viele, die noch leiden, gehen tief in mir herab.

Und sie suchen den Grund, auf dem sie stehen können,
Den See, auf dem sie gehen können,
Den Hauch, durch den sie reden können,
Das Licht, mit dem sie mich sehen können.

Das alles ist
Auch um deinen Schoß.
Wann fühlst du es bloß?
Wann gehst du los?

Nach meinem ersten Aufenthalt in Israel und Palästina im Herbst 2017 spüre ich das jeden Tag. Ich kann nicht mehr so tun, als ginge mich die Frage nach dem Weltfrieden nur gelegentlich etwas an.

Das Wurzelchakra von Deutschland: Frankfurt am Main mit dem Altkönig

Frankfurt am Main ist *das* wirtschaftliche Zentrum des Banken- und Finanzsektors von Deutschland. Wie wir gesehen haben, gibt es über die Wurzelchakren einen direkten Bezug zwischen erfolgreicher Wirtschaftstätigkeit und einer guten Verbindung unserer persönlichen und kollektiven Energiekörper mit der Erde.

Meine Schülerin Alexandra Hein ist in Frankfurt zu Hause. Sie hat 2013 im Rahmen der Abschlussarbeit zu ihrer geomantischen Ausbildung bei mir ihre Stadt auf bemerkenswerte Weise untersucht. Sie kehrte zu Orten in der Stadt zurück, an denen jeweils etwas für ihr Leben Prägendes geschehen ist, und fragte die dort ansässigen Elementarwesen und Engel, wie sie denn diese Ereignisse damals wahrgenommen hätten. Da die Erkenntnisse durch den direkten Kontakt mit der geistigen Welt von einer tiefergehenden und liebevolleren Warte aus zu ihr kamen als vieles, was ihr bisher dazu bewusst war, erhielt sie nun wertvolle neue und auch heilsame Impulse für ihr Leben. Von dem Haus, in dem sie geboren wurde, wurde sie gesegnet, und sie entdeckte, dass dieser Segen dort für sie zeitlebens verankert ist. Eine sehr berührende Stelle aus ihrer Arbeit betrifft das Bankenviertel der Stadt als Ganzes:

»Liebes Bankengewerbe von Frankfurt, wie möchtest du sein? Ich denke an all die Hochhäuser der Stadt und spüre, wie bei dieser Frage eine Wehmut aus dem Boden an den Fassaden emporsteigt. Die Wehmut scheint gepaart mit einem Gefühl von Scham, wie wenn klar ist, dass ein Fehler begangen wurde. Die Fassaden erwachen, füllen sich mit Bewusstsein. Sie wollen gerne hinausschauen. Die Fenster verwandeln sich in Augen, die Lider sind niedergeschlagen, noch trauen sie sich nicht zu schauen. Ich höre ein Wispern, sehr leise flüstern die erwachenden Häuser, sie können es sich selber kaum eingestehen: *Am meisten fehlen uns die Kinder.* Die Scham hält die Augen gesenkt. *Wir würden gerne die Kinder beschützen. In uns sollen Geschäfte getätigt werden, die Kindern einen sicheren Ort auf der Welt geben. Sodass die, die geboren werden, sorglos hier ankommen können.* Tränen laufen bei dieser Vorstellung an den Fassaden entlang ... *Wir wollen einer Tätigkeit Raum geben, die der Gemeinschaft und dem Leben dienlich ist. Die Großen machen gute Geschäfte, damit die Kleinen und alle Schutzbefohlenen in Sicherheit sind. Eine atemberaubende Vorstellung.«*

2004 erhielt ich den Auftrag, die Planung und Errichtung des Erweiterungsbaus einer größeren altenpflegerischen Einrichtung in Frankfurt geomantisch zu begleiten. Bei der Heilungsarbeit auf dem Baugrundstück erlebte ich imaginativ die Störung des dortigen Erdwurzelchakras durch Aggressionen. Ich sah innerlich einen Mann, der mit einem Trommelschlegel auf eine Pauke einschlug, die, wie bei Spielmannszügen üblich, mit einem Gurt befestigt vor seinem Bauch hing. Der Mann merkte nicht, dass das Trommelfell längst zerfetzt war, fanatisch schlug er immer weiter ins Leere. Das Bild verwandelte sich: Die Trommel lag nun auf dem Boden, das Rund der Spannschrauben ihres Rahmens wurde zu einem Steinkreis *en miniature,* und der Rest der Trommel verschwand. In der Mitte des Kreises stand ein verdorrter Baum mit nur einem Ast, der in der Art des Hitlergrußes steil nach oben gereckt war. Intuitiv verstand ich die Ursache für das Problem an dem Wurzelchakra des Grundstückes: Folgen anhaltender Begeisterung für den Nationalsozialismus. Möglicherweise waren vorherige Nutzer des Grundstückes auch nach dem Ende der NS-Herrschaft dieser Ideologie verhaftet geblieben, vielleicht gab es eine Resonanz in die Nachbarschaft. Dies hatte sich dem Ort als eine Blockade seiner Lebenssysteme eingeprägt. Ich bat um ein Bild, das mir zeigte, wie dieses Chakra eigentlich gedacht war. Daraufhin wurde aus dem verdorrten Baum ein stehender Mensch. Der Beckenbereich seines Körpers erschien wie eine Brunnenschale, aus der Wasser von feiner ätherischer Qualität quoll.

Durch wenige Metamorphoseschritte innerhalb der Bildlichkeit (Trommel – Steinkreis – Schale) war aus einer lebensfeindlichen Ideologie eine Heilinformation für den Ort geworden, die das Wurzelchakra wieder in seine Kraft brachte.

Noch ein weiteres Erlebnis, das mir Frankfurt geschenkt hat, berührt mich bis heute sehr stark. So ging ich einmal mit zwei oder drei Seminarteilnehmern abends nach getaner Arbeit durch den gerade neu entstehenden Stadtteil Riederberg und fand es intelligent, im Vorübergehen festzustellen, dass man hier wieder so seelenlose Plattenbauten in die Landschaft gesetzt habe. Eigentlich kommen übersinnliche Wahrnehmungen bei mir nur langsam, unter großer

Zuhilfenahme meiner Aufmerksamkeitskräfte und meist nur, wenn ich es will, wenn ich sozusagen im Dienst bin. Umso verwunderter war ich, als ich plötzlich das Gefühl hatte, ich würde von hinten von diesen Neubauten in einem Akt der Verzweiflung angesprungen. Es waren tatsächlich die Baustoffe, die ganz fürchterlich aufheulten und mich anbrüllten: *Wir können doch nichts dafür, wir sind doch auch bloß aus Erde gemacht!*

Dieses Erlebnis veränderte meine gesamte Einstellung als Heiler für Orte. Es ist mir seitdem nicht mehr möglich, antipathisch beispielsweise auf Handymasten oder welche auch immer mir problematisch erscheinende Schöpfung aus der Hand des Menschen zu blicken. Ich sehe seitdem in allem auch die dort verwendete und oftmals darin leidende Schöpfung und fühle die Wesen, die zu einem ihnen fremden Dienst herangezogen worden sind. Mein Mitgefühl erleichtert ihre Qual. Lasse ich allein eine kritisch-ablehnende Haltung gegenüber dieser oder jener Technik durchblicken, so wende ich mich, ohne es zu bemerken, auch von allen dort eingebundenen Geistwesen ab und verschlimmere dadurch ihre Einsamkeit, denn sie spüren, dass ich es ja hätte besser wissen können. Wende ich mich ihnen zu, bleibt es mir unbenommen, Ideen für lebensgemäßere Technologien zu entwickeln, ja, ich kann versuchen, Elementarwesen als aktive Helfer und Inspiratoren zu gewinnen.

Als im Herbst 2010 meine erste Ausbildungsgruppe startete, war dies ebenfalls in Frankfurt. Ich wusste, dass ich mich dort am Wurzelchakra des Landes aufhielt, und hatte kartenradiästhetisch die Aufgabe bekommen, mit der Gruppe sowohl den Altkönig – die Bergstation des Chakras, wie ich später begriff – als auch einen Ort unten im Stadtzentrum zu besuchen. Die Talstation war die Dreikönigskirche, direkt am Main, auf der Sachsenhausener Seite gelegen. Ich fragte dort nach der Aufgabe des Wurzelchakras von Deutschland, und es sagte mir:

> Ich spüre in alle Richtungen und Regionen dieses Landes. Gelingt es mir, sie alle präsent zu haben, sie zu fühlen und zu lieben?
> Meine Aufgabe ist es jetzt, dich zu lehren: Deutschland ist schön. Wenn du und wenn ihr oft mit schreckenserweiterten Augen auf dieses Land blickt, weil ihr an die dunklen Seiten seiner Geschichte denkt, dann verwechselt ihr die Erde mit den Taten, die die Menschen auf ihr begangen haben. Für die Geschichte des Landes seid ihr selbst verantwortlich, und es ist gut, wenn ihr euch damit auseinandersetzt. Die Erde eures Landes aber liebt euch, und sie tut alles dafür, dass ihr auf ihr leben könnt. Sie tut es in Deutschland genauso leidenschaftlich, wie die französische Erde es für die Franzosen tut, die russische Erde für die Russen oder die irische Erde für die Iren. Deutschland ist ein blühendes Land.
> Ich frage mich täglich und frage es nun auch dich: Gelingt es uns, dieses Land zu lieben wie die gesamte Erde, es als unsere Heimat anzunehmen, seine

Schätze zu achten und zu bewahren und daran mitzuwirken, dass sie für alle Menschen aller Länder sichtbar und zugänglich sind, damit alle, die es wollen, sie miteinander verehren können?

Wenn ich die letzten Zeilen nachspreche, empfinde ich so etwas wie ein kosmopolitisches Bekenntnis zu einer Lebensgemeinschaft des Menschen mit der Erde, auch ein wenig einen Amtseid für mich als Geomanten. In diesen Worten liegt eine Heilkraft bezüglich allem, was mich bislang mit meinem Land, meiner Heimat hadern ließ. Diese Worte, ausgesprochen von einem hohen Engelwesen am Wurzelchakra des Landes, sie verwurzeln auch mich stärker mit der Erde.

Ein Erlebnis dieser Art hätte man früher vielleicht als eine Initiation bezeichnet, und es wäre verbunden gewesen mit einer rituellen Handlung, geführt durch einen Priester. Heute werden solche Worte als eine Antwort der geistigen Welt auf das individuelle Erkenntnisstreben geschenkt, und ich freue mich, dass auch meine Schüler im Laufe der Geomantieausbildung ähnliche Erlebnisse hatten oder haben, ohne dass es dafür eines aktiven Eingreifens meinerseits bedürfte.

Manipulationen an Wurzelchakren: Beispiel Weimar

Alles Leben auf der Erde entspringt der Schöpfungsliebe der geistigen Welt. Die Erde ist der Ort für das Experiment der Menschwerdung. Untersucht wird die Frage: Ist Freiheit in Liebe möglich? Dafür stellt uns die geistige Welt die Erde frei zur Verfügung, und aufgrund dieser Verfügungsfreiheit sind uns auch Manipulationen an den Lebenssystemen der Erde möglich. Wir können aus der Absicht heraus, auf Kosten anderer einen persönlichen Nutzen herbeizuführen, Lebensenergien und die sie betreuenden Wesen in unseren Dienst stellen, ohne dass dies durch eine »höhere Aufsicht« seitens der geistigen Welt unterbunden würde. Der einzige regulierende Mechanismus ist das entstehende Karma und die Belastbarkeit der Ökosysteme der Erde. Daher können Organe des Energiekörpers der Erde, die grundsätzlich für alle Lebewesen arbeiten, die in ihrem Gebiet angesiedelt sind, durch egoistische Interessen in ihrer Funktionsweise beeinträchtigt werden.

Auch hinter den sichtbaren Dingen gibt es also so etwas wie eine Öffentlichkeit, in der sich zu bewegen ein gleichermaßen sensibles Gefühl für den Ausgleich aller Interessen erfordert wie im gewöhnlichen politischen Handeln. Ein nicht geringer Teil meiner Heilarbeit an der Erde besteht darin, die Spuren und Motive lebensfeindlichen Handelns auf dieser verborgenen Ebene offenzulegen und das betroffene Organ dann wieder in den Zusammenhang einzugliedern, für den es eigentlich gedacht ist. Spurensuchen dieser Art führen nicht selten zurück in die Zeit der nationalsozialistischen Herrschaft, zumal bekannt ist – wenngleich noch nicht wirklich ausreichend erforscht –, dass seitens dieses Regimes absichtsvoll an den Lebenssystemen manipuliert wurde.

Hinweise darauf fand ich auch in Weimar, jener Residenzstadt, die in der Zwischenkriegszeit Sitz der ersten demokratischen Regierung Deutschlands gewesen ist. In Weimar ist das Hauptaugenmerk der vielen Besucher aus aller Welt heute auf die berühmten und aufwendig renovierten Schauplätze der Hochkultur des 18. bis 20. Jahrhunderts gerichtet. Die Anwesenheit und das Schaffen von Persönlichkeiten wie Goethe, Nietzsche, Liszt oder der Lehrer des Bauhauses liegt hier in gewisser Weise immer noch in der Luft. Geht man vom Schloss aus jedoch nur wenige Hundert Meter an der Ilm entlang flussabwärts, gerät man in das alte Handwerkerviertel der Stadt, das, je weiter man sich vom Schloss entfernt, in einem immer maroderen Zustand und so gut wie verlassen ist. Nur vereinzelte Häuser wurden dort seit der Wende renoviert. Das Leben des einfachen Volkes mag nie viel Interesse geweckt haben, in Weimar vielleicht noch weniger als anderswo. Der heutige Zustand des alten Handwerkerviertels scheint mir aber vor allem mit einer Manipulation an dem hier gelegenen Wurzelchakra der Stadt während der Zeit des Nationalsozialismus zu tun zu haben. Weimar war für die nach der Macht strebenden Nationalsozialisten ein wichtiger Ort, da es als Sitz der gleichnamigen Republik mit der verhassten Demokratie verbunden wurde und die Nazis, die schon lange vor der Machtergreifung bei den Wahlen in Thüringen mehrheitsfähig waren, ihrem Sieg dort symbolisch Ausdruck verleihen wollten. Wenn man genau hinschaut, kann man in der Form des nahegelegenen Konzentrationslagers Buchenwald und auch in den nach 1933 entstandenen offiziellen Bauten der Stadt so etwas wie den zynischen nationalsozialistischen Kommentar zur Weimarer Klassik und der späteren Republik ausmachen. Unweit des Hauptbahnhofes ließen die Machthaber ein Seitental der Ilm zuschütten und errichteten dort ein »Gauforum« mit großer Versammlungshalle und Verwaltungsgebäuden im bekannten Monumentalstil. Dass es die Versammlungshalle heute noch gibt und dass sie nach der Wende zu einem Einkaufszentrum umgebaut wurde, dürfte nur den wenigsten Weimarbesuchern bekannt sein.

Im Sommer 2012 arbeitete ich mit einer Seminargruppe an dem Wurzelchakra dieser Stadt. Es befindet sich gleich neben dem Gauforum direkt an der Ilm und wurde in den Dreißigerjahren durch eine massive Steinbrücke überbaut: die Neutrassierung der heutigen Bundesstraße 6. Das Land am Fluss unterhalb der Brücke wirkt heute mangels Pflege auf eine anrührende Art ursprünglich und verwahrlost zugleich. Ich hatte, als ich die Brücke sah, sofort den Verdacht, sie könnte im ›Dritten Reich‹ als Aufmarschweg für die Kundgebungen in der großen Versammlungshalle gebaut worden sein, war mir aber nicht sicher, ob die Bauzeit der Brücke tatsächlich in die Dreißigerjahre fiel. Spätere Recherchen bestätigten das dann. Die Energie des Chakras, so vermutete ich, sollte in den Dienst der martialisch wirkenden Aufmärsche gestellt werden, die über die neue Trasse geleitet wurden. Dadurch wurde das Chakra seines friedenstiftenden Charakters beraubt und in seiner eigentlichen Wirkungsweise blockiert. Ich bekam bei der Gruppenmeditation an der Brücke folgenden Text:

Am Wurzelchakra von Weimar (23. 6. 2012)

Es zittern meine Glieder im Wind,
Es zittern deine Blätter im Wind,
Baum und Strauch,
Bis wir miteinander verschmolzen sind.

Es klingen meine Schellen im Licht,
Es sehnt sich mein Herz nach dir, Kind,
Bis wir miteinander verschmolzen sind.

Es säen meine Arme weit
Den Samen in dich, den Wald,
Bis Pflanzen aufgehn in dir
In Menschengestalt.

Ich war sehr berührt von dieser anmutigen Vision einer Gemeinschaft von Pflanze und Mensch. Sie kündet von der langsam beginnenden Neuverkörperung der Erde und enthält eine Art Verwandlung oder gar Erlösung des Erotischen.

Mangelnde Erdung der Bewohner: Beispiel Potsdam

Eine weitere aufs Engste mit der Geschichte Deutschlands verbundene Residenzstadt ist Potsdam. Da Potsdam und Berlin in etwa gleicher Entfernung zu meinem Wohnort im Havelland liegen, habe ich an beiden Orten ähnlich intensiv geforscht. Weil Potsdam aber viel kleiner ist und auch geomantisch nicht so kompliziert aufgebaut wie Berlin, verstehe ich die Stadt auf dieser Ebene recht gut. Ich habe hier seitens interessierter Menschen viel Förderung und Zuspruch erhalten, und auch innerhalb der konventionellen Wissenschaft gibt es einen starken Bezug zur Erde, denn Potsdam ist einer der weltweit bedeutendsten Standorte der Geowissenschaften. Die große politische Bedeutung, die diese Stadt über einige Jahrhunderte als Residenz der preußischen Könige und deutschen Kaiser innehatte, wirkt ebenfalls weiter. Der Genius der Stadt unterstützt heute sehr gut die Arbeit an der Fragestellung, wie Königtum – im besten Sinne als eine Anbindung an die geistige Welt verstanden – in einer demokratischen Gesellschaft zeitgemäß im Individuum verwirklicht werden kann.

Von 2008 an meldete sich das Thema des Wurzelchakras dieser Stadt immer wieder bei mir, erstmals während einer Heilungsarbeit für den Neuen Garten. Das Wurzelchakra dieses Landschaftsparks liegt außerhalb des eigentlichen Parkgeländes an der Glienicker Brücke, also gar nicht weit entfernt von dem des Klein-Glienicker Volksparks, über das ich zu Anfang berichtet habe. Bei der geomantischen Meditation war mir, als spürte ich die Schritte der begeistert in den Ersten Weltkrieg marschierenden Soldatenkolonnen, die eine ganze Brücke in Schwingung brachten. Die Brücke übernahm in dieser Imagination eine vergleichbare Aufgabe wie die Mühlsteine bei der Meditation auf dem Gelände der Schule im Ruhrgebiet. Weiter draußen auf dem See erschien dann in meiner inneren Wahrnehmung ein riesiger Walfisch. Ich durfte durch das Blasloch in sein Inneres steigen. Das Innere des Kopfes stellte sich als der Zuschauerraum eines Opernhauses dar. Ich stand dann unten auf der Bühne. Die steil aufsteigenden Ränge und Balkone waren dicht besetzt mit schweigenden Männern in Uniformen. Bis ganz nach oben in die Kuppel standen sie, in Halbkreisen gestaffelt, ja, sie umringten sogar noch das Blasloch. Alle schauten zu mir herab. Ich stand auf dem Sockel eines Denkmals. Irgendwann begriff ich, dass sie alle tot waren. Sie gedachten wehmütig ihres im Kriege verlorenen Lebens, das ich als einziger Lebender im Raum auf dem Sockel stehend repräsentierte. So wie sie früher ihrer Toten vor einem Heldendenkmal gedacht hatten, gedachten sie nun in einer endlos langen Schweigeminute des verlorenen Lebens. Indem ich das verstand und vor allem fühlen und betrauern konnte, vermochte ich um Erlösung ihrer noch erdgebundenen Seelenreste zu bitten.

Nach und nach begann ich auch das für ganz Potsdam zuständige Wurzelchakra zu verstehen. Die Talstation befindet sich im Stadtzentrum, zwischen dem Russischen Ehrenfriedhof, der Kirche St. Peter und Paul und der Wilhelmspassage am Platz der Einheit. In diesem Bereich ist auch der Bassinplatz, dessen Name noch an das große Wasserbecken erinnert, das hier früher einmal war als letzter noch sichtbarer Rest der ursprünglichen Sumpflandschaft. Dieser Teil der Stadt ist bis heute auf starke Eichenpfähle gegründet. Die Bergstation des

Chakras ist nach meinem Dafürhalten am Brauhausberg, der mit einem Wasserhochbehälter und einer historistischen Burganlage bebaut ist, in der sich einst die Preußische Kriegsschule befand. Zu DDR-Zeiten war das Gebäude Sitz der Kreisparteileitung der SED und von 1990 bis zum Umzug ins wiederaufgebaute Alte Schloss im Jahr 2014 Sitz des Brandenburgischen Landtags. Der Brauhausberg war also lange ein Ort der politischen Macht.

Als ich mich 2008 zum ersten Mal mit dem Wurzelchakra von Potsdam beschäftigte, war mein Augenmerk allein auf die Talstation gerichtet. Mit meinem Potsdamer Arbeitskreis besuchte ich den Platz der Einheit und erhielt dort folgende Imagination: Anstelle der Autos schaukelten schwebende Röhren durch die Straßen, halb Rakete aus Metall, halb Montgolfière aus Papier. An ihnen hingen kleine bunte Girlanden. Ich fragte, was diese Anhängsel bedeuteten. *Es sind die Reste der Beine der Potsdamer*, erhielt ich zur Antwort: *Die Autos sind die Särge des Gehens.*

Damit signalisierte mir die Erdseele der Stadt in drastischer Weise, dass sie die Menschen hier nicht mehr richtig spüren konnte. Da wir in der technisierten Welt heute allerorts nur noch wenig laufen, musste es noch einen besonderen Grund geben, warum dies den Potsdamern hier attestiert wurde. Seitdem habe ich Potsdam und die Potsdamer öfter vom Wurzelchakra her betrachtet. Geomantisch gesehen zeigt sich hier ein größeres Problem, das jedoch, wie immer, auch ein großes Entwicklungspotenzial birgt. Die Potsdamer sind offenbar schon sehr lange zu wenig geerdet. Sie haben mit der zuweilen kulissenhaften Parklandschaft und später mit den Babelsberger Film- und Fernsehstudios eine Ortsprägung geschaffen, in der sich ein Hang zum Illusionären ausdrückt. Heute hängen sie an der großen politischen Vergangenheit als Residenzstadt, und um die schönen Schlösser und Gärten kann man sie gewiss auch beneiden. Durch die Vielzahl von Besuchern aus aller Welt werden sie darin bestätigt. Aber es schreibt sich dadurch eine Tendenz zum Illusionären und Musealen fort, was den Blick für die Erde und die konkreten Lebensprobleme der heute dort ansässigen Menschen verstellen kann. Als die Stadt mit ihrer Bewerbung zur Kulturhauptstadt Europas 2010 durchfiel, wurde ihr deutlich gezeigt, dass man sich auf gepflegten Parks, einer großen Vergangenheit und ihrer fachgerechten Konservierung allein nicht ausruhen kann. Geomantisch gesehen haben die Potsdamer und ihre Stadt durch die rasante Entwicklung im Äußeren, die bereits im 17. Jahrhundert einsetzte, die Verbindung zu den eigenen Wurzeln verloren, zu Wurzeln, die in einer eiszeitlich geprägten Flusslandschaft ganz klar im Wässrigen liegen. Spüren kann man diese ursprüngliche Landschaft heute nur noch an wenigen, verwunschen wirkenden Orten wie etwa dem Waldstück an der Nuthe-Mündung hinter dem Hauptbahnhof. Es sind Orte, die im Bewusstsein der Bewohner kaum und in dem der Besucher gar nicht vorhanden sind. Dabei wurde die Stadt in diesem Bereich einst von slawischen Fischern gegründet.

Bei einem abendlichen Besuch der Heilandskirche in Potsdam-Sacrow mit dem Arbeitskreis sagte mir die Erde unter der Kirche ganz unmissverständlich: *Das angeregte Flanieren durch die Parks und das Bewundern der Schlösser – wie schön, bloß mit mir, mit der Erde hat das überhaupt nichts zu tun.*

Mit einer Ausbildungsgruppe meditierte ich an einem Sonntagmorgen im Herbst 2011 im Innenhof einer Wohnsiedlung, die zu DDR-Zeiten entstanden ist, unweit der Kirche St. Peter und Paul im Gebiet der Talstation des Potsdamer Wurzelchakras. Dort hörte ich:

Ich warte hier auf dich, Havel,
Ich kann dich nicht spüren,
Du kommst nicht mehr zu mir.

Ich warte auf dich, Himmel,
Ich sehne mich so nach dir,
Doch ich kann zu dir nicht kommen,
Ich darf nicht zu euch gehören.

Ich warte hier auf euch, Menschen,
Wir waren hier miteinander verabredet.
Jetzt wird es dunkel und kalt,
Und ich bin allein.

Allein kann ich den Weg nicht finden
Zu meinen Schwestern und Brüdern,
Zu Fluss und Himmel.

Ich brauche eure Hände, Menschen,
Wie die Hände von Vater und Mutter.

So braucht doch eure Füße,
Es sind meine Füße!
Und kommt!

Als ein guter Ratgeber für unsere geomantische Heilungsarbeit in Potsdam erwies sich der Heilige See. Er hat eine ganz lichtvolle Wasserqualität. Es ist ein Genuss, in ihm zu schwimmen. Der ätherische Raum unter ihm ist mit dem Wurzelchakra der Stadt verbunden. Der See sagte mir und den Teilnehmerinnen und Teilnehmern des Arbeitskreises am 28. Juni 2011:

Ich wünsche mir, dass sich meine Menschen hier immer mehr nach den Sternen recken, jedes Mal, jeden Tag ein Stück weiter – und dass sie dabei nicht einen Zentimeter an Bodenhaftung verlieren.
Wie behält man hier die Bodenhaftung?, fragte ich.
Indem man sich das, was die Erde hier unmittelbar ist und spendet, zu Herzen nimmt. Indem man sich daran freut und es mit heiligem Ernst verehrt wie den eigenen Leib, das eigene Leben.

Drei Monate später, am 20. September 2011, standen wir wieder an dem See. Wir begannen unsere Meditation auf einem schmalen Wiesenstreifen zwischen Uferweg und Wasser, nördlich der Gotischen Bibliothek. Ich schloss die Augen und hörte sehr intensiv die Schritte der abendlichen Spaziergänger. Nach einer Weile hatte ich das Gefühl, dass nicht mehr ich, sondern der See sie hörte und ihnen nachlauschte. Dann kamen nach und nach seine Worte:

Wirklich Kind sein: klein, vertrauensvoll, in der Gegenwart.
Liebender sein, ohne Rückhalt.
Rein im Gefühl sein.
Einen Gruß ganz und gar empfangen und weiterleiten.

Fest auf der Erde stehen und nackt sein.
Keine Ansprüche aus der Festigkeit der Erde ableiten,
An niemanden.
Den Abschied ganz und gar erleben.
Den anderen gehen lassen,
Und sein Bild ganz tief ins Herz nehmen.
Vorüberziehende Menschen begleiten.
Dem Klang ihrer sich entfernenden Schritte nachspüren,
Wie er sich in den kosmischen Raum des Schicksals weitet,
Und der darauffolgenden Stille nachspüren:
Wie das, was kommen will, in der Erde wächst.

Trotz dieser ermutigenden Visionen hatten wir dann längere Zeit das Gefühl, dass sich nichts bewegen wollte an diesem Ort, so als wäre die Zeit noch nicht reif dafür, dass sich Menschen und Erde hier näherkämen. Wir erlebten das auch im Bewusstsein der Roten Göttin, der Erdmutter der Region. Auf dem Weg zwischen Tal- und Bergstation befindet sich ihr Fokus. Er befand sich bis zur

Potsdam, Heiliger See mit dem «Grünen Haus»

Zerstörung des Stadtschlosses in den 1960er-Jahren im Südflügel des Schlosses. Die Rote Göttin überdauerte dann an derselben Position am Rande dicht befahrener Verkehrsflächen. Wir besuchten sie mehrmals, und am 17. Juli 2013 war sie dann neben dem Rohbau des wiederaufgebauten Stadtschlosses an der übrig gebliebenen Kastanie wahrzunehmen, völlig isoliert und zurückgezogen von den Menschen. Es war, als blickte sie den vorüberziehenden Strom der Menschen, der sich über die Lange Brücke bewegte, fassungslos an, verzweifelt darüber, dass die Bewohnerinnen und Bewohner der Stadt so weit davon entfernt waren, die Lebensfülle, die sie für sie schuf und ihnen darbot, zu ergreifen.

Die Königin deines Lebens spricht:

Ich könnte deine Freiheitsstatue sein.
Ich könnte dich in meinen Armen wiegen.
Wir wären ein Leben.

So lange schon gehst du an mir vorbei.
Zum ersten Mal denk ich:
Ich kann hier nicht länger bleiben.

Ich lieb dich so!
Du stirbst, wenn ich geh!
Ich kann nicht weg von hier!

Es geht mir besser,
Wenn ich an die Schwestern denke.
All das bekümmert mich so.

Was kann ich tun,
Wenn du nichts tust?
Wenn du blind
Deinem Lebenswege folgst,
Ohne Fragen,
Ohne Sehnsucht,
Ohne Ziel,
Ohne Glauben,
Ohne Dankbarkeit,
Ohne Mut.

Als wir die Rote Göttin im Herbst 2013 wieder besuchten, vernahmen wir mit einem Mal andere Töne. Es musste sich zwischenzeitlich etwas im Verhältnis der Menschen zu ihrem Ort verändert haben. Es gab einen Hoffnungsschimmer am Horizont.

Im Winter seh ich deine Hände
Den neuen Frühling säen.
Ihr glaubt, es gehe nun zu Ende
Doch fühl ich neue Lüfte wehn.

Ich fühl, dass Menschenseelen werden
Gern verehren unsre Erde,
Und sehe viele, die dies noch belachen,
Bald inniglich und frei
Den Dienst zu ihren Füßen machen.

Im Frühsommer des folgenden Jahres wendeten wir uns mit dem Arbeitskreis ihr und dem Potsdamer Wurzelchakra erneut sehr intensiv zu. Wir meditierten in dem mittlerweile fertiggestellten Stadtschloss, und es wurde deutlich, dass sie sich vorstellen konnte, dieses mit Recht sehr umstrittene Gebäude, das nun den Brandenburgischen Landtag beherbergte, auch für sich als Wohnsitz anzunehmen. Damit sind gute Voraussetzungen für die Weiterentwicklung eines Bundeslandes gegeben, das nur relativ schwach von Menschen besiedelt ist und dessen Entwicklungspotenzial zu einem nicht geringen Teil im Dialog der Bewohner mit der Landschaft und den darin wirkenden geistigen Kräften liegt.

Die geomantische Meditation im Schloss war der Beginn einer Reihe von Übungen, mit denen wir an einer Bewusstwerdung der eigentlichen Größe und

Baum an der Nuthemündung in Potsdam

spirituellen Tiefe des Potsdamer Landschaftsraumes arbeiteten. Nun war es, als kämen auch die anderen urbildlich wesenhaften Aspekte der Erdmutter – die Weiße Göttin der Jugend und die Schwarze Göttin des Alters – aus der Umgebung herbei, um ihr, der Göttin der Fülle, des blühenden und reifenden Lebens, schwesterlich beizustehen und sie an ihre Heimat zu erinnern.

Wir legen zu deinen Füßen
Das große, das weite Land.
Wir stehen an deiner Seite
Und nehmen den Schwur deiner Hand
Zu heiligen die Elemente,
Das Wasser, das Feuer, die Luft,
Zu halten die fühlende Erde,
Zu segnen den Menschenverstand.
Und bitten dich, wieder zu glauben
An dieser Stadt frohen Bestand.

Wir werden gemeinsam hier feiern
Ein Wiedererkennungsfest
Von Mensch, Erde, göttlichen Schwestern,
Von Tier, Pflanze, Himmel und Stern
Liebevoll, inniglich, gern.

Ähnlich wie die Therapie eines blockierten Wurzelchakras beim Menschen erfordert auch die Heilung von Erdwurzelchakren viel Geduld und Ausdauer, Liebe und Einfühlungsvermögen. Wenn wir uns auf den Ursprung der ätherischen Systeme besinnen, darauf, dass die Lebensenergie der Erde aus der göttlichen Liebe stammt, werden wir früher oder später einsehen, dass wir den Unfrieden in uns selbst erlösen müssen, um einst auch den Frieden auf Erden erleben zu können.

Während ich dieses Resümée schreibe, tobt in Syrien der Bürgerkrieg, im Einflussbereich des planetaren Wurzelchakras. Einmal mehr teilt sich dadurch dem gesamten Planeten mit, dass wir das Leben als Ganzes verletzen, auch in uns selbst, wenn wir den Weg der Konfrontation wählen. Wir dürfen darüber den Mut nicht verlieren, an ein Gelingen der Menschwerdung zu glauben, und jede kleinste Öffnung in diese Richtung gibt uns – gerade in ihrer Zartheit und Verletzlichkeit – Hoffnung.

Kapitel 2

SAKRALCHAKRA

WERDEN UND VERGEHEN, LEBEN UND TOD

Bei diesem Erdchakrentyp geht es wie bei keinem anderen um Bildung und Auflösung organischer Formen, um die leiblichen Gefäße für die In- und Exkarnation des Geistig-Seelischen auf der Erde. Da der Auf- und Abbau organischer Formen ein polarer Vorgang ist, ist das entsprechende vitalenergetische Organ in der Landschaft ebenfalls polar angeordnet. Die Erdsakralchakren erscheinen also räumlich immer in zwei Teile getrennt, die aber auf die innigste Weise zusammenarbeiten. Marko Pogačnik beschreibt ein polares vitalenergetisches Organsystem der Erde als *vitalenergetische Atmung.*[11] Er unterscheidet zwischen Ein- und Ausatmung. Ich sehe dieses System, insbesondere auf der spirituellen Ebene, als Entsprechung zum Sakaral- oder Sexualchakra des Menschen. Ich übernehme Markos Terminologie hier und ergänze sie mit meinen eigenen Beobachtungen.

Die Ein- und Ausatmung ist in Form von Ätherströmen an den entsprechenden Orten dieses Organs deutlich wahrnehmbar. Man kann dort mit den Händen den jeweiligen Strom spüren, auch einen Rhythmus. Ausatmung heißt, dass im Osten des Holons frisch informierte Lebenskräfte zur Verfügung gestellt werden, Einatmung, dass im Westen die verbrauchten Lebenskräfte zur Regeneration in die Erde zurückgenommen werden. Diese Logik irritiert zunächst, weil wir gewohnt sind, in Bezug auf uns selbst die Einatmung mit der Aufnahme frischen Sauerstoffs zu verbinden und die Ausatmung mit der Abgabe verbrauchter Luft. Pflanzen hingegen atmen die aus unserer Sicht verbrauchte Luft ein und schenken uns erneuerte, sauerstoffreiche Luft. Die Leben spendende Erde als Ganze folgt dieser pflanzlichen Logik, die auf der moralischen Ebene mit Reinigung oder Reinheit verbunden ist, im Gegensatz zum astralisch-tierhaften, das immer auch unrein ist.

In allen geomantischen Systemen (Holonen), die dem planetaren untergeordnet sind, befindet sich nach meiner Beobachtung der inkarnierende Aspekt, die vitalenergetische Ausatmung, in der östlichen Hälfte, der exkarnierende, die vitalenergetische Einatmung, in der westlichen Hälfte. Beide liegen in der Regel randständig. Sie stehen sich so weit entfernt wie möglich gegenüber. Auf der höchsten hierarchischen Ebene des Energiekörpers der Erde, der planetaren, befinden sich die Sakralchakren an den Polen: der inkarnierende Teil am Südpol, der exkarnierende am Nordpol.

Nach meiner Erfahrung ist die vitalenergetische Atmung sehr häufig blockiert oder in ihrem Strömen eingeschränkt, und es gehört nicht selten zu den ersten Aufgaben einer geomantischen Heilungsarbeit, sie wieder in Gang zu bekommen. Ein Grund für den schlechten Zustand der Erdsakralchakren liegt ganz allgemein in der Ahnungslosigkeit und Ignoranz unserer Kultur gegenüber den Lebenskräften und in der Angst der Menschen vor dem Tod.

Die planetare vitalenergetische Atmung an den Polen

Wir kennen alle die ersten Fotos von unserem blauen Heimatplaneten, die die Raumfahrer in den Sechzigerjahren des vergangenen Jahrhunderts übermittelt haben. Seitdem gibt es ein in der gesamten Menschheit verbreitetes Gefühl für die Schönheit der Erde als Ganzer, für ihre Kostbarkeit und Verletzlichkeit. Mithilfe der übersinnlichen Wahrnehmung können wir einen Schritt weiter gehen und erfahren, in welch erstaunlicher Weise der gesamte Planet lebt. Er atmet die Leben spendenden Kräfte ein und aus wie eine Pflanze, und seine wichtigsten Atmungsorgane sind die Sakralchakren der Erde.

Bei einem Wochenendseminar zu diesem Thema, das ich im Winter 2014/15 für meinen Ausbildungskurs Süddeutschland abhielt, nutzte ich die beiden langen Abende für je eine Fernmeditation zu den Polen der Erde. Ich hatte den Mitgliedern des Kurses keinerlei Vorgaben gemacht. Alle Teilnehmerinnen und Teilnehmer nahmen jedoch einheitlich die Region des Nordpols übersinnlich als eine riesige ätherische Öffnung ins Erdinnere wahr. Verbrauchte Lebenskräfte werden über die gesamte Oberfläche des Planeten von hier aus angesaugt. Sie strömen von Süd nach Nord in Bahnen heran, zugleich strömen kosmische Kräfte aus Richtung der verlängerten Erdachse von oben heran. Der vereinigte Kräftestrom folgt dann der Erdachse ins Innere des Planeten, geht durch die Mitte der Erde und wird dort verwandelt, erneuert. Frisch erreicht er den Südpol und strömt nun aus dem Erdinneren heraus, verteilt sich in alle Richtungen, nordwärts ziehend, um den Planeten an seiner Oberfläche mit neuer Lebenskraft zu versorgen. Fast alle an dieser geomantischen Fernmeditation Beteiligten sahen vor dem inneren Auge südlich der Erdmitte im Inneren der Erde eine Art Gebärmutter, in der die Fülle des Lebens auf der Erde, Pflanzen und Tiere aller Arten, bereitet und genährt wird. Ich erhielt folgende Texte:

Nordpol (Nördlingen, 6. 2. 2015)

Heilig bist du, Erde.
Erhaben ragt dein Scheitel im äußersten Norden in die Höhe,
Und du empfängst das Sakrament der Salbung
Als ein Zeichen auf deiner Stirn.

Lustvoll bist du, Erde.
Weit geöffnet ist dein Schoß im äußersten Süden,
Und mit demselben Finger, mit dem ich dir die Ölung gebe
Und dir das heilige Zeichen auf die Stirn male,
Bringe ich deine Lust zum Tanzen und Sprühen.

Und ich weiß lange noch nicht,
Ob ich all die Wonnen, die in dir sind,
Jemals hervorlocken kann.

Weit wie die Gebärmütter unserer schwangeren Frauen
Dehnt sich der Raum deiner Schöpfung,
Auf den wir mit inniger Freude schauen:
Prall gefüllt mit Wesen aller Art.

Wir taufen sie im Namen des Vaters und des Sohnes
Und des Heiligen Geistes im Zeichen des Kreuzes
Und beten dafür, dass sie durch Freud und Leid
Ihren Erdenweg bis hin zur Vollendung gehen.

So viele Lebenswege schreiben sich dir ein.
Sie steigen in deinem Körper hinab und steigen an ihm wieder herauf,
Sie bauen in ihm die Gewölbe, die Hallen und Dome.
So wächst der Baum des Lebens:

Auf dass mit der Zartheit des schwebenden Schnees
Auch deine Hand, deine Liebe der Erde ein Segen sei.

Südpol (Nördlingen 7. 2. 2015)

In hohem Bogen strömt das Saatgut heraus und nimmt seinen Weg, den Bahnen der Kontinente entlang nach Norden, gleichmäßig sich verteilend. Es ist genug da für alle Regionen. Sie schöpft aus der Fülle, Gaia – Demeter.
In ihrem Inneren schöpft sie zugleich langsam und still, treu und beständig das Abgestorbene aus den Tiefen des Nordens herauf und hält es liebevoll an ihr Herz, erweckt es zu neuem Leben.
Immer tiefer streckt sie die Hände hinab, immer stiller, bewusster, inniger holt sie es herauf und heran an ihr Herz, damit es wieder sein kann. Immer weiter wächst ihre Liebe zum Leben.

Gerade bei Betrachtung der Pole, die wir ja erst mal als kalt und lebensfern ansehen würden, kann man den gesamten Erdkörper als den fruchtbringenden Leib der Erdmutter erleben. Das eigentliche Geheimnis der Erneuerung, vom Abgestorbenen zum frischen Leben hin, vollzieht sich in der Mitte der Erde, im Herzen der Erdmutter. Einmal mehr lernen wir, dass Heilung und Leben nur aus der tätigen Liebe entstehen können.

Kessel des Lebens

Den ersten Kontakt mit dem Prinzip der vitalenergetischen Atmung der Erde hatte ich im Sommer des Jahres 2000. Ich war in der Oberlausitz unterwegs, in der Nähe von Zittau. Dort gibt es eine Reihe erloschener Vulkane im Vorland des Zittauer Gebirges. Einen davon wollte ich besuchen. Vor dem Aufstieg, am Fuße des Berges, hatte ich die Idee, eine Bitte an die geistige Welt auszusprechen: Bitte führt mich hier zu einem Ort, an dem ich etwas lernen kann – eine ganz einfache Übung, die jeder selbst einmal ausprobieren kann, der sich in das leibliche Geführtwerden durch die geistige Welt einleben möchte. Ich ließ meine Hand auf der Wanderkarte führen und ging zu der Stelle, die mir gezeigt worden war. Sie lag an der Grenze zwischen den rundum sanft sich erhebenden Wiesen und der steil ansteigenden, bewaldeten Kuppe. Ich schloss die Augen und sah im Erdinneren einen großen dampfenden Kessel, der auf einem Feuer stand. Erdelementarwesen umstanden den Kessel und rührten in ihm. In seinem Inneren hatte der Kessel eine Scheidewand, die sein Rund in zwei gleich große Hälften teilte. (Etwas Ähnliches gibt es heute bei Schnellkochtöpfen als Einsatz, um zwei verschiedene Gerichte gleichzeitig zu kochen.) In der einen Hälfte der Suppe schwammen schrumplige Leichenteile von alten Menschen, in der anderen glatte, weiche Körperteile von Babys: kleine Stupsnasen, Fingerchen, Füßchen. Es war klar, dass diese beiden Hälften nicht ganz voneinander getrennt waren, sondern dass die Scheidewand zwischen ihnen den Charakter einer Membran hatte.

Aus Alt mach Neu, das war die Botschaft dieser Imagination. Ich begriff sofort: In dieser kochenden Suppe vollzieht sich das Geheimnis, aus abgestorbener organischer Substanz junges Leben zu machen.

Von dem ›Druidenkessel‹ habe ich in Seminaren und Vorträgen schon des Öfteren erzählt, und es amüsiert mich immer wieder, wenn sich manche davor ekeln. Als ich 2003 anfing, mich genauer mit den Erdchakren zu beschäftigen, begriff ich, dass ich in dieser Imagination wie in einem Modell das Prinzip der vitalenergetischen Atmung der Landschaft gesehen hatte, also das ätherische Organ der Erde, das in seiner Wirkensweise unserem Sakral- bzw. Sexualchakra entspricht. Denn der Austausch von Jung und Alt, das Werden und Vergehen, das sich in diesem Kessel vollzieht, entspricht den beständigen Veränderungen und Erneuerungen, wie sie die Erde in ihrem ununterbrochenen Atmen vornimmt. Es lässt sich mithilfe des goetheanistischen Forschungsansatzes und Erfahrungen aus der Radiästhesie noch genauer betrachten und verstehen.

Das Zusammenwirken auf- und abbauender Kräfte

Goethes naturwissenschaftliche Schriften und die goetheanistische Naturforschung nach Rudolf Steiner bieten einen Schlüssel, um das Wechselspiel von Leben und Tod und damit auch die Erdsakralchakren als System der vitalenergetischen Atmung besser zu verstehen.

In dem Fragment gebliebenen Text *Die Natur* schrieb Goethe in jungen Jahren über die Natur: »Leben ist ihre schönste Erfindung, und der Tod ist ihr Kunstgriff, viel Leben zu haben.«[12] In seinen mittleren Jahren beschrieb er dann in seinem *Versuch, die Metamorphose der Pflanzen zu erklären* Grundgesten des Werdens und Vergehens an dem von ihm erkannten Urbild der Pflanze. Das Werden zeigt sich im Keimen, Sprossen und Spreiten. Blüte und Fruchtbildung schließen das physische Wachstum ab, und es beginnt der herbstliche Rückzug der Pflanze in die Samenbildung. Im Samen zieht sich die Pflanze aus dem physischen Erscheinen fast vollständig in ihr geistiges Bildeprinzip zurück.

Damit das physische Leben wachsen kann, opfert sich der Geist in die Materie. Wenn das physische Leben vergeht, kann der Geist wieder frei werden, vorausgesetzt, die Erfahrung der Verkörperung mündet in einen Erkenntnisprozess. Rudolf Steiner beschreibt, von dieser Erkenntnis ausgehend, in der *Allgemeinen Menschenkunde*[13], dass physisch aufbauende Prozesse in allen Lebewesen, ob Pflanze, Mensch oder Tier, mit geistig abbauenden einhergehen, und umgekehrt physisch abbauende mit geistig aufbauenden. Er gliedert den physischen Aufbau des Menschen in drei Bereiche. Im Kopfbereich herrscht die Tätigkeit des Gehirns und der Sinnesorgane vor, im Rumpfbereich unterhalb des Zwerchfelles und in allen Gliedmaßen die Stoffwechseltätigkeit und im Herz-Lungen-Bereich mit Atmung und Herzschlag ein rhythmischer Ausgleich beider Pole. Wenn man nun die beiden entgegengesetzten Pole genauer betrachtet, so ist im Stoffwechsel-Gliedmaßen-Pol immer eine reichhaltige, aber bewusstseinsferne Aktivität zum Aufbau und Erhalt der organischen Form vorhanden, während im Kopfbereich, im Nerven-Sinnes-Pol, ein reiches Erkenntnisleben bei geringer Stoffwechselaktivität der beteiligten Organe vorherrscht. Wir kennen das aus dem Alltag: Nimmt die Verdauungstätigkeit überhand, geschieht das in der Regel auf Kosten der Denkfähigkeit: Voller Bauch denkt nicht gern. Auch eine Schwangere muss sich meist mehr anstrengen, wenn sie eine geistig anspruchsvolle Arbeit leisten möchte, da ja bereits viele geistige Kräfte für den physischen Aufbau der Leibesfrucht gebunden sind. Wenn man fastet und die ersten Angriffe des Hungers überwunden hat, fällt umgekehrt geistige Arbeit besonders leicht – eben auf Kosten des Physischen, das dabei abgebaut wird. Wenn wir uns mit Kaffee, Zucker oder Schokolade aufputschen, um länger wachbleiben zu können, lenken wir Kräfte aus dem Stoffwechselbereich um in den geistigen Bereich. Sie fehlen uns später, und wir müssen ihre Entnahme dann mit umso größerer Müdigkeit bezahlen.

Eine natürliche Begleiterscheinung der physisch abbauenden Prozesse des Alterns ist eine Zunahme an Erkenntnis: Altersweisheit. Wir würden ihr in unserer Kultur öfter begegnen beziehungsweise sie zu schätzen wissen, wenn wir nicht nur auf den Fortschritt im Äußerlich-Technischen zielen würden und eine rein zeitliche Verlängerung des Lebens anstrebten, sondern unseren Fokus auf eine qualitative Entwicklung richteten.

Um aber auf den Stoffwechsel und die Atmungsprozesse der Erde zurückzukommen: Wir können die Verhältnisse in unserem Stoffwechsel-Gliedmaßen-Pol gleichsam als den Südpol des Menschen betrachten und daher mit der vitalenergetischen Ausatmung der Erde vergleichen und die Gegebenheiten unseres Nerven-Sinnes-Poles mit der vitalenergetischen Einatmung der Erde am Nordpol.

Auch im physischen Landschaftsbild können wir diesen polaren Transformationsprozessen begegnen, etwa beim Anblick eines Berges im Hochgebirge. Am

Fuße des Berges, unten im Tal sind die grünen Weiden, das saftige physische Leben. Beim Anstieg Richtung Gipfel wird es immer karger, und das Leben muss ganz oben der es abtötenden Kälte, starker UV-Strahlung und nackten Felsen weitgehend weichen. Gerade dort oben jedoch gibt es Raum für die Begegnung mit den aus dem Kosmos einstrahlenden geistigen Kräften. Umgekehrt wäre für den reinen Geist die physische Lebensfülle eines Dschungels ein unwirtlicher Ort.

Auf- und Abbauprozesse lassen sich auch radiästhetisch erforschen. Aus der physikalischen Radiästhesie nach Reinhard Schneider wissen wir, dass in den Erdgitternetzen die auf- und die abbauenden Kräfte absolut ausgeglichen vorliegen. Sie werden in der dortigen Theoriebildung mit rechts- und linksdrehend polarisierter Strahlung gleichgesetzt. Beim Global- oder Hartmanngitter sind die parallelen Streifen immer abwechselnd rechts- und linksdrehend polarisiert, beim Diagonal- oder Currygitter sind die Kreuzungsbereiche der Gitterstreifen jeweils gegensätzlich polarisiert. In beiden Systemen gibt es kein Übergewicht der ab- oder aufbauenden Kräfte.

Einmal habe ich mit einer Gruppe darüber meditiert, was der wesenhafte Unterschied zwischen rechts- und linksdrehend polarisierter Strahlung ist. Innerhalb des radiästhetischen Diskurses war die linksdrehende Strahlung immer mit leicht negativer Bewertung belegt worden, in dem Sinne, dass ein längerer Aufenthalt in den entsprechenden Zonen schädlich sei. Das Ergebnis meiner Meditation war lapidar, fast eulenspiegelhaft, so wie es eben ist: linksdrehend – *erst stirbst du, dann wirst du wiedergeboren;* rechtsdrehend – *du wirst wiedergeboren, dann stirbst du.* Aus der kosmischen Perspektive also kaum ein Unterschied. So habe ich es auch im Gespräch mit Bienen erfahren, als ich wissen wollte, ob es für sie nicht fürchterlich sei, oft massenweise zu sterben und immer nur eine so kurze Lebensspanne zu haben. Ich erfuhr von ihnen, es mache für sie fast keinen Unterschied, ob sie inkarniert seien oder nicht, da sie immer sehr stark mit der geistigen Welt verbunden wären. Ganz so leicht ist es für uns Menschen nicht.

Die Erde atmet wie eine Pflanze

Geomantisch gesehen spielt für die alles irdische Leben betreffenden Erneuerungsprozesse die vitalenergetische Atmung in den Erdsakralchakren eine entscheidende Rolle. Die Leben spendende Ausatmung findet im Osten der Holone statt und steht im Zeichen der Kräfte des Morgens, des Frühlings und der Jugend. Sie impulsiert im Frühjahr das Wachstum der Pflanzen. Die Einatmung im Westen steht im Zeichen des Abends, des Herbstes und des Alters. Diese Ordnung gilt insbesondere für den Jahreszyklus der Pflanzen in den gemäßigten nördlichen und südlichen Breiten. Man kann sich den Kräftestrom im Winter so vorstellen, dass er unter der Erde langsam vom Westen her zur Mitte strömt. In dieser Mitte, tief im Erdinnern, steht der Kessel, in dem sich dann um die Weihnachtszeit das Geheimnis der Verwandlung vom Toten zum Lebendigen vollzieht.

So können sich im Frühling dann die Lebenskräfte von Osten her auf ihren Weg über die Erde machen, wohlinformiert über ihre Aufgaben. Sie haben diese den Winter über während ihrer Regenerationsphase in der Tiefe der Erde erhalten. Nun ›wissen‹ sie, wie die Pflanzen wieder ihre Form und ihr Sommerkleid erhalten.[14]

Die harmonische und charakteristische Formbildung der Pflanzen und Tiere ist genetisch nicht wirklich zu erklären. Es ist immer wieder faszinierend, zu sehen, wie der Umriss einer freistehenden Linde der Herzform des Lindenblattes entspricht, wie sich die Umrisse einer Pflaumen- oder einer Birnenfrucht und der Gesamtumriss des entsprechenden Baumes gleichen, wie aus Bäumen, die in einer Reihe gepflanzt worden sind, nach einigen Jahren und aus der Ferne betrachtet, eine harmonische Umrisslinie entsteht. Hier treten von außen bildende Kräfte hinzu, die aus der Gesamtintelligenz des Erdorganismus stammen und zugleich an die kosmische Intelligenz angebunden sind. Wenn wir lernen, dies übersinnlich wahrzunehmen, brauchen wir nicht mehr auf der Ebene der Gene allein nach Erklärungen suchen. Umgekehrt halte ich es für sehr aussichtsreich, die in der Tat bahnbrechenden Erkenntnisse und Gegenstände der Molekularbiologie wie etwa den genetischen Code auch von der übersinnlichen Seite her zu erforschen, um deren künftige Aufgaben aus der geistigen Perspektive zu erkennen. Für die übersinnliche Wahrnehmung gibt es, ähnlich der platonischen Idee, im Kosmos einen geistigen Ursprung jeder Pflanzen- und Tierart. Man kann sie auch als Schöpferwort oder -klang erleben und charakterisieren. In der Geomantie beobachten wir im Erdinnern eine Schicht, in der diese Idee ebenfalls urbildhaft vorhanden ist. Marko Pogačnik nennt sie die *unterelementare* bzw. *urelementare Ebene*.[15] Damit Leben entstehen kann, kommt es darauf an, alle drei Ebenen: Kosmos, Erdinneres und einzelne Pflanze, auf die richtige Weise zusammenklingen zu lassen. Viele Wesen sind an der Übermittlung, Gestaltung und Kommentierung eines solchen kosmisch-irdischen Gesprächs beteiligt. Von oben her, aus dem Kosmos, vermitteln es die Engelhierarchien, die Sternen- und Planetenkräfte, in der Luft sind dann Schicht für Schicht abwärts tragend und übersetzend in irdische Verhältnisse die Luftelementarwesen zuständig, im Erdinnern die Erdelementarwesen und, alle überragend, die Erdmutter selbst. Vielleicht lässt sich ja auch der genetische Code als ein solches Vermittlungsorgan verstehen, als ein Licht- und zugleich Musikinstrument, das an diesem Klangspiel beteiligt ist?

Wie sich Reifung und Wandlung, die irdisch wie kosmisch beförderte Regeneration aus menschlicher Perspektive darstellt, zeigt das Märchen von Frau Holle.

Frau Holle und die vitalenergetische Atmung

Dieses Märchen beschreibt symbolisch eine Reise, die zwei Schwestern, eine gute und eine böse, nacheinander unternehmen. Sie führt über die Schwelle ins Jenseits, ins Reich des Todes, zugleich in das der Leben spendenden Bildekräfte. Dank der Tätigkeit der geistigen Welt tragen uns diese Kräfte durch die Naturreiche der diesseitigen sinnlichen Welt, und es geht in dem Märchen nicht zuletzt darum, ob wir bereit sind, in ähnlicher Weise fleißig tätig zu sein.

Durch ihren verzweifelten Sprung in den Brunnenschacht gelangt Goldmarie, die ihre Spindel verloren hat, in eine Raumebene, die von unserer diesseitigen alltäglichen Erfahrungsebene aus gesehen ›unterirdisch‹ ist. Sie landet jedoch auf einer grünen Wiese mit einem schönen Himmel darüber. Noch seltsamer muten die räumlichen Beziehungen an, wenn sie auf dem Balkon des Hauses der Holle die Kissen ausschüttelt – dann schneit es auf die Erde. Nimmt man diese Beschreibungen zusammen, dann liegen Erdinneres und Kosmisches im Reich der Holle, imaginativ gesehen, auf ein und derselben Erfahrungsebene. Nach irdischen Maßstäben muss sich Goldmarie bei ihrem Sprung in den Brunnenschacht tödlich verletzt haben. Aus übersinnlicher Betrachtungsweise markiert der Sprung in den Brunnenschacht den Beginn einer Astralreise. Die Seele verlässt den physischen Leib durch die Röhre der Wirbelsäule (Brunnenschacht) und gelangt in das Reich der Lebenskräfte jenseits der Schwelle der sinnlichen Welt.

Auf dem Weg von der blühenden Wiese unter beziehungsweise über dem Brunnen zum Haus der Frau Holle, der Erdmutter und Meisterin des Lebens, werden Goldmarie und danach ihre Schwester an zwei Stationen geprüft. Sie sollen Äpfel pflücken und Brote aus dem Backofen nehmen. Die beiden Stationen verkörpern die Pole der vitalenergetischen Atmung. Der Apfelbaum ist die erste Station. Der Apfelbaum zeigt uns das blühende, fruchtende Leben, Prozesse, die mit der vitalenergetischen Ausatmung verbunden sind. Die zweite Station ist der Backofen mit den Broten. Hier wird auf der physischen Ebene ein bekömmliches Nahrungsmittel hergestellt, auf der imaginativen Ebene wird die Verwandlung des physischen Lebens in geistige Substanz gezeigt. Warum ist gerade das Brot ein Symbol dafür?

Wir können keinerlei Materie hinübernehmen aus einer Inkarnation, sondern nur Ideen. Daher muss das Stoffliche radikal aufgelöst werden für den Übergang. Dies geschieht ansatzweise beim Brotbacken. Das Getreide ist bereits Samenkorn, also auf den kleinsten physischen Raum zusammengezogene Idee, Quintessenz der Pflanze. In der Mühle wird es zerkleinert, zerstoßen, gemahlen, dann macht es weitere Umwandlungsprozesse durch, zunächst durch das Wasser und die Fermentation im Teig, dann durch das Feuer. In den Riten vieler indigener Völker und auch in unserer christlichen Kultur wird das gebackene Brot geheiligt, indem man es als rituell in den Leib des Gottes verwandelt verehrt, als Manna, als Hostie. Das Brot als Grundnahrungsmittel für Aufbau und Erhalt unseres Leibes wird damit zugleich zum Symbol für den Geist und die in der Hostie tätige göttliche Liebe.

Bei der Prüfung der Mädchen kommt es nun darauf an, dass sie diese Vorgänge der Reifung und Verwandlung erkennen und in ihrem Dienst für das Leben zum richtigen Zeitpunkt eingreifen, damit nicht alles vergebens ist. Sie sollen die Äpfel pflücken, bevor sie verdorben sind, und die Brote herausnehmen, bevor sie verbrennen. Das eine Mädchen macht das, was auch wir in Zukunft von der elementarischen Welt erlernen sollen: wirklich mitzuwirken am Leben auf der Erde, damit dieses gelingen kann.

Als das Mädchen nach der Prüfung das Haus der Holle erreicht und an die Türe klopft, öffnet eine Frau mit riesigen Zähnen und sagt: »Hab keine Angst, ich bin die Frau Holle.« Die riesigen Zähne braucht sie, weil sie als Meisterin des Lebens auch eine Meisterin des Todes ist. Sie ist die Erdmutter in der Wandlungsphase, die Schwarze Göttin. Dazu gehört, das Irdisch-Körperliche mit dem härtesten Werkzeug zu zerkleinern, das der Körper bietet, den Zähnen. Das Märchen von Frau Holle zeigt also in bildhaft-imaginativer Form, wie der Mensch in die Atmungs- und Erneuerungsprozesse der Erde eingebunden ist.

Frische Bildekräfte: die vitalenergetische Ausatmung erleben

Wenn man sich darauf einlässt und genügend Zeit und Ruhe mitbringt, kann man an den Ausatmungspunkten der Holone, sofern sie nicht blockiert sind, die Reinheit frisch strömender Bildekräfte in unglaublicher Zartheit und Anmut erleben. Die feine Architektur der Schneeflocken der Frau Holle wäre ein Bild dafür. Liebevoll geklöppelte Spitzenborten aus Lichtfäden wären eine andere hier typische Imagination des Ätherischen, die ich aus eigener Wahrnehmung kenne. Auch zarte Hüllen aus leicht vergänglichen Baustoffen, Hütten aus Schilf etwa, können mit dem inneren Auge bei Betrachtung von vitalenergetischen Ausatmungspunkten gesehen werden. Sie ähneln dem, was der Anthropologe Claude Levi-Strauss in seinem Buch *Traurige Tropen* als Bauweisen indigener Kulturen charakterisiert hat.[16] Uns, die wir starre Gehäuse aus Beton gewohnt sind, rührt es sehr an, diese tropischen Hüllen in ihrer Hinfälligkeit und zarten Anmut zu sehen. Und so schafft ja auch die elementarische Welt das Blattwerk einer Baumkrone, ein Fell oder Gefieder als Hülle eines Ortes, in dem Seelisches auf der Erde wohnen kann.

An vitalenergetischen Ausatmungspunkten lernt man verstehen: das zarte physische Erscheinungsbild von Blättern, Blüten, Haaren oder Federn ist selbst schon an der Grenze zum Lichthaft-Imaginativen angesiedelt. Es ist kein weiter Weg von den ätherisch strömenden Formkräften zum Erscheinen des geformten

Stoffes selbst, oder, anders gesagt: Eine Blume, ein Vogel, ein Baum drücken in ihrem Äußeren die feine Kräftewelt ihrer eigenen Entstehung aus. Man braucht sich also nicht darüber zu wundern, dass bei übersinnlicher Beobachtung der vitalenergetischen Ausatmung das imaginative Bild meist wenig verschlüsselt ist. Man kann hier über die Geburt der physischen Dinge selbst ins Staunen kommen. Das dichte Beziehungsgeflecht von physischem Leib, bildendem Ätherstrom und den diese Prozesse leitenden Wesenheiten kann sich in der Imagination auch durch das Bild leuchtender Früchte ausdrücken, allen voran dem des Apfels, der ja nicht umsonst in einem reichen mythologischen und kulturhistorischen Kontext steht. Natürlich können auch die Früchte gemeint sein, die selbst einmal an diesem Ort gewachsen sind oder wieder wachsen werden. Können wir uns darauf einlassen, uns mit den Geheimnissen des Lebens, deren Ausdruck auch wir selber sind, zu verbinden, sie zu erforschen und zugleich ins Herz zu nehmen?

Vitalenergetische Ausatmung von Arnheim (29. 9. 2012)

Schöner konnte ich ihn dir nicht werfen,
Den Sternensamen aus meinem Schoß.
Weiter konnte ich dich nicht tragen,
Nun musst du selber gehn.
Ich will reifen in deinem Herzensacker,
Mit dir ein Zeichen sein, Zeugnis und Frucht.

Spiegel unserer Sexualität

Die Beziehung der Erdchakren zu unseren menschlichen Chakren lässt sich auch im Falle des Sakral- oder Sexualchakras erleben. Im Strom eines vitalenergetischen Ausatmungspunktes stehend kann man die zärtlich-starken, erneuernden Kräfte der Sexualität erleben, zuweilen sogar sehr intensiv. Obwohl ich gänzlich ungeübt bin im orientalischen Bauchtanz, erlebte ich bei einer geomantischen Erkundung der vitalenergetischen Ausatmung der Märkischen Schweiz, östlich von Berlin, an mir selbst den »Shimmy«, eine Erfahrung, die eigentlich in diesem Metier erst fortgeschrittenen Übenden sich erschließt: Meine Hüfte bebte lange vor prickelnder Lust.

Nicht immer erleben wir einen solchen sehr direkten Bezug zu unserem eigenen Sakral- oder Sexualchakra. In der Regel sind wir alles andere als durchlässig für diese Kräfte, ja wir haben uns den Weg zum Erleben elementarer Lust mit allerlei unheilvollen moralischen Zwängen verstellt. Wir fürchten die Stärke dieser Kräfte, fürchten um den Verlust unserer Selbstkontrolle und die Folgen. So bleibt es einstweilen dabei, dass wir sehr wenig vom Leben verstehen und es zu wenig verehren in seiner Kostbarkeit und seinem göttlichen Ursprung.

Vielleicht haben Sie bei der Lektüre des Nordpol-Gedichtes (S. 70) etwas wie Scham oder Unbehagen oder andere Formen von Widerstand empfunden und sich gedacht: Wie können denn Heiligkeit, Tod, frivole Anspielung und der Ernst christlicher Sakramente so dicht beieinander liegen? Aber genau darum geht es. Betrachten wir das Leben, wie es wirklich ist, werden wir automatisch mit Wertungen konfrontiert, die aus der lebensfernen Moral unserer Kultur stammen, aus unserer Unfähigkeit, Leben und Tod angemessen zu begegnen.

In früheren Zeiten und Kulturen wurde die körperliche Liebe kultisch praktiziert, um sich mit dem Göttlichen zu vereinigen. Heute wird sie weitgehend als ein Privatvergnügen betrachtet, das mehr oder weniger egoistisch verfolgt wird und deswegen auch nicht dauerhaft glücklich machen kann. Es ist vor allem das Wasser als das Element des Lebens auf der Erde, das uns dies in drastischer Weise zu spiegeln vermag.

Als ich im Juni 2013 vom Havelland aus mit dem Auto Richtung Weser fuhr, um dort ein Seminar über vitalenergetische Atmung zu geben, war die Elbbrücke der A2 bei Magdeburg gerade eben noch passierbar. Das Wasser der Elbe war weit über die Ufer getreten und füllte den gesamten Überflutungsbereich zwischen den Hochwasserdeichen aus. Der ganze Strom war nun so beeindruckend breit, dass man ihn ohne Weiteres für die Wolga oder den Nil genommen hätte, wenn nicht vereinzelte Baumkronen und Sträucher aus dem Überflutungsgebiet herausgeschaut hätten. Am Abend standen wir dann mit der Seminargruppe am überfluteten Weseruferweg, und ich kam auf die Idee, ein hochrangiges Wasserelementarwesen zu fragen, warum um alles in der Welt im Raum zwischen Donau, Weser und Elbe alle Wasser im Juni und nicht, wie zu erwarten gewesen wäre, im Frühling infolge der Schneeschmelze über die Ufer getreten waren. Es meldete sich daraufhin das Wasserelementarwesen des Blautopfes bei Ulm, jener wunderschönen und unermesslich tiefen Karstquelle zu Füßen der Schwäbischen Alb. Dieses Wesen ist für die gesamte Mittelgebirgsregion von Deutschland zuständig. Es sagte mir:

> Wir hauen euch hier eure verlogene Sexualität um die Ohren. Wir ertragen es einfach nicht mehr, dass ihr so mit den Lebenskräften der Erde in euch umgeht, und erlauben uns, euch diese Warnung zu schicken. Wenn wir wollten, könnten wir noch ganz anders.

Manche Geistesforscher sprechen von einer »kleinen Freiheit«, die sich die Elementarwesen der Erde in jüngster Zeit errungen haben. Mit dem ungezogenen

Verhalten von Kobolden und anderen Fantasiewesen, wie sie in manchen Sagen oder Märchen kolportiert werden, hat das nichts zu tun. Die »kleine Freiheit« geschieht vielmehr und immer öfter aus Sorge um den Fortbestand des Planeten seitens der elementarischen Welt, im Bemühen, uns wachzurütteln.

Natürlich bin ich weit entfernt davon, eine Rückkehr zu früheren kultischen Praktiken der Sexualität vorschlagen oder die heute errungenen Freiheiten auf diesem Gebiet mit erhobenem Zeigefinger infrage stellen zu wollen. Ich glaube vielmehr, es liegt noch viel Arbeit vor uns, stimmige Formen eines ehrlichen und die Schöpfung als Ganze respektierenden Umgangs mit den Lebenskräften unserer Sexualität zu finden. Ich halte dieses eigentlich so schöne Gebiet für eine der größten Klippen und Herausforderungen der Menschwerdung. Vielleicht werden wir einst etwas Ähnliches zu vollbringen haben wie in dem Mythos Isis, die den zerstückelten Osiris wieder zusammensetzen muss – auch unser Lieben muss noch viel bildekräftiger werden.

Durch das Feuer der Wandlung gehen: vitalenergetische Einatmung

Wie wir bereits am Beispiel des Nordpols gesehen haben, kann die ätherische Form eines vitalenergetischen Einatmungsorgans imaginativ als Trichter wahrgenommen werden, dessen breiter Rand über der Erdoberfläche bis in einige Höhe ansteht und dann, sich verengend, immer tiefer in die Erde führt. An solchen Einatmungspunkten können wir einen feierlichen Ernst empfinden, denn der Abbau organischer Formen bedeutet eben nicht einfach Verfall, sondern eine Konzentration auf das Wesentliche, den geistigen Kern, die Summe der Erfahrungen aus der Inkarnation, sei es einer Pflanze, eines Tieres oder eines Menschen. Wenn es den Menschen einer Gegend überwiegend gelungen ist, die übliche Lebensspanne tatsächlich zu erleben und die wesentlichen Aufgaben, die sie in diese Inkarnation mitgenommen haben, zu erfüllen, so kann an dem Einatmungsorgan das erhabene Gefühl der Vollendung empfunden werden. Ätherische Einatmungspunkte sind in vorchristlichen Kulturen zuweilen Einäscherungsplätze gewesen, Orte, an denen es leichter ist, den Ahnen zu begegnen, und an denen daher die Begegnung mit ihnen auch gepflegt worden ist.

Mit meinem damaligen Frankfurter Ausbildungskurs erforschte ich an einem Wochenende im Winter 2011/12 die vitalenergetische Atmung des Holons der Stadt Marburg an der Lahn. Der Einatmungspunkt befindet sich einige Kilometer westlich des Stadtzentrums in einer bereits wieder ländlichen Gegend, auf Ackerland. Ich schloss die Augen, und obwohl es ein eher trüber Winternachmittag war, hatte ich sofort den Eindruck gleißenden Lichtes vor dem inneren Auge.

Aus dem strahlenden Mittelpunkt dieses Lichtes formte sich eine Imagination: ein Metallhelm oder auch ein metallisch wirkender Federschmuck, unter dem ich die Präsenz eines erhabenen männlichen Wesens spürte. Ich fragte: Was ist deine Aufgabe?

Ich erhielt die Antwort in Form eines weiteren Bildes. Der Mann hielt mit seinen Händen einen Gegenstand vor dem Bauch, wie um ihn der Umgebung zu zeigen. Was er da hielt, bestand aus gleißenden Lichtstäben oder -rohren, die in geometrischer Anordnung zusammengefügt waren. Sie bildeten ein Lichtzeichen, das in einem Lichtrahmen aufgehängt war. Das Zeichen erinnerte mich an eine Bake, ein aus Hölzern zusammengefügtes Seezeichen, wie es früher an den Küsten auf Holzgestellen postiert wurde. Mit diesem heiligen Zeichen sendete er das gleißende Licht und zugleich einen alles durchdringenden Ton in die Umgebung aus. Die Imagination hatte sich in den Bereich der Inspiration, ins Klanghafte erweitert. Und gleich danach schoss die Intuition ein, das unmittelbare Verstehen: An diesem Lichtzeichen und an diesem Klang erkennt alles, was Fleisch geworden ist, den Weg der Rückkehr ins Licht, einen Übergang von der stofflichen, raum-zeitlich gebundenen Welt in die reine Geistwelt. Der Klang erschien mir so fordernd wie der einer Sirene, zugleich aber ruhig und gelassen, in keiner Weise zur Eile treibend. Er gab Sicherheit, Heimat, Orientierung und war überallhin zu hören. Auch das Lichtzeichen war in seiner Bedeutung den suchenden Seelen ganz unmissverständlich. Es bot Zuflucht. Mir kam sofort der Name »Zeichen des Westens« in den Sinn.

Ich bat das hohe Wesen, mir mehr zu zeigen, und sah, nun wieder imaginativ, Gruppen von Lichtkristallen, wabenartig gefügt, doch unregelmäßiger als Bienenwaben. Sie näherten sich dem Ort, an dem wir standen, der vitalenergetischen Einatmung von Marburg.

Ich fragte in das Bild hinein, um mehr zu erfahren: Was ist in einem solchen Kristallkörper?

Zu sehen waren die abgelegten Umrisse von Körpern, von Früchten, von Gewachsenem, teils gestapelt, teils gefüllt mit zäher Flüssigkeit, sodass die Formen zugleich wie Särge erschienen. Sie erinnerten an Gussformen aus einer Gießerei.

Und was geschieht dann?, fragte ich, um das mir diese Bilder schenkende Wesen des Ortes anzuregen, ein weiteres zu geben.

Nun bekam ich Einblick in eine Erdspalte, die sich im Rhythmus des Atems öffnete und schloss. Die vergangenen Lebensformen wurden langsam in die Erdentiefe aufgenommen, fast wie Zerkautes in eine Speiseröhre. Die Erdspalte schien mir beinahe zu bersten von dem Druck des Lichtes und Feuers dieses Wesens, durch dessen erhabene Tätigkeit sie im Ätherischen entstand. Ich nahm das Wesen nun als dicht unter der Erdoberfläche stehend wahr. Um das Kommen einer weiteren Imagination anzuregen, fragte ich: Was geschieht dort unten?

Ich sah nun etwas, das der unteren Saumkante eines Vorhanges glich oder nach unten hin offenen Röhrenenden. Die früheren, abgebrauchten Lebensformen, die nach hier unten gelangt waren, wurden an ihren Rändern sehr filigran, während die gröberen Inhalte – es konnten auch Körperteile sein – vergingen. So trennte sich die materiellere Substanz von den ätherischen Kräften und – auf der astralen und geistigen Ebene – von dem Substrat der Erfahrungen, das mit der früheren körperlichen Existenz einhergegangen war.

Es erschienen nun Menschen in liturgischen Gewändern der verschiedensten Zeitepochen. Sie standen für das höhere, überzeitliche Ich. Sie trugen Wappen und Flaggen, Symbole der geistigen Programme, die diese Menschen verfolgten. Die jeweilige Essenz der inzwischen aufgelösten biologischen Form kehrte auf diese Weise zu den Ideen und Motiven ihres Urhebers zurück. Erst in dieser Form, als zeichenhaftes Gewebe, können sie später wieder vom inkarnierenden Wind der vitalenergetischen Ausatmung erfasst werden und einem neuen Leben entgegengehen. Sie fuhren mit prallem Segel auf dem Wasser des Lebens ins Fruchtwasser einer neuen Erdenmutter.

Mir wurde in dieser Imagination auch gezeigt, dass nicht nur die vergehenden Hüllen von Mensch, Tier und Pflanze, sondern auch alle geistig relevanten Aspekte der Produkte aus der handwerklichen und industriellen Tätigkeit der Menschen jener Region, für die das Chakra arbeitet, in den ätherischen Abbau- und Erneuerungsprozess eingehen. Noch einmal wurde mir deutlich, dass es aus der Sicht der geistigen Welt keinen kategorialen Unterschied gibt zwischen sogenannten Naturprodukten und den von Menschen durch Handwerk, Technik oder Kunst gefertigten Gegenständen.

Die hohe Wesenheit, die das »Zeichen des Westens« trug, hatte auf der moralischen Ebene die Aufgabe, zu beurteilen, ob das Vergehende, das zur Auflösung und Umwandlung an sie herankam, im Sinne der Liebe und des Lebens gewirkt hatte oder nicht. Es ist klar: Eine ganze Reihe von Produkten aus der Hand des Menschen konnte dieser strengen Prüfung nicht standhalten, auch wenn dieser von der geistigen Welt angelegte Maßstab eigentlich auch der unsere sein sollte.

Verletzte Erdsakralchakren

Als ich die Stadt Frankfurt an der Oder im Herbst 2011 mit einer Ausbildungsgruppe besuchte, fiel allen Teilnehmenden die besonders trostlose Atmosphäre im Zentrum auf, insbesondere an der säkularisierten Marienkirche. Es lag nahe, dies mit den Zerstörungen am Ende des Zweiten Weltkriegs in Verbindung zu bringen. Besser noch verstanden wir die historischen Ursachen dieser Empfindungen, als wir den vitalenergetischen Ausatmungpunkt der Stadt besuchten. Er befindet sich am äußersten östlichen Rand des Energiekörpers von Frankfurt, unweit des Dorfes Kunowice, schon weit in polnischem Gebiet. Ich hatte mir den Ort durch meine geistige Führung auf der Landkarte zeigen lassen, war jedoch vor dem Seminar nicht hingegangen und hatte keine größeren Erwartungen. Auf der Karte war ein Stück Grün- oder Ödland verzeichnet gewesen. Wir ließen die Autos etwa zwei Kilometer weiter westlich stehen, um das letzte Stück zu Fuß zu gehen. Etwa fünfhundert Meter vor dem Ziel, in einem Waldstück, spürte ich einen starken Druck auf dem Kehlkopf und mich überkam das Gefühl unmittelbarer Todesangst. Ich bat meine Schüler, die Privatgespräche nun einzustellen und sich auf das, was kommen würde, zu konzentrieren. Wir erreichten dann, unterhalb einer Siedlung mit modernen Einfamilienhäusern, einen ausgedehnten hügeligen Ödlandbereich. Man meinte, eine Reihe planlos angelegter offener Sandgruben zu sehen. Es war klar, dass sich an diesem Ort etwas Schreckliches zugetragen haben musste. Später erfuhren wir: Auf diesem Gelände hatte während des Siebenjährigen Krieges die Schlacht von Kunersdorf stattgefunden, bei der am 12. August 1759 innerhalb von wenigen Stunden mehr als zehntausend Menschen ihr Leben verloren. Wir erkannten darin einen weiteren Grund dafür, dass der Atemstrom der Lebenskräfte der Stadt nicht so fließen konnte, wie er sollte. Der vitalenergetische Ausatmungspunkt des Energiekörpers der Stadt Frankfurt an der Oder war von den Seelenresten der Getöteten verstopft.

Da wir uns an den Ausatmungspunkten ganz bei den formbildenden Kräften befinden, ist die Erkenntnistätigkeit unserer Beobachtung dort durch das Leibliche gedämpft. Das wird sich erst ändern, wenn unser Lieben und unser Denken selbst bildekräftig geworden ist. Über die Einatmungspunkte lässt sich demgegenüber analytisch mehr sagen, denn die in ihnen wirksamen abbauenden Kräfte kommen der derzeitigen Wirkungsweise unseres Denkens entgegen und erschließen sich ihm daher leichter.

Um ein anderes Beispiel anzuführen: Die vitalenergetische Einatmung des Energiekörpers der Augsburger Innenstadt befindet sich an der rückwärtigen Mauer eines Friedhofs. Diese Mauer grenzt an eine Straße und den ehemaligen Güterbahnhof an. Da das Geländeniveau des Friedhofs um einige Meter höher liegt als der Bahnhofsbereich, wurde zur Abstützung aus Sicherheitsgründen eine mehrere Meter hohe Betonmauer gegossen. Sie verläuft unglücklicherweise mitten durch das Einatmungsorgan der Innenstadt. Hätte man sich hier landschaftsplanerisch der Geomantie bedient, wäre das nicht geschehen. Das Organ wird nun durch diesen zu massiven Baukörper in seiner Funktion behindert. Mit einer Seminargruppe versuchten wir daher, mit einem gemeinsamen Tönen blockierten Seelen die Gelegenheit zu geben, ins Licht zu gehen. Angezogen von unserer Aktivität wurde auch ein Streifenwagen der Polizei. Während wir noch tönten, erläuterte ein Mitglied der Gruppe den Beamten den Sinn unserer Tätigkeit – eine herausfordernde, manchmal auch heitere Aufgabe, der wir uns gelegentlich stellen müssen.

Das entsprechende Ausatmungsorgan der Augsburger Innenstadt befindet sich am östlichen Rand der Altstadt in der Nähe des Jakobinertors. Das Umfeld in dem kleinen Park dort fanden wir vermüllt und verwahrlost vor. Wir versuchten, die Verbindung zum Einatmungspunkt im Westen wiederherzustellen. Das erste Mittel dafür ist, beide Atmungspunkte durch ruhiges, konzentriertes Gehen miteinander zu verbinden. Dies kann durch die Imagination einer Lichtbrücke oder Ähnlichem unterstützt werden.

Wie in Augsburg, so befindet sich auch in dem Energiekörper der Stadt Bad Salzhausen der vitalenergetische Einatmungspunkt an einem Friedhof, und zwar in dem westlich gelegenen Dorf Geiß-Nidda. Bei einer Heilungsarbeit mit einer Seminargruppe fand ich folgende Ursache für seine Blockade: Ich sah Seelenreste teils abgetriebener, teils nach der Geburt getöteter Babys, die dort schon seit Jahrhunderten gebunden waren. Sie stammten aus Verbindungen zwischen Angehörigen zweier nahegelegener Klöster, einem Männer- und einem Frauenkloster, Opfer der Zwänge des klerikalen Systems. Ich fragte mich zunächst, warum ich etwas so Junges an der Einatmung, dem Ort des Alters, vorfand, doch es war ganz einfach zu verstehen. Die Seelen sagten: *Wir protestieren mit Entschiedenheit dagegen, dass wir unseren Lebensweg nicht gehen durften. Wir waren gekommen, um die Lebensaufgaben, die wir uns für die damalige Inkarnation gestellt hatten, wie alle anderen auch in einem mehr oder weniger langen Leben abzuarbeiten, um dann mit dem Bewusstsein der Vollendung wieder gehen zu können. Solange von euch nicht anerkannt wird, dass wir genau darum gebracht worden sind, verstopfen wir für alle uns Nachfolgenden den Ort der Vollendung. Erst, wenn jemand um uns weint und unsere Existenz nicht mehr, wie damals, unter den Tisch gekehrt wird, können wir gehen.*

Ein ähnliches Thema begegnete mir, als ich die Villa eines Gynäkologen untersuchte, der die Leitung der geburtshilflichen Abteilung eines Krankenhauses innehatte. Bei der Vorbesprechung nannte er mir als Motiv für die Auftragserteilung folgendes Symptom: »Es ist immer dasselbe. Ich bewohne mit meiner Familie ein Haus, und nie bleibt ein Zimmer für mich übrig! Nun sind wir gerade in diese große Villa gezogen, da sind doch wirklich genügend Zimmer vorhanden, und doch, jedes Mal, wenn ich Anstalten mache, mir ein einziges davon für mich persönlich einzurichten, kommt plötzlich ein anderes Familienmitglied und meldet Ansprüche an.«

Bei unserer gemeinsamen Meditation sah ich dann Folgendes: Er war in der Nacht in der Nähe einer Burg unterwegs mit einer Schar kleiner Wesen. Seine Seele fühlte sich für diese Wesen verantwortlich, denn sie waren heimatlos und hatten keinen Zugang zur Burg. Aus Solidarität wollte seine Seele dann auch nicht in der Burg wohnen, wo sie durchaus Wohnrecht gehabt hätte, sondern lieber mit der kleinen Schar weiter umherziehen.

Ich verstand intuitiv, dass meine Imagination mit den von ihm in der Klinik vorgenommenen Abtreibungen zu tun hatte. Die kleine Schar, das waren die noch vor der Geburt entleibten Kinderseelen. Obwohl sie von dem Gynäkologen entfernt worden waren, hefteten sich manche von ihnen in ihrer Not lieber an diesen im Grunde herzensguten Mann als an die sie ablehnenden Eltern. Ich wusste, ich hatte kein Recht, die Tatsache, dass er Abtreibungen vornahm, zu bewerten. Aber ich fragte ihn, wie er sich denn nach einer Abtreibung reinige. Er sagte, er wasche sich vorschriftsgemäß die Hände. Ich sagte ihm, er habe mich wohl nicht richtig verstanden. Ich meinte, ob und wie er sich energetisch von seiner Tätigkeit reinige, damit ihm keine Seelenreste anhafteten. Er hatte sich darüber bislang noch keine Gedanken gemacht, und dies war dann auch der Grund dafür, dass die vitalenergetische Einatmung im Energiekörper seines Hauses blockiert war.

Fallschirmspringer, Mahnmal in der Eusebiuskirche, Arnheim

Als ich das Thema vitalenergetische Atmung 2013 in meinem Ausbildungskurs Rhein/Ruhr durchnehmen wollte, führte uns die geistige Welt in die Niederlande zum Holon der Stadt Arnheim, unweit der deutschen Grenze. Wir besuchten zunächst den Ausatmungspunkt östlich der Stadt im Deichvorland des Leks, des nördlichen Rheinarmes. Ich hatte damit gerechnet, dass wir wegen einer Heilungsarbeit für Opfer der Kämpfe um die Brücke von Arnheim im Herbst 1944 gerufen worden seien, die hier seelisch noch an den Ort gebunden wären. An dem Ausatmungspunkt konnten wir jedoch keine besonderen Belastungen feststellen. Hier hatten damals auch keine nennenswerten Kämpfe stattgefunden. Später besichtigten wir die Innenstadt und stellten fest, dass die damaligen Ereignisse sehr wohl noch im Bewusstsein der Menschen vorhanden sind: So fanden wir unter dem Deckengewölbe der größten Stadtkirche, der Eusebiuskerk, eine künstlerische Installation, die an die misslungene Luftlandeoperation der Alliierten erinnert.

Wir fuhren dann Richtung Oosterbek, einem einige Kilometer westlich des Zentrums gelegenen Vorort, in dem sich auch ein Museum befindet, das an die Kämpfe erinnert. Neben den Kämpfen in der Innenstadt hatten gerade hier in der Nähe die erbittertsten Kampfhandlungen stattgefunden.

Wenn ich mich Orten nähere, an denen die Folgen von Gewalt gegen Menschen und Tiere noch nachwirken, spüre ich die unerlösten Seelenkräfte in Form eines Druckgefühles im Kehlkopf oder in der Magengegend, das pure Angst und Verzweiflung ausdrückt. Ich kenne dieses Gefühl aus meiner Kindheit, wenn ich Angst vor einer drohenden körperlichen Bestrafung hatte. Als wir uns mit meiner Seminargruppe zu Fuß dem Schlachtfeld von Kunowice näherten, setzte es, wie bereits erwähnt, etwa fünfhundert Meter vor Erreichen des Ortes abrupt ein. Wenn man eine Gruppe auffordert, bei der Annäherung auf eine solche Grenze achtzugeben, kann die Lage der Grenze von allen erstaunlich genau angegeben werden. In Oosterbek setzte das Druckgefühl schon während der Autofahrt etwa drei Kilometer vor dem eigentlichen Zentrum des Chakras ein und hielt dann an, bis unsere Heilungsarbeit einen gewissen Abschluss erreicht hatte.

Wir durchfuhren auf dem Weg zu dem vitalenergetischen Einatmungspunkt Arnheims parkartig angelegte Wohnbezirke mit offensichtlich wohlhabenden Bewohnern, und ich dachte darüber nach, ob die Menschen, die hier jeden Tag sind, diesen mir schwerst traumatisiert erscheinenden Raum nicht ebenfalls als beängstigend wahrnehmen müssten. Ich kam zu dem Schluss, dass es vielleicht doch auch eine Frage der persönlichen Resonanz ist. Sicher gibt es Gegenden, an denen die Ortsenergien so tiefgreifend gestört sind, dass sie sich auch äußerlich in einem Zustand der Verwahrlosung befinden und ein Bewohnen und Ausharren dort eigentlich nur infolge von Abstumpfung denkbar ist, doch hier war es ganz offensichtlich nicht so.

Bei der Erkenntnis- und Heilungsarbeit an diesem Ort hatte ich ausnahmsweise selbst keine Wahrnehmungen, denn ich stand wie unter dem Schock der einstigen Ereignisse. Doch es gab viele klare und übereinstimmende oder einander ergänzende Wahrnehmungen in den Berichten meiner Schülerinnen und Schüler. Sie hatten das Waldstück am Fokus so erlebt, dass dort noch die Seelen Hunderter junger, insbesondere englischer Soldaten gebunden waren. Es war, als lägen sie in einer Schicht von vielleicht zwanzig Zentimetern über und unter dem Erdboden wie in einer Schockstarre, unbeweglich geworden von der Heftigkeit der Gefühle, die sie zum Zeitpunkt ihres Todes hatten. Es müssen blutjunge Menschen gewesen sein, viele in ihrem ersten Kampfeinsatz, erst wenige Wochen und Monate zuvor zum Militärdienst eingezogen und ausgebildet. Wie aus der Geschichte bekannt, waren sie von dem Unglück überrascht worden, dass eine waffenstarrende ausgeruhte Einheit der Waffen-SS in der Nähe gewesen war, von der die alliierte Führung nicht wusste. Das stärkste Gefühl der Getöteten aber war, nach der Wahrnehmung meiner Schüler, dass sie es absolut nicht verstehen konnten, wie ihre Vorgesetzten sie in eine derart aussichtslose Lage hatten bringen können. Sie fühlten sich von aller Welt verlassen und verraten. Durch die Arbeit der Schülerinnen und Schüler meiner Ausbildungsgruppe konnten einige von ihnen wieder Liebe empfinden, Vertrauen gewinnen und den Weg ins Licht finden.

In dem erwähnten Seminar mit den Fernmeditationen zur Arktis und Antarktis wollte ich gerne auch noch einmal überprüfen, ob meine Theoriebildung hinsichtlich der charakteristischen Lage der Atmungspunkte zutraf: Stimmt es, dass in allen Holonen, die dem planetaren untergeordnet sind, der jeweilige vitalenergetische Ausatmungspunkt im Osten und der Einatmungspunkt im Westen des Holons liegt? Ich hatte bei der Planung des Seminars die geistige Welt um ein Beispiel gebeten, an dem ich das überprüfen könnte, und wurde zu einem Holon geführt, das im mittleren süddeutschen Raum gelegen ist, im Westen begrenzt in etwa durch das Gebiet der Stadt Schwäbisch Gmünd, im Norden durch Ellwangen, im Süden durch Heidenheim an der Brenz und im Osten durch die Stadt Nördlingen. Ich erhielt die mich irritierende und herausfordernde Angabe, dass die vitalenergetische Ausatmung in der Nähe von Schwäbisch Gmünd, also im Westen des Holons gelegen sei und die Einatmung etwas östlich von Nördlingen, also im äußersten Osten des Holons.

Am 7. Februar 2015 gingen wir dann von unserem Quartier in Nördlingen aus zu Fuß zu dem vermeintlichen Einatmungspunkt, der hinter dem Stadtrand mitten in großen Ackerflächen liegt. Meine Schüler und ich merkten, dass es tatsächlich eine starke Bewegung von Kräften in diesen Punkt hinein gab, doch war es kein freies, oder besser gesagt: freiwilliges Einströmen. Ich ließ meine Arme führen und spürte deutlich eine herrische Geste, die immer wieder fordernd auf den Ort wies, und hörte dabei die Worte: *Heiliger ... caligo ... das gehört alles mir! Hier soll es hinein! Hier muss es hinein! Ich geb's nicht wieder her.*

Vor dem inneren Auge erschien dabei das Bild eines Mannes um die sechzig. Er hätte von heute, aber auch aus einer früheren Zeit sein können. An dem Wort *caligo* erkannte ich die römische Zeitschicht, die Ansprache als Heiliger verwies auf eine spätere, christliche Epoche. Im Weiteren wurde mir klar, dass hier die Lebenskräfte gezwungen worden waren, gegen den Strom des Lebens zu fließen, nicht mehr von Ost nach West, sondern von West nach Ost. Im Osten, an dem Ort, an dem sie normalerweise allen Bewohnern des Holons zur Verfügung gestellt werden, wurden sie aufgrund egoistischer Machtinteressen zurückgehalten. Da der Ort nun aber seiner eigentlichen Aufgabe nicht mehr nachkommen konnte, musste das ›Diebesgut‹ von woanders her bezogen werden. Es bot sich an, den eigentlich für die entgegengesetzte Aufgabe zuständigen Ort im Westen umzupolen und von dort die Lebenskräfte unter Zwang heranzuführen. Gleichzeitig ging von diesem Ort eine eigene Strömung in Richtung Westen ab. Sie fühlte sich nur auf den ersten Blick wie ausgeatmete Bildekraft an. In meine bewegten Arme schrieben sich ein Rhythmus und Bildeimpulse ein, die eigenartig schematisch und verarmt wirkten, so als würde ein menschengemachtes, fast industriell wirkendes Ersatzprodukt angeboten. Ich musste an die strenge Prüfung der Produkte der menschlichen Hand an dem Einatmungspunkt in Marburg denken.

Nach einiger Zeit spürte ich, wie eine gegenläufige Bewegung erwachte, die ungleich filigraner und komplexer war. Bei der Auswertung unserer Wahrnehmungen stellte ich fest, dass auch einige meiner Schüler eine beginnende Umkehrung des Atemstromes im Laufe der geomantischen Meditation erlebt hatten. Wir kamen den Gründen für den Missbrauch des Ortes noch etwas weiter auf die Spur, als wir dann an dem gegenüberliegenden Atmungspunkt in der Nähe von Schwäbisch Gmünd arbeiteten. Waren wir zuvor im Nördlinger Ries gewesen, einem großen Einschlagskrater eines Meteoriten, in dessen Inneren die Landschaft sehr flach ist, so fuhren wir in westlicher Richtung an dem Berg Ipf vorbei über den Kraterrand Richtung Ostrand der Schwäbischen Alb, wo einige geschichtsträchtige Orte wie die Staufferburg sichtbar sind. Man passiert auf der Strecke entlang der Bundesstraße 29 bald nach dem Keltenberg Ipf die europäische Wasserscheide Donau-Rhein und den Limes, den einstigen Grenzwall des Römischen Reiches.

Bei der geomantischen Meditation vor Ort wurden dann mehrere Zeitschichten der Verdrehung sichtbar. Das ist typisch für gestörte Orte, denn ein einmal wirksames Blockadethema neigt dazu, sich in späteren Zeitschichten im jeweils neuen Gewand der Epoche zu wiederholen. Menschen, die bereit sind, in der einen oder anderen Weise Missbrauch auszuüben, werden von solchen Orten angezogen. Das geht so lange, bis dies erkannt und konsequent und liebevoll aufgelöst wird.

Aus meiner Seminargruppe konnte Johannes Peters die römische Zeitebene genauer betrachten. Es wurde nun deutlich, dass von hier, von diesseits des römischen Territoriums aus auf die jenseitige beim heutigen Nördlingen im Ries gelegene Seite eingewirkt werden sollte, um die Lebenskräfte der dortigen Bevölkerung zu schwächen – eine verborgene Form der Kriegsführung also. Dass die Urheber dadurch letztlich sich selbst und dem eigenen Territorium geschadet haben, liegt in der Natur schwarzmagischen Handelns. Die Verdrehung des Lebensstromes, so fand Johannes heraus, wurde dabei bis heute durch Einwirkung mehrerer Elementarwesen aufrechterhalten. Man hatte ihnen damals plausibel machen können, es sei so richtig, und sie glaubten bis auf den heutigen Tag daran. Johannes erklärte ihnen dann die wirkliche Lage und die Folgen ihres Tuns, sodass sie aus Einsicht davon ablassen konnten. Hier zeigte sich einmal mehr, wie weitgehend sich Elementarwesen dem Willen des Menschen fügen.

Im Laufe der geomantischen Meditation der Gruppe an diesem Ort stellte sich übereinstimmend die Imagination vom Trichter in die Erde und ein entsprechendes Erleben des einströmenden Kräfteflusses ein. Außerdem wurde der Kräftestrom vom eigentlichen Ausatmungspunkt bei Nördlingen hierher wahrgenommen.

In Holonen kleinen und mittleren Ausmaßes können verletzte Erdsakralchakren durch hingebungsvolle geomantische Heilungs- und Erkenntnisarbeit geheilt werden. Bei einer Hausuntersuchung arbeite ich immer direkt mit den Auftraggebern zusammen, und nicht selten ergibt sich für sie durch unsere Arbeit eine Heilung von Wohnort und eigenem Energiekörper zugleich. Oft spiegelt ja die gestörte vitalenergetische Atmung des Ortes ein persönliches Thema des Klienten auf dieser Ebene. Begleitet der Auftraggeber den Prozess in vollem Bewusstsein, bestehen gute Aussichten auf Nachhaltigkeit. Auch bei lokalen und regionalen Erdsakralchakren habe ich schon oft Veränderungen in Richtung einer Wiederbelebung bewirken dürfen, insbesondere, wenn sich engagierte Bewohnerinnen und Bewohner der Region beteiligten. In den großen überregionalen, kontinentalen und planetaren Systemen hingegen können wir erdheilerisch nur Impulse setzen, diese können die notwendigen kollektiven Lernprozesse bestenfalls anregen.

Eine erstaunliche Begegnung mit der vitalenergetischen Ausatmung von Europa ergab sich bei einer Sitzung des Berliner Arbeitskreises Geomantie. Wenige Tage nach dem Meteoriteneinschlag in der russischen Stadt Tscheljabinsk am 15. Februar 2013 hatten wir uns entschlossen, über dieses Geschehen zu meditieren. Ich hatte vor der gemeinsamen geomantischen Fernmeditation gar nicht daran gedacht, dass die Stadt Tscheljabinsk auf meiner geomantischen Europakarte ja im Bereich des kontinentalen Ausatmungsorgans liegt. Doch durch die Meditation wurde deutlich: die geistige Welt hatte den Meteorit geschickt, um im Rahmen ihrer »kleinen Freiheit« dem europäischen Atmungsorgan einen Entwicklungsimpuls zu senden.

Unsere Angst vor dem Tod und das Erleben des Nachtodlichen

Da es an vitalenergetischen Einatmungspunkten um das Vergehen, die Umwandlung des Alten und Absterbenden geht, kann man dort sehr deutliche Eindrücke von dem Geschehen nach dem Tod gewinnen, vor allem von der ersten nachtodlichen Phase, die den Verstorbenen erwartet. In der katholischen Tradition spricht man vom Fegefeuer, ich möchte hier den Begriff des *Kamaloka* übernehmen, wie ihn Rudolf Steiner verwendet hat. Steiner beschreibt das Kamaloka als eine Läuterungsphase, die nötig ist, um die Folgen der eigenen Taten aus der Perspektive all jener, die sie zu erleiden hatten, gründlich einsehen zu können. Dazu ein Beispiel. Es zeigt einmal mehr, dass man in der geomantischen Forschung nicht nur die Erkenntnisse der Geistesforschung im Allgemeinen nachvollziehen kann, sondern mit dem Augenmerk auf die lebendige Erde auch einiges zu präzisieren vermag.

Der vitalenergetische Einatmungsbereich des Holons Groß-Berlin befindet sich am westlichen Rand der Döberitzer Heide, einem großen Waldgebiet, das lange unter militärischer Nutzung stand, etwa dreißig Kilometer Luftlinie westlich des Stadtzentrums. Die erwähnte ›Gründlichkeit‹ des ersten nachtodlichen Prozesses, des Kamalokas, stellte sich mir dort so dar:

> Alles Leiden, das wir in der Welt verursachen, geschieht aus einem Mangel an Mitgefühl. Über die Schwelle des Todes gegangen, befinden wir uns dann in einer großen, undurchdringlich scheinenden Dunkelheit – wir sind umgeben von den negativen Folgen unserer Taten. Nun beginnen wir sie eine nach der anderen vom Standpunkt der anderen aus zu durchleben, und es entsteht bei jedem dieser Schritte eine Selbsterkenntnis, ein Reuegefühl, das zu Mitgefühl wird. Das Mitgefühl verwandelt die vorherige Dunkelheit in Licht. Wenn der letzte Rest der Dunkelheit in Licht verwandelt worden ist, wird der Blick frei für die lichtvolle geistige Welt. Dann kann zur nächsten nachtodlichen Stufe übergegangen werden.

Mit einer ganz ähnlichen Botschaft meldete sich bei mir während der Arbeit an dem vitalenergetischen Einatmungspunkt des Holons Osterzgebirge ein »Engel des Todes«.

Engel des Todes (Nassau, 15. 3. 2014)

Wenn du in meinen Armen ruhst
Und nichts mehr außer Ruhe suchst,
Dann werde ich dich bald erheben
Zu einem wahreren Erleben
Der Wege, die du einst gegangen,
Der Wünsche, denen du nachgehangen,
Der Menschen, denen du begegnet bist,
Der Kostbarkeit, mit der das Leben selbst gesegnet ist.

Willst du's beginnen vor der Zeit?
Ich helf dir gern, ich bin bereit.

Die ausgleichende, regenerierende und letztlich Leben spendende Aufgabe des Todes wird heute im Allgemeinen am wenigsten gesehen. Er wird vielmehr gering geschätzt, man hat Angst, sich auf ihn einzulassen. Der Tod meldete sich einmal bei mir, als ich die vitalenergetische Atmung eines schmucken Ferienhauses an der Ostsee untersuchte. Er wollte um Verständnis für sich werben:

Erholungsangebot im November (Klütz, 17. 11. 2013)

Sie sagen, mein Name wär nicht wesentlich,
Und doch misst jeder seiner Laute
Die Strecke aus von mir im Garten zu dem Haus
Und von Herz zu Herz.

Mein Wirken wär ganz unerheblich,
Und doch kann ohne es
An diesem Ort und überall nichts sein.

Auch euch wär's ziemlich unerquicklich,
Wenn man euch totschwieg
Unerbittlich.

Ich bin, was in euch und
Was in der Erde ruht,

Bin euer Tod
Und tu euch gut.

Drum bitt ich euch ganz inniglich:
Erkennet euch in mir,
Wo, wenn nicht hier.

Das Haus stand schon länger zum Verkauf. Obwohl es so wunderschön war, wollte es niemand haben. Die Besitzer hatten es für sich und ihre Kinder bauen lassen. Nach wenigen Jahren stellte sich heraus, dass sie zu wenig Zeit hatten, es regelmäßig zu nutzen, zumal die Fahrt von Zuhause für sie doch recht weit war. Sie baten mich, herauszufinden, warum niemand das Haus kaufen wollte. Ich fand heraus, dass das zweite Chakra, die vitalenergetische Atmung, blockiert war. Im Energiekörper des Hauses spiegelte sich eine nicht wirklichkeitsgemäße Einstellung der Besitzer zu Leben und Tod. Sie wollten gern für immer auf der Erde und in ihren Körpern bleiben, sie hatten Angst zu gehen.

Irgendwie mussten das wohl auch die Kaufinteressenten spüren. Sie wollten kein Haus kaufen, an dem die Vorbesitzer weiterhin hingen. Die Käufer wollten das Haus verständlicherweise nach dem Kauf für sich haben und sich nicht mit ungebetenen Mitbewohnern plagen, die möglicherweise sogar noch nach ihrem physischen Tod dort ›herumgeistern‹ würden. So werden das die Kaufinteressenten zwar nicht gedacht haben, aber ihre Seelen dürften es gespürt haben, und Kaufentscheidungen kommen meist ›aus dem Bauch‹. Jeder Makler weiß: Ein potenzieller Käufer kann noch so rational eingestellt sein – erfährt er, dass sich in dem angebotenen Haus einmal jemand umgebracht hat, kauft er es in der Regel nicht. So dicht können in unserem scheinbar so aufgeklärten Zeitalter Aberglaube, Glaube und wirkliches Wissen beieinander sein.

Im Fall des Ferienhauses hatte ich also nicht mit dem Haus oder dem Ort zu arbeiten, sondern mit den Besitzern. Wenn ich ihre Einstellung zu Leben und Tod ändern konnte, würden sie das Haus leichter loslassen. Die Erdmutter gab mir darum einen weiteren Text.

Ein Segen von Mutter Erde für ein Ferienhaus (Klütz, 17. 11. 2013)

Selbst dich, Christus,
Hab ich unter Schmerzen geborn.
Und hab mich gerne
Für euch alle verlorn.

Nun soll dies Haus
In neue Hände gehn.

Ich grüß euch, Neue,
Wohnt in meinen Wänden.
Ich lieb euch, Alte,
Werde immer bei euch sein.

Ich wünsch euch allen:
Kommet immer gern herein,
Wo immer ihr auch seid und lebt.

Bin eure Mutter,
Kommt und geht!

So, wie wir während des Erdenlebens vorübergehend in dem einen oder anderen Haus leben, das uns Wärme, Schutz und Geborgenheit gibt, so lebt unsere Seele vorübergehend im Körper, mal in dem einen, mal in dem anderen. Dies klingt auch in unserer Alltagserfahrung ständig an, denn sobald wir uns mit einiger Fantasie durch die Gebäude bewegen, die wir bewohnen oder bewohnen möchten, berühren wir zugleich – ob wir es merken oder nicht – die eigene Leib-Seele-Bindung. Das Haus ist immer auch Sinnbild für das Wohnen der Seele im Leib.

Unsere derzeitige Kultur ist noch weit davon entfernt, dies anzuerkennen. Viele glauben, dass die Materie der letzte Grund ist, und erfahren daher noch nichts von der unsterblichen Seele beziehungsweise leugnen sie. Aus Angst vor der Konfrontation mit dem eigenen Tod vermeiden sie die Beschäftigung mit dem Altern, dem Sterben und dem Tod, da sie ja den physischen Tod für das Ende ihrer Existenz halten. In einer nur aufs Diesseits orientierten Kultur vergöttern wir den Körper – etwa im Sport oder in der Kosmetik, wenn in der Werbung ewig junge Ikonen der Leistung und der Schönheit ihr kühles Lächeln zeigen. Wir träumen davon, einmal mithilfe der modernen Medizin den Tod zu überwinden. Wer das entsprechende Geld hat, kann sich schon jetzt am Lebensende einfrieren lassen in der Hoffnung, dereinst seinen alten Körper wiederbeleben zu lassen.

Doch was wäre, wenn es auf Erden keinen Tod mehr gäbe? Alle, die jetzt da sind, würden auf ewig bleiben. Kämen noch neue Menschen hinzu, würde es bald zu eng werden. Alle Entwicklung würde stagnieren – wir befänden uns auf einem Greisenplaneten, auf dem alle einmal erworbenen und verfestigten Weltbilder auf ewig konserviert wären.

Die großen monotheistischen Religionen spenden uns in Bezug auf den Tod Trost. Sie zeigen, dass er nicht das absolute Ende unserer Existenz ist, sondern ein Tor zu einer anderen Welt, in die wir – je nach Glaubensrichtung – mehr oder weniger bald nach unserem Lebensende gelangen. Allen Religionen gemeinsam ist jedoch, dass der Abstand zwischen dem Leben auf der Erde und einem wie auch immer gearteten Jenseits als recht groß angesehen wird und daher keine Verbindung und kein Gespräch zwischen beiden Bereichen möglich scheint oder gar gesucht wird. Sie gehen davon aus, dass die Offenbarungsgeschichte, in der von den Erfahrungen der Grenzgänger zwischen den Reichen berichtet wird, abgeschlossen ist. Uns Nachgeborenen, so lehren sie, bleibe nur der Glaube an das bessere Jenseits und die Hoffnung, wir würden einst dorthin erlöst.

In der Geistesforschung strebt man an, den Weg zwischen beiden Reichen schon zu Lebzeiten und ganz bewusst zu gehen. Dazu wird das Gespräch mit den Verstorbenen gesucht und ihr Hereinwirken ins Diesseits erforscht.

Natürlich haben wir gute Gründe dafür, uns vor dem Sterben zu fürchten und lieber nicht daran zu denken. Für uns Menschen ist es nicht so einfach, durch die Tore von Tod und Wiedergeburt zu gehen, wie etwa für die Bienen, die zwischen dem Hiersein und Dortsein kaum einen Unterschied ausmachen. Wir sind weiter von der jeweils anderen Welt getrennt als sie. Wir fürchten uns vor den Schmerzen, die das Erdenleben mit sich bringt, wenn wir uns aus unserer kosmischen Heimat wieder auf den Weg machen zur Erde. Unsere Mütter müssen erhebliche Schmerzen aushalten, wenn sie uns das Leben schenken. Und wir können nicht früh genug damit beginnen, die Lösung der Seele vom alternden Körper zu erproben und anzunehmen. Der Tod kann uns trotz aller Vorbereitung auf ihn in einen langen und schmerzhaften Kampf verwickeln. All das ist eine große Aufgabe, die Übung und Gelassenheit erfordert, wobei uns die Fähigkeit, die andere Seite der Wirklichkeit wahrzunehmen, und die Bereitschaft, das Wissen darum mit anderen zu teilen, helfen können.

Das Tal der tiefsten Trennung durchschreiten

Im Sommer 2014 führte ich während einer geomantischen Sommerreise eine größere Gruppe durch Nordgriechenland, wo sich das vitalenergetische Einatmungsorgan des asiatischen Kontinents befindet. Wir bereisten dort abseits der Touristenströme gelegene, zumeist recht gebirgige Gegenden. Die saturnische Strenge dieses am westlichsten gelegenen Teils des Energiekörpers von Asien, geografisch Südosteuropa überlappend, zeigte sich uns während der gesamten Reise in extremsten Wetterlagen und persönlichen Läuterungsprozessen. Wir

Gewitter über dem Athos

wurden von Wolkenbrüchen begleitet, wie ich sie zuvor noch nie erlebt hatte, und das in Griechenland.

Irgendwann war uns das so selbstverständlich geworden, dass ich morgens in dem Quartier anrief, das wir ansteuern wollten, mit der Frage: Wie ist das Wetter bei euch? Schön, sonnig? Ja? – Dann holt schon mal den Regenschirm heraus, wir kommen!

Nach der ersten Station im Vourinos-Gebirge fuhren wir ins Ossa-Gebirge. Es liegt direkt am Mittelmeer, nur wenige Kilometer südlich vom Massiv des Olymps und wird überragt von dem pyramidenförmigen Gipfel des Kissavos, der gut zweitausend Meter hoch ist.

Das Ossa-Gebirge ist in der griechischen Mythologie der Ort, an dem sich die alten erdverbundenen, sogenannten chthonischen Kräfte in Gestalt der Giganten und Titanen gegen die olympischen Götter auflehnten. So gut wie man von diesem Gebirge aus heute den schneebedeckten Olymp bewundern kann, so gut eignete er sich der Überlieferung nach, um die Götter auf dem Olymp mit allerlei Wurfgeschossen anzugreifen. Die Titanen sind das ältere Geschlecht, vergleichbar den Asen in der germanischen Mythologie. Sie unterlagen den jüngeren Olympiern. Chronos, der Vater des Zeus, wurde von seinem Sohn entmannt, aus seinen Blutstropfen entstanden die Giganten.

Das Motiv der Auflehnung der Giganten findet sich in ähnlicher Form in späteren lokalen Sagen von Riesen und Riesinnen, die zuletzt anlässlich der Christianisierung Erdbrocken in Richtung von Missionaren oder Kathedralenbauern geworfen haben, Wurfgeschosse, die als Berg x oder Hügel y noch heute in der Landschaft liegen. Die allgemeine Verbreitung dieses Motivs spricht dafür, dass es sich bei dem Aufbegehren chtonischer Kräfte keineswegs um ein regionales oder kulturkreisgebundenes Phänomen handelt, sondern dass eine tiefere Wahrheit dahintersteht.

Folgen wir dem gängigen Bild der Antikenrezeption, so sind wir wohl eher geneigt, uns von den als grobschlächtig und unkultiviert beschriebenen Giganten abzuwenden. Wer möchte nicht lieber am Nimbus der kultivierten Olympier teilhaben? Heute meinen wir vielleicht auch ein wenig beschämt zu erkennen, dass wir mit unserer modernen Technik etwas vergleichbar Barbarisches machen wie die Giganten, etwa, wenn wir einen Berg aushöhlen oder ein Meer trockenlegen – wir ahnen, wir verstoßen gegen eine göttliche Ordnung. Wir spüren unsere Hybris, den Frevel, den die Zivilisation seit Beginn der patriarchalischen Epoche an der Schöpfung begeht. Wir sollten uns gerade heute wieder

Blick auf den Olymp

mit den chthonischen Kräften verbinden, denn sie sind gründlich missverstanden worden. Sie waren und sind nichts anderes als die höheren, für ganze Regionen zuständigen Elementarwesen. Mittlerweile haben sie sich mehrheitlich, von uns fast unbemerkt, mit dem Impuls des im Ätherischen wiedergekehrten Christus verbunden. Marko Pogačnik hat das ausführlich dargestellt.[17] Auch mir hat es sich immer wieder gezeigt. Auf dem pyramidenförmigen Hauptgipfel des Ossa-Gebirges, dem Kissavos, erhielt ich hierzu eine sehr bewegende, fast dramatische Mitteilung. Sie zeigte mir eindringlich, wie sehr das Schicksal der Naturkräfte mit dem der Menschwerdung verbunden ist und wie sehr es unsere Aufmerksamkeit, unser Mitgefühl und unsere Aktivität erfordert. In der alten Hybris der Giganten erkennen wir die des Menschen. Gegenseitig können sich Mensch und Elementarwelt erlösen.

Kapelle ›Profitis Ilias‹ unter dem Gipfel des Kissavos (4. 8. 2014)

Der Ossa spricht:
Es war ein Geben und Nehmen. Ich arbeitete dem Olymp im Norden nach Kräften zu. Und dafür durfte auch ich sein unter dem von ihm gespannten Himmel. Irgendwann wollte ich wissen, ob ich vom Süden aus selbst einen Himmel spannen könnte, und ich merkte, dass es nur möglich wäre, wenn mir der Olymp dafür nach Kräften zuarbeitete. Ich fragte ihn, und er war bereit, mir zu geben. Bald gewöhnte ich mich daran und nahm immer mehr von ihm, auch wenn ich nicht darum gebeten hatte. Eine Weile lang gab er es noch her, manchmal gestand ich mir ein, dass ich seinen Widerwillen spürte.
Irgendwann dachte ich, nun bin ich soweit, dass ich den eigenen Himmel aufspannen kann. Genau in dem Augenblick, als es mir gelungen schien, hörte er auf, mir zu geben, und ich wurde ganz und gar auf mich selbst zurückgeworfen und musste erkennen: mein Himmelsgebäude war eine Illusion, die ich mit seiner Hilfe unter seinem Himmel gebaut hatte, und er hatte die ganze Zeit darum gewusst.
Zuckend und zitternd lag ich da.
Doch dann, allmählich, geriet ich in ein Schwingen, ein Pendeln. Ich schwang über meine Mitte hinaus Richtung Süden, pendelte über meine Mitte zurück und weiter Richtung Norden, wieder zurück und beim nächsten Mal weiter in den Süden und zurück und weiter in den Norden, und jedes Mal, wenn ich durch meine Mitte kam, ging ich weiter in meine Tiefe und verstand ein wenig mehr von dem, was ich als Ossa-Gebirge, als Elias, als Erde, als Mensch, als Schöpfung der Götter eigentlich bin.
Mit jedem Schwung gen Norden konnte ich dem Olymp nun außer meiner

Kraft auch einen neuen Teil der Erkenntnis geben, die ich als seine Schöpfung über mich selbst gewonnen hatte. Und je mehr ich mich selbst durchdrungen hatte, desto mehr geschah es, dass über die Horizonte im Süden und Norden hinweg ein neuer Himmel entstand, den er seinerseits mit seiner ganz anderen Kraft unterstützte und anerkannte.
Als ich mich bis in meine tiefste Tiefe hinein durchdrungen hatte, war auch der Himmel vollendet.
Von da an war alles, was ich der Erde entnahm, essbar, und ich begann in tiefer Verwunderung und Entzückung die neuen Geschmäcker zu erproben, und wusste, dass ich es in aller Bescheidenheit wagen durfte, den Göttern selbst diese irdische Nahrung als Speise anzubieten.
Die Verbindungen zwischen dem Geist im Norden und dem Stoff im Süden, dem Leben im Osten und dem Tod im Westen durchkreuzten sich nun in mir, als Baum des Lebens und Baum der Erkenntnis, und sie wurden durch das gesprochene Wort von Gottes Sohn zu einer lebendigen Erde, auf der es den Tod nicht mehr geben musste.
Von da an durfte auch ich versuchen, anderen beizustehen.

In dem, was Ossa berichtet, klingt bereits an, dass die Trennung, die Verschiedenheit überwunden werden kann. Er berichtet in der Vergangenheitsform über das, was noch vor uns liegt. In welcher Hinsicht dies geschehen kann bzw. was dabei zu berücksichtigen ist, wird im Folgenden noch Thema sein. Eine entsprechende Anweisung dahingehend gab auf derselben Reise der heilige Berg Athos.

Auftrag des Athos an den Menschen heute (7. 8. 2014, mit Melodie)

Vieles ist zu pflegen
Durch deine liebe Hand,
Hast du erst in der Schöpfung
Bruder und Schwester erkannt.
Sie warten alle, alle auf dich!
Wie ein Kind auf Vater und Mutter
Dass es bei ihnen bleiben darf.

Das Vourinos-Gebirge sandte mir eine vergleichbare Botschaft in besonders drastischen Worten.

An der Quelle unterhalb der Berghütte ›Tsamia‹ im
Vourinos-Gebirge (1.8.2014)

Die Menschen erkennen jetzt:
Lange schon in einem stählernen Schrank,
Die Türen zugeschweißt,
Haben wir es verschlossen und vergessen,
Das Kleid von Mutter Erde.

Mit so vielen Freuden lief sie
Als ein junges Mädchen,
Und was sie mit dem Saum berührte,
Das wollte mit in diesem Freudentanz
Geboren werden.

Die Götter sagen:
Nun, da ihr das Gewand wiederentdeckt habt,
Dürfen wir es euch über den Arm legen?
Wollt ihr es bitte anschauen,
Und euch überlegen,
Es diesmal selber anzulegen?

Der kosmisch-irdische Ernährungskreislauf

Die Polarität der lebensaufbauenden und -abbauenden Kräfte spiegelt sich im Wechselspiel der Atmung von Tieren und Pflanzen. Die Pflanzen verwandeln durch die Fotosynthese Kohlendioxyd, das Tiere und Menschen ausgeatmet haben, in Sauerstoff, den die Tiere und Menschen dann wiederum aufnehmen können. Und so wie Tiere und Menschen sich auch noch von der Körpersubstanz der Pflanzen ernähren, ernährt sich die geistige Welt von der Essenz der Herzkräfte und der geistigen Arbeit des Menschen.

Wenn man das weiß, macht man sich natürlich Sorgen darüber, von welcher Qualität die Speise ist, die den Engeln, Elementarwesen und Ahnen vorgesetzt wird. Auf meine Frage, wie die geistige Welt uns Menschen denn wahrnimmt, wenn wir mehr oder weniger gedanken- und gefühllos im Internet surfen, bekam ich einmal eine überraschende Antwort. Ich hatte eine bedrohliche Vision befürchtet, doch es ging einzig und allein darum, dass unsere heutige Lieblingsaktivität, das Surfen im Internet, für die geistige Welt wenig Nährwert hat und eher unappetitlich ist.

Was nimmt die geistige Welt wahr, wenn wir im Internet surfen?
(Potsdam, 6.11.2013)

Ich schau mir deine Ideen an,
Du schaust mir deine Ideen an,
Du schaust dir meine Ideen an,
Wir schauen, wie Ideen wohnen
Unter dem Boden,
Wir hören, wie Ideen singen,
Wie sie klingen und
Wie Operntenöre Gefühle bringen.

Wir gehen mit Ideen tanzen,
Wir machen aus Ideen das,
Was das vorletzte Jahrhundert
Im Konzertsaal aß,
Wir werden davon etwas taub
Für die Bäume mit raschelndem Laub,
Wir werden davon etwas zäh
Auf dem Ideenspeiseteller der See.

Wir werden für keinen bekömmlich,
Dem feinere Speisen gewöhnlich,
Gleichwohl können wir
So fortfahrn ein wenig,
Bis uns das Denken zu sehen
Wird sehnlich.

Ich habe selten eine so ironische Mitteilung bekommen, aber dieses Stilmittel scheint mir ganz angemessen zu sein. Zunächst spricht die geistige Welt hier einen Menschen an, den sie beobachtet, während er im Netz unterwegs ist. Doch sehr schnell wird eine gemeinsame, fast ›trunken‹ anmutende Perspektive eingenommen. Denn das Desaster, das aus der Gedankenlosigkeit entsteht, hat ja für Mensch und geistige Welt gleichermaßen Folgen.

Jenseits von Leben und Tod

Durch die geomantische Arbeit ergeben sich Ausblicke auf eine Zeit, in der wir die grundlegende Trennung des irdischen Lebens von der geistigen Welt überwinden können.

Am Krematorium des Kreises Elbe-Elster (Herzberg, 24.10.2015)

Die Verstorbenen sagen den Lebenden:
Wir wollen ein Segen für euch sein,
Euch zärtlich an Stirn und Wange berühren,
Euch die Augen öffnen.
Ihr dürft euch freuen, Mensch zu sein,
Die Weiten von Himmel und Erde bereisen.

Zugvögel zwischen den Reichen seid ihr,
Ihr wechselt das Gefährt im Übergang,
Und wenn es das Fortleben der Lieben erfordert,
Opfert ihr es, wie der Pelikan.

Wir sagen euch an, dass der alte Totenkahn
Über den Fluss des Vergessens bald nicht mehr fährt.
Wir werden vielmehr, unserer Taten eingedenk,
Hand in Hand die Ufer wechseln,
So werden Liebe und Leben vermehrt.

Den physischen Tod werden wir überwinden lernen, wenn wir im Herzen ganz rein werden, miteinander und mit der ganzen Schöpfung liebevoll umgehen und deren Gesetze so weit verstehen, dass es uns ein Lebensbedürfnis sein wird, uns selbst in den Dienst der Schöpfung zu stellen.

»Suchst du das Höchste, das Größte? / Die Pflanze kann es dich lehren! / Was sie willenlos ist, sei du es wollend, das ist's«, so drückte es Friedrich Schiller einst aus. Der Geistesforscher Wolfgang Findeisen beschreibt in einem Vortrag[18] die Vision, dass durch Fortschritte im geistigen und moralischen Erkennen und Selbsterkennen das physische Herz des Menschen so umgestaltet werden könnte, dass auch wir in der Lage wären, frischen Sauerstoff in die Umgebung auszuatmen.

Noch einmal möchte ich vom heiligen Berg Athos erzählen, der ja ein wichtiger Bestandteil des vitalenergetischen Einatmungsorgans von ganz Asien ist. Was wir dort erlebten, verwunderte mich zunächst sehr. Ausgerechnet dort, beim

Blick auf den Berg Athos bei Sonnenaufgang

Blick auf die Mönchsrepublik der orthodoxen Kirche meldete sich das Thema einer göttlichen Sexualität. Das Verbot für Frauen, den Athos zu betreten, galt auch für unsere überwiegend weibliche Gruppe. Wir charterten daher ein Boot und fuhren meditierend an der Küste der Halbinsel entlang. Bei Betrachtung der Klöster und des Berges vom Wasser aus kamen wir fast übereinstimmend zu folgendem Ergebnis: Steil wie ein Phallus – oder wie eine Klitoris! – ragt der heilige Berg fast senkrecht rund zweitausend Meter aus dem Mittelländischen Meer. In seiner Höhe lebt die Vision einer heiligen, reinen und unschuldigen Sexualität, die in ihrem Vollzug mit dem Fluss der Lebenskräfte des Erdkörpers im Einklang ist. Die Mönche hüten diesen Ort, sie bewahren ihn für eine Zeit, in der wir für eine Verbindung mit dieser Kraft reif sein werden. Dann werden das blühende Leben im Osten und der erkennende Tod im Westen keine Gegensätze mehr sein.

Bis dahin ist es noch ein langer Weg, doch können wir jederzeit anfangen, ihn zu gehen. Ob wir jemanden als tot oder als lebendig empfinden, wird dann immer weniger an der Frage hängen, ob er gerade inkarniert ist oder nicht. Es wird sich daran messen lassen, wie wenig oder wie stark verbunden wir im Herzen miteinander sind. Tote im Herzen gibt es dies- und jenseits der Schwelle.

Das Rote Luch ist der Bereich der vitalenergetischen Einatmung des Holons Märkische Schweiz, östlich von Berlin. Die Anwesenheit der Ahnen war an dem stillen Abend, an dem ich im Sommer 2013 dort war, in nächster Nähe spürbar. Ich empfing dort folgende Mitteilung:

> An einem Abend im Roten Luch (Märkische Schweiz, 25. 8. 2013)
>
> Lausche wie ein Reh in den Abend,
> In das fernste Geräusch.
> Ich steh neben dir,
> Hör deinen Atem und dein Herz.
>
> Spüre wie ein Fisch in das Wasser,
> Und du hörst die Worte,
> Die du als Kind gesprochen hast.
>
> Was du getan hast,
> Kehrt von der anderen Seite
> Des Lebens zu dir zurück.
>
> So kannst du
> Auf dich selber zugehen.
> Viele von uns sind
> Diesen Weg schon gegangen.

Dass die Ahnen noch weit entfernt sind und zugleich in unseren Herzen leben, erfuhr ich einmal sehr eindringlich bei Betrachtung des sommerlichen Abendhimmels. Zusammen mit zwei Freunden blickte ich im Havelland in der späten Abenddämmerung nach Nordwesten in die langsam schwindenden Farben am Horizont. Noch waren keine Sterne zu sehen, aber bei geöffneten Augen entstand aus einem Gefühl des Abschieds heraus eine Folge von Imaginationen in mir.

Ich erinnerte mich an das Gefühl, wie es ist, wenn man nahestehende Menschen an einem Hafen verabschiedet. Ihr Schiff ist losgefahren, es entfernt sich unweigerlich. Lange noch winkt man einander zu, wir, an der Hafenmole stehend, die Freunde an der Reeling des Schiffshecks. Irgendwann sind sie und dann das gesamte Schiff im abendlichen Dunst verschwunden, und nun stehen wir noch eine Weile am Ufer und sinnen ihnen nach. Unweigerlich entfernen sie sich weiter, und wir wissen, es wird eine ganze Weile dauern, bis wir uns wiedersehen.

Meine Aufmerksamkeit war ganz auf den Horizont, seine verblassenden Farben und die parallele Imagination des sich immer weiter entfernenden Schiffes gerichtet, da bemerkte ich, dass etwas Unerwartetes geschah. Es war, als würde sich das Kielwasser des Schiffes am Horizont teilen und nach rechts und links abbiegen, als entferne sich das Schiff gar nicht mehr weiter, sondern ergösse sich nun in den Horizont, um so das Gesichtsfeld in seinem großen Halbrund nach und nach zu erfüllen. Und als es den Raum hinter mir erreichte, geschah etwas noch Merkwürdigeres. Ich spürte, dass diejenigen, von denen ich mich verabschiedet hatte und die sich eben noch uneinholbar von mir entfernten, nun neben oder leicht hinter mir standen und genauso aufmerksam wie ich in den Horizont schauten. Ich wusste, sie standen nicht körperlich da wie ich, aber ich spürte ihre Anwesenheit in meiner unmittelbaren Nähe genau. Ich fragte mich, wie sie denn nun das Bild des Horizontes wahrnahmen. Da spürte ich, dass sie sogar noch viel näher waren als nur dicht neben oder hinter mir im Raum. Sie waren in meinem Herzen, und gerade so, wie ich in den äußeren Raum zum Horizont schaute, blickten sie ihrerseits in meine Gefühle und Gedanken. All das, was sie dort wahrnahmen, begleiteten sie mit der großen Hoffnung, dass es ihnen eine Speise wäre, an der sich ihre Seelen nähren könnten, und dass ich erkennen möge, dass meine Seele sich zugleich an ihnen nähren könnte. Sie hofften, dass ich dies in meinem Bewusstsein behielte und oft davon Gebrauch machte.

Ich blickte zu meinen beiden Freunden, die mit ihren Kindern eine Woche bei uns zu Gast waren und die mich gebeten hatten, an diesem Abend mit ihnen eine Sternenmeditation zu machen. Nachdem sie mir ihre Eindrücke geschildert hatten, erzählte ich ihnen meine. Der eine Freund fing leise zu schluchzen an. Als er sich beruhigt hatte, erzählte er mir, dass sein Vater vor einigen Wochen gestorben war und er sich sehr damit beschäftigte, dass der Vater ihm fehlte. Auf der langen Hinfahrt zu uns hatte er mit seiner Frau beraten, welches Thema er sich denn von mir für eine gemeinsame meditative Arbeit wünschen sollte. Es sollte eine Trauerarbeit mit dem Vater sein. Er hatte es mir dann doch nicht gesagt und auch ansonsten nicht vom Tod des Vaters erzählt – nun hatte sich sein Wunsch, ohne dass er ihn ausgesprochen hatte, erfüllt.

Die Atmung der Erdsakralchakren in einem Holon spüren

ÜBUNG

Wenn einem die Lage der beiden vitalenergetischen Atmungspunkte in einem kleineren Holon wie etwa dem eigenen Haus bekannt ist, kann man versuchen, das Strömen des Erdchakras zu erspüren. Man bittet die geistige Welt, einem den Atemrhythmus im eigenen Sakralchakra zu zeigen und dann den des entsprechenden Erdsakralchakras im eigenen Sakaralchakra abzubilden. Dabei kann man auf die Besonderheiten und Impulse der einzelnen Atmungsphasen achten. Man kann zunächst jeden der beiden Atmungspunkte für sich erforschen, indem man sich ihnen nacheinander hingibt und sie im Wechsel vergleicht. Danach kann man sich in den Strom zwischen ihnen stellen, sodass man beispielsweise den Einatmungspunkt im Rücken hat und den Ausatmungspunkt vor sich, oder umgekehrt. Nun ist es so, dass das Becken über die Beckenbodenmuskulatur jeweils einen anhaltenden Bewegungsimpuls in die Richtung bekommt, in die der Atemstrom zwischen den beiden Atmungspunkten des Chakras gerade fließt. Wechselt der Atemstrom relativ schnell die Richtung, so kann es zu einem Hin- und Herschwanken des ganzen Menschen kommen. Dies kann man wiederum durch die Vorstellung unterstützen, man wäre ein Schilfrohr im Wind. Je näher man auf der direkten räumlichen Verbindungslinie zwischen beiden Atmungspunkten steht, desto intensiver spürt man den Atemstrom. Auch in Bezug auf größere Holone ist diese Übung möglich. Nach einiger Zeit wird man jeweils einen charakteristischen regelmäßigen Rhythmus ausmachen. Wichtig ist, dass man die geistige Welt auch wirklich darum gebeten hat, einem diesen Strom und Rhythmus zu zeigen. Man wird dann sehen, dass er in sich noch von weiteren Impulsen gegliedert ist. So kann man beispielsweise ein mehrfaches Anheben oder auch Gehemmtwerden des Atemstroms in die eine oder andere Richtung wahrnehmen. Wenn man öfter in verschiedenen Bezugsholonen übt, wird man feststellen, dass diese Impulse jeweils unterschiedlich sind, für jedes Holon charakteristisch, gegebenenfalls weisen sie auch auf Blockaden des Atemstroms hin. Nach einer erfolgreichen erdheilerischen Arbeit für ein (kleineres) Holon lässt sich der Rhythmus dann als harmonisiert wahrnehmen.

Die beschriebene Übung führt zu einem sehr intensiven Kräfteerleben und kann ein Schritt sein auf dem Weg zu der in der geomantischen Forschung wichtigen Fähigkeit, Eigenschaften und Mitteilungen der lebendigen Erde ganzkörperlich wahrzunehmen und auszudrücken. Wenn man für sich selber oder zusammen mit anderen weitere Eigenschaften der Aus- und Einatmungspunkte erforschen möchte, kann man dies in geomantischen Meditationen tun. Sie erschließen nach und nach die Ebene der Imagination, Inspiration und Intuition .

Kapitel 3

SOLARPLEXUSCHAKRA

ALCHEMIE DER GEMEINSCHAFTSKRÄFTE

Das Solarplexuschakra befindet sich beim Menschen dicht unterhalb des unteren Endes des Brustbeins. Es ist das Zentrum seiner Aufrichtekraft. Aus dieser Kraft heraus geht er folgerichtig seinen Lebensweg und begegnet seinen Mitmenschen als ein ernstzunehmendes Gegenüber. Auf ihren Lebenswegen beobachten die Menschen einander, ob ihnen das Verhalten des jeweiligen Gegenübers folgerichtig erscheint, auch in den gegenseitigen Beziehungen: Tut der andere das, was er mir gegenüber sagt? Das Solarplexuschakra ist der Quell der Treuekräfte. Aus der im Vitalenergetischen wirkenden Aufrichtekraft wird im Moralischen die Aufrichtigkeit in den menschlichen Beziehungen. Deshalb ist das Solarplexuschakra auch der Ort unseres natürlichen Rechtsempfindens. Im Solarplexuschakra zentriert sich unsere Kraft, wir bleiben auch in der Begegnung mit anderen dort in unserer Kraft und können sie von dort aus, bestenfalls, sonnengleich an alle verschenken. Im Herzchakra geben wir den Rückhalt in uns dann auf, dort ereignet sich die pure Hingabe.

Der Zusammenhang zwischen der ätherischen Kraft und der moralischen Bedeutung im Solarplexus des Menschen findet sich bei den Solarplexuschakren der Erde unmittelbar wieder. Sie sind sternförmig, zeigen in ihrer ätherischen Gestalt das Thema der Beziehung in alle Richtungen und markieren das gesellschaftliche Zentrum einer Region.

Aufrichtekraft gewinnen

ÜBUNG

Wenn Sie die eingangs gegebene Übung zum Erspüren der Chakren mit der Hand als ›Segelschiffchen‹ wiederholen, finden Sie leicht den Ort Ihres eigenen Solarplexuschakras. Es ist gar nicht so weit vom Herzchakra entfernt. Sie

können es weiter erkunden, indem Sie die einzelnen Blütenblätter des Solarplexuschakras ertasten, es hat ja die Form einer Lotusblüte. Diese Übung habe ich von einem weiteren Lehrer und Kollegen von mir, Wolfgang Schneider. Ihm verdanke ich auch die Anregung, Radiästhesie mit den bloßen Händen im Sinne eines Hellfühlens zu betreiben. Wenn Sie darauf achtgeben, können Sie beim Ertasten Ihres Solarplexuschakras die Struktur ineinander gestaffelter Trichter oder Blüten fühlen, wobei es auch hier sinnvoll ist, die geistige Welt zu bitten, die Hand entlang der ätherischen Schichten und Linien zu führen.
Als ich diese Übung das erste Mal durchgeführt habe, meditierte ich anschließend mit der Bitte, etwas über die jeweiligen Aufgaben der einzelnen Blütenblätter zu erfahren. Ich war dann zunächst überrascht, als ich auf der Ebene der Imagination zu jedem Blatt das Bild einer Kopfbedeckung sah, hatte ich doch irgendetwas aus dem Bauchbereich erwartet. Ich sah die Schirmmütze eines Polizisten, einen bayerischen Trachtenhut für Frauen, aus Filz und mit angesteckter Feder, ein Barrett sowie weitere heute mehr oder weniger skurril wirkende Hüte, darunter auch eine Schellenkappe. Ich begriff erst, was mir hier in der Sprache der Bilder gesagt werden sollte, als ich aufstand und mir vorstellte, was es mit mir machte, wenn ich jeweils eine solche Kopfbedeckung trug. Die Dienstmütze des Polizisten veränderte mein Körpergefühl im Rumpfbereich. Ich wurde dort größer und mächtiger, bereit, jederzeit vorzuschnellen, zuzugreifen und festzuhalten, was sich mir nicht fügen will. Der Filzhut machte mich zwar klein, aber kompakt, drahtig und fest. Ich dachte, so müsse sich eine Frau fühlen, die ein Leben lang hart, aber froh und mit dem Ergebnis zufrieden gearbeitet hat und die dann mit einem daraus gewachsenen Selbstbewusstsein auf ihr Gegenüber zugeht. Es war ein starkes Gefühl von Bodenständigkeit. Das Barrett wiederum rief förmlich nach einem weiten Mantel, der mein Gegenüber beinahe mit einhüllte, während ich nachdenklich und melancholisch zu ihm sprach. Die Schellenkappe hingeben machte mich ganz beweglich im Raum; ich begegnete allem, was allzu enge Konvention geworden war, durch verspielte Finten und Ausweichmanöver. Welchen der Hüte ich auch aufsetzte, ich erlebte mich jeweils anderen Menschen gegenüber in einer ganz anderen Position. Die Hüte erschienen mir wie Requisiten aus einem Theaterfundus, die die damit verbundenen Rollen und Spielweisen aus sich heraus erklärten. Es waren Spielarten eines Repertoires, anderen gegenüber in Erscheinung zu treten. Da es sich um traditionelle Hutformen handelte, so schloss ich, sollte mir deutlich gemacht werden, dass mir dieses Repertoire dank der Vorarbeit der Ahnen zur Verfügung stand.

Das Solarplexuschakra als Ausdruck der Gemeinschaftsbildung

Man kann das eigene Solarplexuschakra auch auf andere Weise erfahren, ganz spontan. Sie haben das vielleicht selbst schon einmal erlebt, zum Beispiel so: Sie gehen gerade in einer größeren Stadt auf dem Fußgängerweg die Straße entlang und denken an Ihren Lieblingsfeind, einen Menschen, mit dem Sie aufgrund anhaltend schlechter Erfahrungen gebrochen haben. Sie haben sich geschworen, mit ihm nie mehr ein Wort zu wechseln, schon gar nicht wollen Sie ihm vergeben, was geschehen ist, und Sie möchten ihm deshalb natürlich auch nicht wiederbegegnen. Die Straßenzeile, die Sie entlanggehen, ist lückenlos mit Wohnblöcken bebaut, und Sie nähern sich einer Straßenecke. Ohne dass Sie es sehen oder ahnen könnten, geht Ihr Lieblingsfeind auf der seitlich einmündenden Straße ebenfalls auf diese Ecke zu. Er ist ungefähr gleich weit wie Sie von der Ecke entfernt. Womöglich denkt er oder sie gerade in ähnlicher Weise an Sie. Da die Wohnbebauung so dicht ist, sehen Sie einander noch nicht. Erst im allerletzten Moment, kurz bevor Sie physisch aufeinanderprallen, bemerken Sie sich. Nun ist es viel zu spät, die Straßenseite zu wechseln, auf dem Absatz umzukehren oder so zu tun, als hätte man sich nicht gesehen. Sie erschrecken beide, und das drückt sich unter anderem darin aus, dass ihnen blitzartig ein Schmerz im Oberbauch einschießt. Diese Stelle im Oberbauch, die Sie spüren, ist der kleine nach vorne austretende ätherische Trichterhals Ihres Solarplexuschakras, das sich gerade verschlossen hat. Das Sonnengeflecht und weitere Teile des vegetativen Nervensystems stehen nun unter Adrenalin; volle Flucht- und Kampfbereitschaft ist da, während Sie vielleicht etwas Dummes sagen und versuchen, aus der peinlichen Situation wieder herauszukommen.

Wie wäre es hingegen gewesen, wenn Sie an dieser Straßenecke einen Menschen getroffen hätten, den Sie außerordentlich schätzen, weil Sie viele gute Erfahrungen miteinander gemacht haben? Ich denke da zum Beispiel an meinen Automechaniker, der über die Jahre hinweg gleichmütig, meist gut gelaunt und immer kompetent mein Auto repariert hat. Und wenn ich nicht zu weit entfernt von seiner Werkstatt liegen geblieben bin mit dem Wagen, ist er sogar selbst losgefahren und hat mir das Theater mit dem Abschleppdienst erspart. Er hat seine Leistung nach getaner Arbeit abgerechnet, aber nicht mehr, und er hat auch mal warten können, ohne dass ich ein schlechtes Gewissen haben musste, wenn doch mehr kaputt war als erwartet und der Rechnungsbetrag so hoch, dass ich ihn nicht innerhalb der üblichen Zahlungsfrist habe aufbringen können. Wenn ich das Geld dann zusammenhatte, habe ich es ihm stets mit großem Vergnügen gegeben und gerne auch mal ein paar Euro mehr.

Das große Vergnügen, jemandem seine gute Leistung angemessen zu vergüten, ist ein Gefühl, das wir im Bereich des Solarplexuschakras spüren können. Es ist ein Wärmegefühl, das der gegenseitig wahrgenommenen Wertschätzung entspringt. Es richtet auf und erzeugt zugleich den Wunsch, auch das Gegenüber aufzurichten, das heißt, das Gefühl der Freude gemeinsam zu erleben.

Was uns da körperlich aufrichtet, ist auf der moralischen Ebene die Tugend der Aufrichtigkeit. Tue ich tatsächlich das, was ich dem anderen zugesagt habe? Aus dieser moralischen Quelle entspringt, wie schon gesagt, unser natürliches Rechtsempfinden, noch vor der Festschreibung von Regeln und Gesetzen. Wo mehrere Menschen in einer solchen Beziehung des aufrichtigen Miteinanders stehen und diese Begegnungen immer wieder an einem bestimmten Ort geschehen, konstituiert sich mithilfe der geistigen Welt ein Erdsolarplexuschakra.

Das Erdsolarplexuschakra befindet sich in der Regel an einer zentralen Stelle, im Holon eines Dorfes etwa an dem traditionellen Versammlungsplatz, gerne dort, wo man den Maibaum aufstellt. Vielleicht ist das Dorf vor Jahrhunderten genau an dieser Stelle gegründet worden, in jedem Fall wird in dem Chakra die Gründungsenergie des Ortes bewahrt. Von hier aus wirkt sie fort und impulsiert ihr Holon. Dass Menschen einander zugesagt haben, hier ein Gemeinwesen zu bilden, zu dem jeder nach Maßgabe seiner Fähigkeiten einen verlässlichen Beitrag leisten will, ist ein Versprechen, das oft über die Jahrhunderte in einem jährlich wiederholten Ritual, etwa dem Tanz um dem Maibaum, erneuert wird, mancherorts noch heute. Beim Tanz um den Maibaum stellen sich Männer und Frauen in konzentrischen Ringen um den Stamm. Eine jede und ein jeder ergreift eines der bunten Bänder, die vom Kranz herabhängen. Oben an dem Maibaum sind die Embleme der Handwerker angebracht. Ich erkenne das der Kfz-Schlosser-Innung, und wieder denke ich an meinen guten Automechaniker, dessen verlässlicher Arbeit ich einen nicht geringen Teil meiner Mobilität und damit auch Freiheit verdanke. Die Musik beginnt. Durch die einstudierte Schrittfolge des Tanzes werden die Bänder miteinander zu einem farbigen Netzwerk verwoben: ein treffliches Symbol der Gemeinschaft.

Wenn ich an ein nächstgrößeres Holon denke, etwa das einer Stadt, die im Mittelalter gegründet wurde und die noch immer über ein gewachsenes Zentrum verfügt, an dem sich Bewohner wie Besucher gleichermaßen freuen, dann kann ich mir das Fest am dortigen Solarplexuschakra als eine feierliche Zusammenkunft der Zünfte und Gilden des Ortes vorstellen, heute vielleicht übergegangen in ein Treffen der entsprechenden Traditionsvereine. Nach wie vor geht es dabei darum, die Leistung jedes einzelnen Gliedes der Gemeinschaft wahrzunehmen und zu würdigen sowie die gegenseitigen Treuekräfte zu erneuern.

Als ich einmal im Winter meinen Berliner Arbeitskreis bat, eine Stunde lang den Begriff *Eintracht* zu erforschen, also keinen besonderen Ort in der Stadt, sondern ›nur‹ einen Begriff, nahmen wir im Raum zwischen der meditierenden Gruppe deutlich eine ätherische Struktur wahr, die der eines Solarplexuschakras entsprach. Und mit einer Ausbildungsgruppe, mit der ich in Dänemark den Solarplexusbereich des Holons Südjütland bei der Stadt Kolding erkundete, erhielt ich eine Mitteilung, die die gemeinschaftsbildende Kraft dieses Chakrentypes auf eine ganz freibleibende Weise ausdrückt:

Auftrag der Erdmutter an jeden von uns
(Gamborg Fjord bei Kolding, 30. 5. 2014, mit Melodie)

Ich hab dich für alle ins Leben geborn,
Ich hab dich für alle erwählt,
Dass du liebst,
Dass du trägst,
Dass du hältst.

Stimme ein in den großen Lebensklang,
Lass uns hören dein eignes Lied,
Frage nach, wenn mal einer schweigen will,
Weil man seine Liebe nicht sieht.

Das planetare Solarplexuschakra befindet sich nach meiner geomantischen Weltkarte in Peru, in der Region um Macchu Picchu. Ich hatte bisher noch keine Gelegenheit, vor Ort zu arbeiten. Ich widmete ihm mit meinem Berliner Arbeitskreis Geomantie jedoch am 20. April 2010 eine Fernmeditation. Dabei nahm ich das planetare Organ wahr als ein geistiges Zentrum aller Menschen, die an der Weiterentwicklung des Planeten arbeiten, unabhängig davon, ob sie einander bewusst kennen oder nicht. Durch dieses Organ waren über den gesamten Erdkreis hinweg Menschen in einer Art von planetarer Bruderschaft miteinander verbunden. Ich schloss daraus, dass die ›bodenständigen‹, das werktätige Leben betreffenden Aspekte eines Erdsolarplexuschakras umso stärker hinter der globalen gemeinschaftsbildenden Mission zurücktreten, je übergeordneter das Holon ist.

Ätherische Struktur und typische Lage im Holon

Ein Erdsolarplexuschakra hat eine senkrechte ätherische Mittelachse, die weit in die Höhe ragt und zugleich tief in die Erde führt. Von dieser vertikalen Achse aus gehen strahlenförmig horizontale Meridiane in die Landschaft. Marko Pogačnik hat dieses Chakra deswegen auch als *sternförmiges vitalenergetisches Zentrum* bezeichnet.[19] Die sternförmige horizontale Struktur kann man nicht nur knapp über der Erdoberfläche radiästhetisch verfolgen, sondern in der übersinnlichen Wahrnehmung auch am Himmel, wo sie sich gleich den Rippen eines aufgespannten Schirmes sphärenhaft über das Holon wölbt, für das das Chakra arbeitet.

Die Anzahl der sternförmig von der Mittelachse abgehenden Meridiane – sie werden bei Pogačnik auch als Verbindungs-Ley-Linien bezeichnet – ist immer ungerade. Es sind mindestens fünf, können aber auch sieben, neun, elf oder dreizehn sein. Das Chakra befindet sich in der Regel räumlich in der Mitte des zugehörigen Holons. Schon in dem Energiekörper einer konventionell geschnittenen Dreizimmerwohnung mit zentralem Flur, von dem aus man die einzelnen Zimmer erreichen kann, wird dieses Chakra immer mittig im Flur liegen, mit einer leichten Tendenz, in Richtung des wichtigsten bewohnten Raumes zu rücken und seine ›Beinchen‹ möglichst gleichmäßig in alle Räume auszustrecken. Im Energiekörper eines Vierseithofes, also der traditionellen Anlage eines Bauernhofes mit straßenseitigem Wohnhaus, Seitenflügeln mit Stallungen und gegenüberliegender Scheune, befindet sich das Solarplexuschakra in der Regel einige Meter vor dem Wohnhaus auf der Hofinnenseite, also nicht ganz in der Mitte der Anlage, sondern etwas näher hin zu dem sozialen Schwerpunkt, dem Wohnhaus.

Die sternförmige Struktur des Solarplexuschakras bestimmt nicht nur die räumliche Ausrichtung des Chakras, sondern ermöglicht zugleich eine Form der ›Ernährung‹ oder des Stoffwechsels. So strömen in die Mittelachse kosmische und irdische Lebenskräfte ein, die wir hohen Wesenheiten aus der geistigen Welt verdanken; zugleich können Menschen diese Zentren energetischer Verflochtenheit und Ausstrahlung durch ihre Treuekräfte im Raum ins Leben rufen und aufrechterhalten. Diese Kräfte ernähren dann zusammen den Raum, für den das Chakra arbeitet, und damit auch die dort angesiedelten Menschen, Tiere, Pflanzen, Elementarwesen und Engel. Es geht hier nicht wie bei den Erdsakralchakren um die konkreten Ätherkräfte zur Bildung organischer Formen, sondern um Kräfte, die den Willen aller zu gemeinschaftlichem Tätigsein erwärmen, begeistern, sonnenhaft zentrieren und befeuern.

Da jedes Holon, jeder raumbezogene Energiekörper auf der Erde die energetischen Verhältnisse des Kosmos vollständig in sich abbildet, finden wir in jedem Holon eine Möglichkeit, den Nachthimmel auf die Oberfläche des Holons zu projizieren. Am Beispiel Westfalens haben dies die Autoren Wolfgang Thiele und Herbert Knorr in beeindruckender Weise zu beweisen versucht.[20] Dabei könnte es nach meiner Beobachtung so sein, dass die Vertikalachse des Erdsolarplexuschakras mit dem Himmelsnordpol korrespondiert. Ist ein Erdsolarplexuschakra in Unordnung, weil die Menschen seiner Region überwiegend nicht in der Lage sind, ein gutes Gemeinwesen zu schaffen, so hat das auch störende Auswirkungen auf alles, was aus der Ordnung des Himmels auf die Erde einwirken möchte.

Die Lage des Solarplexuschakras einer Stadt kann nicht immer eindeutig angegeben werden. Gerade wenn es ein Ort ist, der schon seit langer Zeit besiedelt ist, können sich die Zentren durch unterschiedliche wirtschaftliche Nutzungen und veränderte Gesellschaftsformen verschoben haben, und es können mehrere aus unterschiedlichen Zeiten stammende Solarplexuschakren aktiv sein. So konnte ich bei einer Untersuchung der Stadt Schwäbisch Hall im Winter 2013 gleich fünf solcher Zentren in der Innenstadt ausmachen. Das älteste konnte ich der keltischen Besiedlungsepoche zuordnen. Diese Epoche endete mit einem großen Erdrutsch, der das damalige Siedlungszentrum unter einer meterhohen Schlammschicht begrub. In römischer Zeit wurde der Ort dann auf einem um einige Meter erhöhtem Niveau neu gegründet, mit einem um wenige Meter verschobenen Zentrum. Eine weitere Verschiebung erfolgte im Mittelalter. Hinzu kommen zwei weitere jüngere Zentren, die von der Stadtmitte aus jeweils übergeordnete Holone impulsieren. Eines davon ist mit dem neuzeitlich erweiterten Stadtkörper verbunden, das andere mit der Funktion der Stadt als Zentrum des Landkreises Schwäbisch Hall.

Wenn verschiedene Geomanten unterschiedliche Standorte für das Solarplexuschakra eines Holons angeben, kann das daran liegen, dass sie jeweils mit einem von mehreren Zentren und den mit diesem verbundenen Themen besonders in Resonanz gestanden haben. Oft ist es auch so, dass ein Solarplexuschakra in seiner Funktion gestört ist und ein untergeordnetes Solarplexuschakra seine Aufgaben mit übernommen hat. Mit einem solchen Fall wurde ich bereits während meiner geomantischen Lehrzeit konfrontiert. Ich hatte damals beruflich öfter in Leipzig zu tun und freute mich auf ein Stadtseminar, das Marko Pogačnik dort geben wollte. Da ich zu der Zeit intensiv an Solarplexuschakren übte, nutzte ich die Gelegenheit, einige Wochen vor dem Seminar in Leipzig zu sein, um selbst herauszufinden, wo das entsprechende Organ des Stadtenergiekörpers war. Ich ermittelte kartenradiästhetisch einen markanten Ort in dem zentral gelegenen Johanna-Park und fand vor Ort mit der Rute auch die bekannte sternförmige Struktur; ich zählte dabei elf Meridiane. Erwartungsvoll kam ich dann einige Wochen später zu dem Seminar und machte ein langes Gesicht, als Marko Pogačnik uns zu einem anderen Ort als dem Solarplexuschakra der Stadt führte: ins Rosental. Vor dem von ihm dort vorgeschlagenen Heilungsritual untersuchte ich den Ort mit der Rute und fand einen Stern, der allerdings nur sieben Verbindungsmeridiane hatte. Abends fasste ich Mut und fragte Marko. Er sagte mir, dass ich ein Solarplexuschakra gefunden hätte, das eigentlich untergeordnet sei, also nur für das Holon eines Stadtteiles zuständig, jedoch schon seit Längerem aufgrund der Störung des Hauptchakras der Stadt, an dem wir heute mit ihm zusammengearbeitet hätten, dessen Aufgabe übernommen habe. Nach Ende des Seminars besuchte ich noch einmal beide Orte. Ich zählte dann an dem älteren, eigentlichen Solarplexuschakra im Rosental – nach erfolgter Heilungsarbeit – elf Verbindungsmeridiane, während das von mir beobachtete Ersatzzentrum jetzt nur noch sieben aufwies. Es war inzwischen also aus seiner Funktion als Ersatzzentrum der Stadt entlassen worden und konnte sich wieder auf seine eigentliche, räumlich beschränktere Aufgabe konzentrieren, für die ein Siebenstern ausreichte.

Diese kleine Episode hat mich damals methodisch ein ganzes Stück weitergebracht, denn ich habe durch das gewonnene Wissen über die Komplexität der Solarplexuschakren auch differenziertere Fragekritierien für die kartenradiästhetische Arbeit entwickelt: In vielen Arbeitszusammenhängen kann methodisch ein unterscheidendes Kriterium noch fehlen, man kann gezielt danach fragen, ob es gerade so ist, und sich dann weiter an den noch unbekannten Zusammenhang herantasten.

Typische Störungen und Heilungsarbeiten

In heutigen Siedlungen und Städten ist das Solarplexuschakra häufig geschwächt, weil die Gemeinschaftskräfte der Bewohner immer schwächer werden, Öffentlichkeit im Sinne eines gemeinsamen Erlebens und Teilens des Raums kaum noch stattfindet. Das wirkt sich negativ auf die Lebenskräfte aller diesen Raum bewohnenden Wesen aus. Oft scheint es mir so, als könne diese Entwicklung erst umgewendet werden, wenn neue Lebensgemeinschaften ganz bewusst neue Orte gründen beziehungsweise alte Orte neu gründen. Zur Schwächung der Gemeinschaftskräfte unserer heutigen Kommunen trägt die Abwanderung ebenso bei wie Strukturwandel, der ohne Befriedung und Heilung älterer Konflikte vollzogen wird. Hinzu kommt das Überhandnehmen von Partikularinteressen. Ich möchte dies an einigen Beispielen aus meiner Arbeit in kleineren und mittelgroßen Städten in Deutschland verdeutlichen.

Abwanderung: Bad Dürrenberg

Bad Dürrenberg ist eine Kleinstadt, recht schön an der Saale zwischen Halle und Weißenfels gelegen und mit einer wechselvollen Geschichte. Der Ort ist wohl schon sehr lange von Menschen bewohnt, wie ich durch einen Seminarteilnehmer erfuhr, als ich die Gruppe bei der Ortsbegehung an den aktuellen Standort der Roten Göttin im Kurpark führte. Als wir die Stelle erreichten, sagte mir der Seminarteilnehmer, ein älterer, heimatkundlich bewanderter Herr, dass genau an dieser Stelle bei Erdarbeiten in den 1930er-Jahren das Skelett einer Frau mit Kind gefunden worden sei, das aufgrund seiner Grabbeigaben heute als »Schamanin von Dürrenberg« im Landesmuseum für Vorgeschichte in Halle an der Saale ausgestellt werde, geschätztes Alter neuntausend Jahre. Um das Jahr 1000 n. Chr. wehrten die Franken hier die eingefallenen Ungarn ab. Danach ereignete sich lange nichts Spektakuläres in der Region, im heutigen Stadtgebiet gab es einige Dörfer, bis im 18. Jahrhundert durch eine effizientere Technik der Soleförderung reichhaltige Salzvorkommen erschlossen werden konnten, sodass der Ort der großen Salzstadt Halle zeitweilig ernsthaft Konkurrenz machte. In kürzester Zeit siedelten sich Salzsieder mit ihren Familien hier an sowie weitere mit der Salzgewinnung verbundene Gewerbe. Der Boom dauerte jedoch nur einige Jahrzehnte, bis der Ausbau der Eisenbahn die heimische Salzproduktion unrentabel machte, weil man nun anderswo billiger gewonnenes Salz importierte. Ein Teil der Bevölkerung wanderte ab, ein anderer profitierte dank einer neuen Geschäftsidee von den Schattenseiten der industriellen Revolution: Die aufgrund der starken Umweltbelastungen entstehenden chronischen Atemwegserkrankungen konnten in Soleheilbädern kuriert werden. Aus Dürrenberg wurde Bad Dürrenberg. Es entstand ein lebhafter Kurbetrieb. Die Sole träufelte nun durch ein Gradierwerk, an dem die Kurgäste entlangflanierten und die salzhaltige Luft einatmeten.

Doch auch dieser Boom währte nicht lange. Auf der anderen Seite der Saale entstand während des Ersten Weltkriegs und in der Folge eines der größten Chemiewerke aller Zeiten: gebaut von der BASF, dann Teil des IG-Farben-Konzerns, nach dem Zweiten Weltkrieg als Leuna-Werke weiterbetrieben und ausgebaut – kein geeignetes Panorama für Kurgäste. Der Kurbetrieb verfiel, und abermals wanderte ein Gutteil der Bevölkerung ab. In DDR-Zeiten wurde der Ort zu einer Schlafstadt für die Chemiefacharbeiter Leunas. Als nach der Wende der größere Teil der Arbeitsplätze dort verloren ging, führte dies zu einer erneuten Abwanderung, ja Entvölkerung der Stadt. Seitdem ringt man um eine neue wirtschaftliche Grundlage für den Ort. Eine Idee der Stadtväter war, auf den Tourismus zu setzen. Man wollte das Gradierwerk so weit verlängern, dass es in das Guinness-Buch der Rekorde käme und Besucher anzöge. In dieser Situation wurde ich im Jahr 2005 von Einheimischen gebeten, den Ort geomantisch zu untersuchen.

Ich fand das Solarplexuschakra der Stadt in der Wendeschleife der Straßenbahnlinie gelegen. Bei der Meditation am Ort hatte ich folgende Imagination: Ich sah eine senkrechte Säule, auf die sternförmig Elektrokabel zuliefen. In der Säule befanden sich dicht über dem Erdboden Steckdosen. Die Stecker an den Enden der heranreichenden Kabel lagen davor auf dem Boden. Sie waren wohl herausgezogen worden. Auf meine Frage, warum sie mit der Säule nicht mehr verbunden waren, sah ich einen endlosen Treck von Menschen, die zu Fuß, mit Gepäckstücken beladen, zum Teil auch mit Handwägen und Fuhrwerken die Stadt verließen. Ein Exodus, ein Aderlass, der nun schon Jahrhunderte andauerte. Es wurde mir klar, dass hier kein noch so gut gemeintes Heilungsritual helfen konnte. Ich konnte den Seminarteilnehmern nur raten, sich Gedanken darüber zu machen, ob und mit welcher Motivation sie sich vorstellen könnten, den Ort neu zu begründen. Denn es müssten sich aufs Neue Menschen hier zu einem Gemeinwesen zusammenschließen, und je substanzieller die Idee wäre, mit der sie das täten, desto nachhaltiger könnte die Wirkung sein. Einen Ansatz dazu sah ich in einem Thema, das sich für ehemalige Bergbauregionen ganz allgemein anbietet: nach dem Abbau des Rohstoffs, hier des Salzes, über die geistigen Aufgaben dieser Substanz zu arbeiten und daraus neue Wirtschaftsformen zu entwickeln. Das ist, zugegebenermaßen, ein sehr zukünftiges Projekt. Im Falle des Salzes müsste es darum gehen, seine Aufgabe als Licht der Erde so zu verstehen und weiterzudenken, dass es beispielsweise zu einem ganz neuen therapeutischen Einsatz dieser Ressource kommen könnte.

Konversion von Militärobjekten: Potsdam

In Potsdam bekam ich den Auftrag, eine Wohneinheit in einer ehemaligen Kaserne geomantisch zu untersuchen. Das Objekt war im Zuge einer Luxusmodernisierung umgebaut und aufgrund seines historischen Ambientes beworben worden. Man hatte den Baukörper eines Pferdestalls aus massivem Klinker in Eigentumswohnungen umgewandelt. Das langgestreckte Gebäude war in reihenhausähnliche Einheiten untergliedert worden. Innen hatte es die schönen alten gusseisernen Säulen behalten, nach außen eine neue große Fensterfläche bekommen mit vorgelagerter Terrasse, die auf einen gemeinschaftlichen, begrünten Innenhof mit altem Baumbestand führte. Es stellte sich heraus, dass die Wohnung ein akutes Feuchtigkeitsproblem hatte. Vermutlich harmonierten die im Vergleich zum Kaufpreis dann doch nicht so hochwertigen Materialien der neuen Einbauten bauphysikalisch nicht mit der historischen Bauhülle.

Als wir vom gemeinschaftlichen Gartenbereich aus die Fensterfronten der anderen Eigentumswohnungen betrachteten, sah ich, dass viele gar nicht bewohnt waren. Die Eigentümer hatten sie als Wertanlagen erworben, fanden aber keine Mieter, die ihnen ihre Investition zusammen mit der erwarteten Rendite zu refinanzieren beabsichtigten. Aus der immerhin bewohnten Nachbarwohnung meldete sich eine ältere Dame. Sie fragte, was wir uns denn denken würden, hier einfach im Garten herumzulaufen und in die Wohnungen zu starren. Besichtigungszeit wäre nur sonntags. Dies sagte sie, obwohl ich in Begleitung meiner Auftraggeberin war, die doch seit einigen Monaten eigentlich ihre Nachbarin war.

Bei meiner Untersuchung des ehemaligen Kasernenensembles fand ich heraus, dass ein Solarplexuschakra auf der Ebene dieses Holons gar nicht ausgebildet war. Ich empfahl meiner Auftraggeberin, für den Sommer ein Nachbarschaftsfest zu organisieren und ansonsten auf jeden Menschen, der sich hier blicken ließ, warmherzig zuzugehen. In der Wohnung selbst stellte ich die Anwesenheit einer Astralenergie aus der Zeit der Nutzung als militärischer Pferdestall fest, die ich nicht anders charakterisieren konnte denn als Bereitschaft, kaltblütig zu töten. Ich fragte die geistige Welt, wer die Fähigkeit hätte, einer solchen Bereitschaft adäquat zu begegnen. Es meldete sich – zu meiner Überraschung – die Muse der Literatur. Gar nicht säuselnd sagte sie: *Ja, es ist ganz einfach – ich bin bereit, kaltblütig die Wahrheit zu sagen.*

Nach meiner Erfahrung ist es ganz allgemein schwierig, ehemalige Militär- und Industriestandorte zu Wohnzwecken umzuwidmen, zumal eine feinstoffliche Therapie des Standortes seitens der Planer und Investoren meist nicht ins Auge gefasst wird. So erklärt sich nach meiner Einschätzung auch, dass es trotz ambitionierter Planungen rund um das Gelände der historischen Potsdamer Speicherstadt so viele Jahre gedauert hat, bis endlich gebaut wurde. Die Entwicklung des Geländes wurde durch das Schicksal der unbefriedeten Tierseelen aus den benachbarten Ruinen des städtischen Schlachthofes überschattet. Mittlerweile sind die alten Schlachthofgebäude abgerissen und überbaut worden.

Auch die im Zuge der Potsdamer Bundesgartenschau 2001 errichteten Wohngebäude auf dem ehemals militärisch genutzten Bornstedter Feld hatten jahrelang Leerstände zu verzeichnen. Wurde vielleicht hier ebenfalls versäumt, den traumatisierten Ort achtsam auf seine neue Aufgabe vorzubereiten? Auch ohne Erdheilungsarbeiten gute Erfolgsaussichten haben dagegen Projekte, die an solchen Standorten Sportstätten oder eine lebhafte alternative Kunstszene ansiedeln wollen. Denn ähnlich wie das Militär schöpfen auch Sport und Kunst aus den feurig inspirierten geistigen Quellen des menschlichen Willens.

Missbrauch des öffentlichen Wortes: Eilenburg

In der sächsischen Kleinstadt Eilenburg untersuchte ich eine repräsentative Villa aus den Zwanzigerjahren des vergangenen Jahrhunderts. Dabei stellte ich ein für den Energiekörper des Hauses viel zu großes Solarplexusorgan fest. Das Zentrum befand sich unter den Stufen der Freitreppe, dem herrschaftlichen Zugang zum Haus. Die Villa liegt an der Außenseite des ehemaligen Stadtwalls, der heute, nach der fürchterlichen Beschießung der Stadt gegen Ende des Zweiten Weltkriegs, nur noch in Form einer Grünanlage zu erkennen ist. Das Haus war von dem Eigentümer der Eilenburger Lokalzeitung als Redaktions- und Wohnsitz erbaut worden. Bei der Ortsmeditation an dem Chakra wurde deutlich, dass der

Versuch, den Ort durch das gedruckte Wort zu beherrschen, einen derartigen Sog auf das ätherische Gemeinschaftsorgan der Stadt ausgeübt hatte, dass es sich von seinem ursprünglichen Standort im Wallbereich hatte wegbegeben müssen. Es ›hockte‹ unter den Granitstufen des Aufgangs wie in einem Gefängnis. Durch die gemeinsame Erkenntnis- und Heilungsarbeit zusammen mit den heutigen Besitzern des Hauses konnte es an seinen eigentlichen Standort zurück.

Waffenexport in alle Welt: Solingen und das Bergische Land

Für meinen zweiten Ausbildungskurs Rheinland meldete sich zum Thema Solarplexuschakra das Bergische Land. Diese Region liegt zwischen den Flüssen Rhein, Ruhr und Sieg und dem Gebirge des Sauerlandes in Nordrhein-Westfalen, sie bildet den Übergang zwischen dem flachen Land am Rhein im Westen und dem deutlich höher gelegenen Sauerland und dem Rothaargebirge im Osten. Der Name dieser Region kommt nicht von den dortigen Hügeln und Bergen, sondern von dem ehemals dort herrschenden Fürstengeschlecht derer von Berg. Über ein halbes Jahrtausend lang bildete das Herzogtum Berg ein geschlossenes und in seinen Grenzverläufen ziemlich konstantes Territorium, bis es nach dem Wiener Kongress Preußen zugeschlagen wurde. Das Machtzentrum war seit dem Hochmittelalter eine an der Wupper gelegene Burg, die dem heutigen Ort Burg den Namen gab. Erst in der Neuzeit wurde Düsseldorf zur Residenzstadt, nach und nach verfiel die alte Burg. Im 19. und 20. Jahrhundert wurde sie dann im Rahmen der um sich greifenden Mittelalter-Begeisterung wiederaufgebaut. Burg erscheint heute als eine kleine beschauliche Ortschaft, die zu Sonntagsausflügen einlädt, um »Schloss Burg« zu besichtigen, die landschaftlich schöne Umgebung zu erwandern oder in einer der Gaststätten am Ort zu der beliebten »Bergischen Kaffeetafel« einzukehren, die aus Waffeln mit heißen Kirschen und Sahne sowie einem herzhaften Teil mit Schwarzbrot und Wurst besteht. So kenne ich es auch aus meiner Kindheit, als meine sehr heimatverbundene Grundschullehrerin uns bei einem Schulausflug auf die Burg führte und uns von dort oben auch die Müngstener Brücke zeigte, eine in den 1890er-Jahren gebaute Eisenbahnbrücke aus Stahl, die höchste Deutschlands, die das tief eingeschnittene Tal der Wupper überspannt, ein beliebter Absprungort für Lebensmüde. Ich ging in Ratingen zur Schule, einer kleinen Stadt bei Düsseldorf, die sich ihrerseits rühmte, einst das Zentrum des flacher gelegenen, sogenannten niederbergischen Teiles des Herzogtums gewesen zu sein. So wurde mir in meiner Kindheit vermittelt, selbst ein Bewohner des Bergischen Landes zu sein, und das ist auch ein Teil meiner Identität und Geschichte verlorener und gefundener Heimaten.

In Zeiten des Handys, des Internets und des omnipräsenten Autoverkehrs haben die technischen Großbauten von einst, wie die Müngstener Brücke, an Anziehungskraft verloren, und auch die wie Wohlstandspflaster der Wirtschaftswunderzeit über die Traumata des Zweiten Weltkriegs gelegten Ausflugslokale in Burg sind in die Jahre gekommen. Mir kommen Erinnerungen an meine beiden Großtanten, die, selber Vertriebene, nach dem Zweiten Weltkrieg hier in der Nähe eine neue Heimat gefunden haben und die wir als Familie in den 1960er- und 1970er-Jahren oft besucht haben. Obwohl schon betagt, haben sie sich die Gegend noch ohne Funktionskleidung und Nordic-Walking-Stöcke erwandert und danach die Kaffeetafel genossen. Sie und alle anderen älteren Menschen aus dieser Zeit, die ich als Kind noch kannte, sind tot.

Nun sind wir mit dem Ausbildungskurs im Februar 2017 hier und erkunden die Stadt. Während ich der Verstorbenen gedenke, blicke ich im Vorbeigehen in die Fenster der Lokale und sehe erstaunt eine schon mir nachwachsende Generation von Dreißigjährigen die Tradition der Bergischen Kaffeetafel fortführen. Was also ist eigentlich Bergische Tradition, das Heimatgefühl dieser Region, in der seit zweihundert Jahren keinerlei Verwaltungsgrenzen mehr Bezug nehmen auf das alte Herzogtum?

Ich lokalisierte das Solarplexuschakra des Holons Bergisches Land etwa einen Kilometer von der Burg und dem gleichnamigen Ort entfernt in unauffälliger Lage am Rand einer Wiese. Es hatte sich aus dem historischen Zentrum der Region zurückgezogen. Eigentlich hätte es in oder an der Burg sein müssen. Am späten Nachmittag begannen wir in der grau einsetzenden Abenddämmerung auf der Wiese mit der Meditation. Es begann zu tröpfeln, erst nur ganz fein. Stärker und stärker wurde dann aber der Regen. Es erschien uns wie eine direkte Reaktion des Wetters auf unsere Anwesenheit und Arbeit: wie lang zurückgehaltene Tränen oder ein Strom der Reinigung. Wir brachen die Meditation ab, fanden uns in einem der Lokale bei Bergischer Kaffeetafel wieder, freuten uns sehr, dass es dieses Angebot noch gab, und setzten die Arbeit dann im Seminarraum fort. Die Beobachtungen der Teilnehmenden stimmten darin überein, dass die ätherische Ordnung des Chakras desolat war. Das Chakra und damit auch die geistige Identität der Region befand sich in einer Art Wartezustand. Es musste hier unter der Führung der Herzöge von Berg lange Zeit ein intensiv ausgebildetes Gemeinschaftsleben gegeben haben, das sich in einem ehemals stark entwickelten energetischen Mittelpunktsorgan gespiegelt hat. Wirtschaftlich florierte das Bergische Land vom Hochmittelalter an durch sein Eisen verarbeitendes Handwerk. Waffen und Schneidegeräte von Weltruf wurden hier gefertigt, ab dem 19. Jahrhundert im industriellen Maßstab. »Solingen« ist noch heute ein Qualitätssiegel für Messer und Scheren. Derlei Handwerk erforderte frühzeitig einen hohen Organisationsgrad der Gesellschaft durch Spezialisierung und Arbeitsteilung und damit ein hochentwickeltes Gemeinwesen. Doch ist die Bedeutung der Eisen verarbeitenden Industrie hier wie auch in anderen Regionen Europas zurückgegangen. Bloße Traditionspflege kann keine angemessenen Antworten auf die Frage geben, welche Bedeutung die Region zukünftig noch haben könnte. Die abwartende, zurückgezogene Haltung des Solarplexuschakras der Region markiert den Scheideweg, an dem wir heute vielerorts stehen: Finden die Menschen in einer globalisierten Welt zu neuen, lebendigen und kraftvollen Gemeinschaftsformen, in denen der Grundsatz »global denken, lokal handeln« so nachhaltig umgesetzt werden kann, dass sich daraus geistige Welt und inkarnierte Bewohner vor Ort gegenseitig nähren? Denn nur dann, so zeigte sich bei unserer Arbeit, wird auch das ätherische Organ der Region wieder in seine Kraft kommen und seinerseits einen Beitrag zur feinstofflichen Ernährung der Region und zur Identitätsbildung der Bewohner leisten können.

In meiner Meditation erlebte ich zunächst einen durchdringenden rhythmischen Ruf, wie von Menschen, die vom Straßenrand aus Radrennfahrer oder in einer Sporthalle Ringkämpfer anfeuern. Das wirkte euphorisierend, drückte reine Kraft und Energie aus, gleichzeitig Blindheit oder dumpfes Unverständnis. Mir kam das Bild von Pinocchio, wie er plötzlich, noch gar nicht ganz fertig geschnitzt, zu Leben erwacht – ein Pinocchio, der allerdings nicht aus Holz, sondern aus Metall war. Auch seelisch noch ganz ungeschlacht, hatte er nun, gleich seinem hölzernen Schicksalsgenossen, um wirklich Mensch zu werden, den Weg einer umfassenden Erziehung und Selbsterziehung vor sich. In der Geschichte von Carlo Collodi sind es insbesondere die Lügen gegenüber seinem Schöpfer, die er, die gefertigte Kreatur, sich abzugewöhnen hat. Es kam dann das erste Wort, »angefertigt«, aus dem sich nach und nach der Text entwickelte, der den Kreuzrittern ins Heilige Land und den Dschihadisten ins Gebet geschrieben sei.

Aus Solingen (Burg, 11. 2. 2017)

Angefertigt wurden hier nicht nur die Waffen
Und die Rüstungen gleich auf den Leib.
Eingetroffen sind auch Wesen, heißt,
Dass sie wohnten in den Kämpfern
Von dem Kopf bis zu den Lenden
Und vom Tode tranken ohne Enden.
Kerle, hart wie Kruppstahl, ohn Erbarmen
Die zu allem Morden sagten: Ja und Amen.

Erbiete ihnen Achtung,
Respekt und hohe Ehren.
Weihe sie dem Frieden nun

Und auch den hohen Lehren.
Denn ich will sie nicht mehr dumpf und stumm,
Sondern zärtlich singend mir zu Lob und Ruhm.

Um was es hier geht, wird wohl am besten verständlich, wenn wir das Konzept des zypriotischen Geistesforschers und Heilers Daskalos von den »Elementalen« zur Hilfe nehmen.[21] Demnach erzeugen wir in unseren negativen wie positiven Gefühlen und Gedanken anderen Menschen gegenüber, in Liebe wie auch in unerfüllter Sehnsucht oder im Hass, energetische Gebilde, die sich sofort an ihre Adressaten heften und von dort aus auf ihre Absender zurückwirken. Mir wurde anhand der in Burg erhaltenen Botschaft der konsequente karmische Zusammenhang zwischen Waffenproduzenten, aber auch -händlern und den Anwendern und Opfern dieser Waffen bewusst. Das Bergische Land, insbesondere die Stadt Solingen, war bis zum Ersten Weltkrieg der weltweit führende Hersteller von Hieb- und Stichwaffen, wie sie in allen Kriegen seit dem Mittelalter eingesetzt wurden. Bis 1790 bezog beispielsweise die französische Armee sämtliche blanken Waffen aus Solingen. Schon Herzog Engelbert II. von Berg, dessen Standbild auf der Burg zu sehen ist, dürfte auf seinem Weg ins Heilige Land als Teilnehmer eines Kreuzzuges Waffen aus Bergischen Schmieden dabeigehabt haben, und nicht nur er. Waffen, die bereits von den Schmieden mit Hass auf die Feinde regelrecht aufgeladen worden sind. Elementale des Hasses vererben sich weiter, wenn sie nicht durch Vergebung aufgelöst werden. Und so könnte, was noch heute an Hass wütet im Nahen Osten und durch den Terror zu uns hin ausgreift, auch eine weiterhin tragische, aber konsequente Antwort auf Fakten sein, die wir im astralen Raum hierzulande einst geschaffen haben. Zu Maßnahmen, dieses Karma abzutragen, könnte seitens der Kommune gehören, die beschönigende Wortschöpfung »Klingenstadt Solingen«, die in den Selbstdarstellungen bis heute offiziell verwendet wird, kritisch zu hinterfragen und sich dem zu stellen, was die Stadt einst gewesen ist: eine Schmiede nicht nur von Haushaltswerkzeugen, sondern von Tötungswerkzeugen. Vielleicht könnte dann der metallische Gefährte Pinocchios ungeahnt segensreiche Eigenschaften entfalten und ein wirklich strahlender Sohn der Stadt werden.

Blockade durch Überbauung: Neustadt an der Weinstraße

Nach groben Schätzungen kosteten die Kahlschlagsanierungen der deutschen Innenstädte in Ost wie West während der 1960er- und 1970er-Jahre vergleichbar viel historische Bausubstanz wie der Zweite Weltkrieg. Auch vor Neustadt an der Weinstraße machte der mit der Abrissbirne verbundene Bauboom damals nicht halt, obgleich man in der ehemaligen kurfürstlichen Residenzstadt auf Tradition setzte und setzt. Der Zeitgeist stand auch hier lokalpolitisch auf Modernisierung, viele waren begeistert, und für manche war es ein einträgliches Geschäft. In Neustadt wurde gleich ein ganzes Viertel der Altstadt abgerissen, der sogenannte Klemmhof. Es war traditionell das Viertel der Ärmeren, daher auch kleinflächiger bebaut und in schlechtem Erhaltungszustand. Es sollte durch ein Einkaufszentrum mit Tiefgaragen und Eigentumswohnungen ersetzt werden.

Beim Umbau der Innenstadt leistete man dann ganze Arbeit. Man überdeckelte den Speyerbach, das Hauptgewässer der Stadt, weil man glaubte, sich

«Amputationsstelle» des abgeklemmten und trocken gelegten Speyerbachs

damit auch des alljährlich drohenden Hochwassers entledigen zu können. Der Bach verläuft in der Innenstadt in zwei Armen, den kleineren davon klemmte man ab und leitete einen kläglichen Rest davon an dem Neubau des Klemmhofes entlang durch eine Röhre.

Es war damals wohlbekannt, dass der weiche Baugrund im Talkessel der Stadt, der sich zur Oberrheinebene hin öffnet, im Wesentlichen aus Schwemmsänden des Speyerbachs besteht, die der Bach aus den angrenzenden Bergen des Pfälzer Waldes herantransportiert hatte. Der städtische Untergrund ist also von ergiebigen unterirdischen Wasserströmen durchzogen, und diese kümmerten sich wenig um die Deckelung des oberirdischen Bachverlaufs. Da die Neustädter über die Jahrhunderte begabte Flößer waren, die über den Speyerbach und andere Gewässer den Holzreichtum des Pfälzer Waldes in die Ebene brachten, wussten sie auch von daher um die Kräfte des Speyerbachs. Die Statiker hatten für den Klemmhof-Neubau dringend zu einer Wanne rund um die drei projektierten Etagen der Tiefgarage geraten, um das Gebäude gegen eindringendes Grundwasser zu schützen. Um Geld zu sparen, hielt man sich nicht daran und schlug alle Warnungen in den Wind. Man entschied sich dafür, es bei leistungsstarken Tauchpumpen im Keller zu belassen, und errichtete das Stahlbetongebäude ohne weitere Sicherheitsmaßnahmen: Über den drei Tiefgaragenebenen eine ebenerdige Ladenpassage mit kleinem Lichthof in der Mitte, im ersten Obergeschoss Räume öffentlicher Nutzung und Eigentumswohnungen in drei darüberliegenden Geschossen. Schon nach wenigen Jahren drang Wasser in die unterste Ebene des Parkhauses ein, seitdem arbeiteten dort die Entwässerungspumpen und zogen dadurch weitere Wasserströme an.

Im Frühjahr 2008 wurde ich von Einwohnern gebeten, die Stadt geomantisch zu untersuchen. Man zeigte mir gleich den Klemmhof. Denn mittlerweile hatte sich das Glanzstück der Modernisierung in eine gespenstische Szenerie verwandelt. Fast alle Mieter der Ladenpassage waren ausgezogen. Nur die Stadtbibliothek hielt sich noch wacker im ersten Obergeschoss. Die unterste Ebene der Tiefgarage war nicht mehr zugänglich. Man munkelte, dass sie sich gerade in eine Tropfsteinhöhle verwandelte.

Nach Untersuchung des geomantischen Systems der Stadt kam ich zu dem Ergebnis, dass sich die Neustädter mit diesem Stahlbetonkoloss das Solarplexuschakra überbaut hatten. Etwas, das aus geomantischer Sicht bei der Stadtplanung keinesfalls geschehen darf. Die Solarplexuschakren in den Siedlungskernen befinden sich immer an Versammlungsorten, die im Freien situiert waren und die instinktiv oder bewusst – wir wissen es heute nicht mehr – möglichst nicht bebaut wurden. So war es auch in Neustadt gewesen, wie ich einem Satz historischer Karten der Innenstadt entnehmen konnte.[22]

Wenn man ein Erdsolarplexuschakra überbaut, entsteht für alle Bewohner

Eingangsbereich des Klemmhofs mit überwiegend leerstehender Ladenpassage

des Gebäudes inklusive Elementarwesen das Gefühl, lebendig begraben worden zu sein. Und dieses Gefühl strahlt dann in die Umgebung aus. Zugleich kann das ätherische Organ seine Aufgaben nicht mehr erfüllen. Die Bewohner des Holons, für die das Organ eigentlich arbeiten sollte, identifizieren sich dann weniger mit diesem Ort, da ihnen eine ätherische Mitte und Hülle verloren gegangen ist.

In einem gut besuchten öffentlichen Vortrag stellte ich den Neustädtern diese Situation wenig später dar. Mein Vorschlag war, ausgehend von der Bibliothek den öffentlichen Teil des Klemmhofes in eine bürgernahe Nutzung zu überführen und so die Neustädter zu ermuntern, das Gebäude nach Vorbild von Arbeiten Friedensreich Hundertwassers selber umzugestalten. Darin sah ich eine Chance, wieder Leben ins Haus zu bringen und vielleicht sogar das überbaute Solarplexuschakra der Stadt zu reaktivieren. In einem begleitenden Workshop machten wir Heilungsarbeit für die verschreckten Elementarwesen

Energiekörper von Neustadt an der Weinstraße

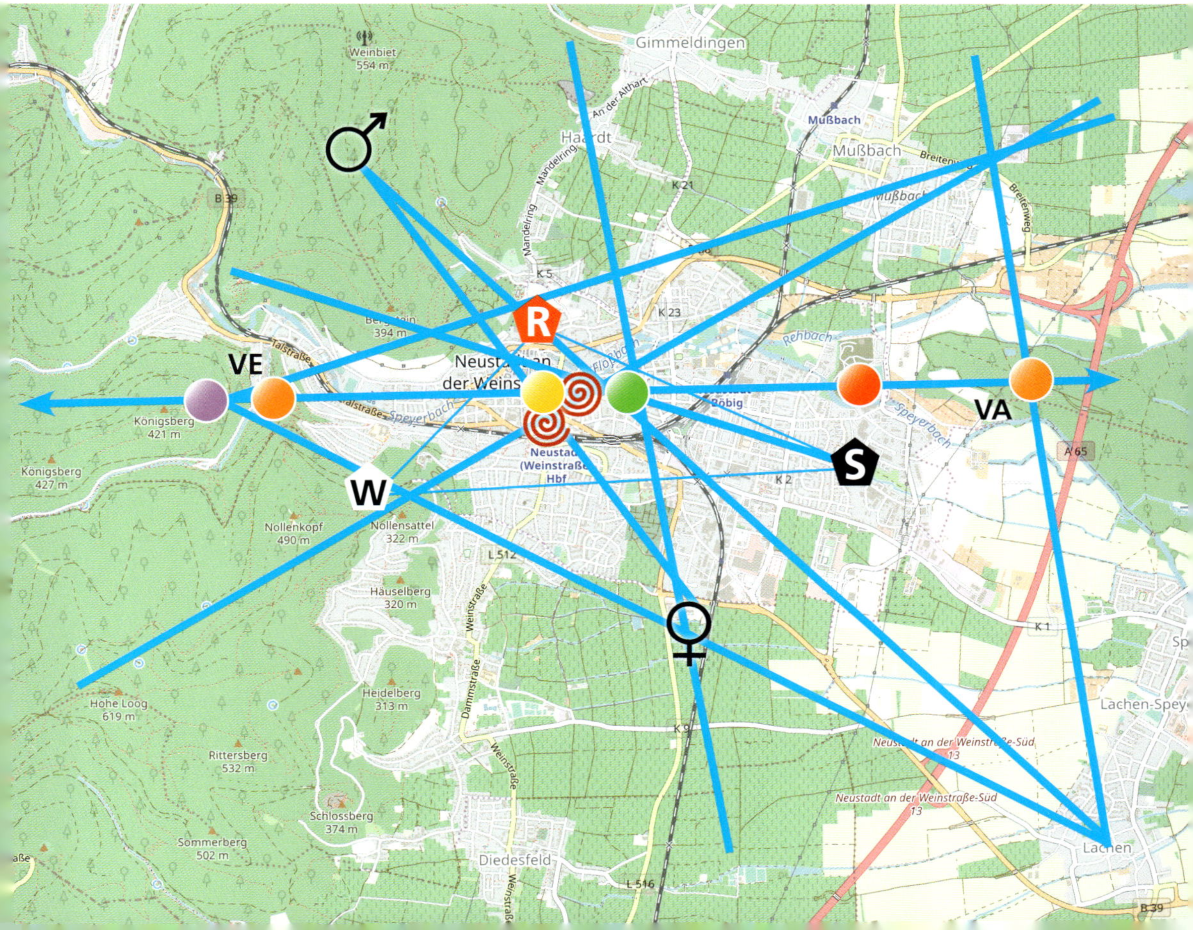

des verrohrten Speyerbaches, erkundeten weitere Organe des Energiekörpers der Stadt und sammelten erste Ideen für die Umgestaltung des Klemmhofes.

In der Woche darauf erschien in der Lokalzeitung eine polemische Glosse über meinen Vortrag, die bald darauf sogar in einer Fachzeitschrift für Hydrogeologie[23] nachgedruckt wurde – ein gefundenes Fressen, sah man doch wieder einmal, welch ein Unsinn über unterirdisches Wasser seitens der Rutengänger verbreitet werde. In der Folge zogen sich manche Unterstützer der geomantischen Initiative für Neustadt zurück, und ich hörte eine Weile nichts mehr von dort. Dann kam im September 2009 die Nachricht, dass das Gebäude für unbewohnbar erklärt worden sei, weil aufgrund der unterspülten Fundamente die Standsicherheit nicht mehr garantiert werden könne. Die hundertdreißig Bewohnerinnen und Bewohner mussten innerhalb von Stunden ihre Eigentumswohnungen verlassen. Sie quartierten sich bei Freunden oder in Notunterkünften ein. Es gab eine Welle der Hilfsbereitschaft in der ganzen Stadt für die Ausquartierten, sogar ein Benefizkonzert. Es schien so, als würde auf diesem Weg doch noch etwas von der gemeinschaftsbildenden Kraft des Ortes freigesetzt. Natürlich wurden auch Fragen nach der Haftung für die offenkundig gewordenen Baufehler gestellt, und es ergaben sich weitere Fragen, als bekannt wurde, dass ein Anspruch der Eigentümergemeinschaft auf Regress wegen möglicher verschwiegener Mängel wohl gerade verjährt war.

Unterdessen stritten sich die Fachleute darüber, ob unmittelbare Einsturzgefahr bestehe oder nicht, ob das Gebäude abgerissen werden müsse oder auf irgendeine Weise doch noch zu erhalten sei. Ein erster Lösungsversuch, große Mengen von Beton in den Fundamentbereich zu pumpen, in der Hoffnung, den Untergrund so für eine Weile tragfähig zu machen, griff nicht. Ein Abriss wäre damals eine echte Chance für die Stadt gewesen, ihren gemeinschaftsbildenden ätherischen Mittelpunkt wieder zu aktivieren. Sie wurde verpasst. Stattdessen wurde durch eine sehr teure, sich über Jahre hinziehende Sanierung dafür gesorgt, dass dieser Deckel über dem Gemeinschaftsorgan der Stadt noch eine Weile bleiben wird.

Von Anfang an war mit dem Geschäftemachen rund um den Neubau auf dem Klemmhof-Quartier eine Unaufrichtigkeit verbunden gewesen. Diese wirkte lähmend auf das Gemeinwesen der Stadt ein. Sie wurde nie wirklich bereut und aufgelöst und wirkt daher auch in der gefundenen ›Betonlösung‹ des Problems fort.

Ausschluss der Öffentlichkeit: Neuer Garten Potsdam

Unter den Potsdamer Gartenanlagen sind vor allem Park und Schloss Sanssouci bekannt, die Friedrich der Große Mitte des 18. Jahrhunderts anlegen ließ. Doch auch seine Nachfolger auf dem preußischen Königsthron haben sich durch Bauten und Parkanlagen in das Territorium eingeschrieben, so Friedrich Wilhelm II. mit dem Neuen Garten oder Wilhelm I., der spätere deutsche Kaiser, mit dem Schloss und Garten in Babelsberg. Friedrich Wilhelm II. soll als Freimaurer esoterische Interessen verfolgt haben, und es wird vermutet, dass diese sich auch in der Anlage des Neuen Gartens ausdrücken. Etwa in der Pyramide, die mehr als nur antikisierend dekorativ gemeint gewesen sein könnte, oder in der Eremitage, einem komplett mit Eichenrinde verkleideten, fensterlosen Gebäude, das nur über ein Oberlicht beleuchtet und vermutlich für Séancen genutzt wurde. Der Gartenplaner und Historiker Clemens Wimmer hat in einem Aufsatz versucht, die damalige spirituelle Bedeutung des Gartens zu rekonstruieren. Da solche Nutzungen auf jeden Fall geheim gehalten wurden, konnte er sie trotz vieler Indizien aufgrund der Quellenlage nicht nachweisen.[24]

Energiekörper des Neuen Gartens, Potsdam

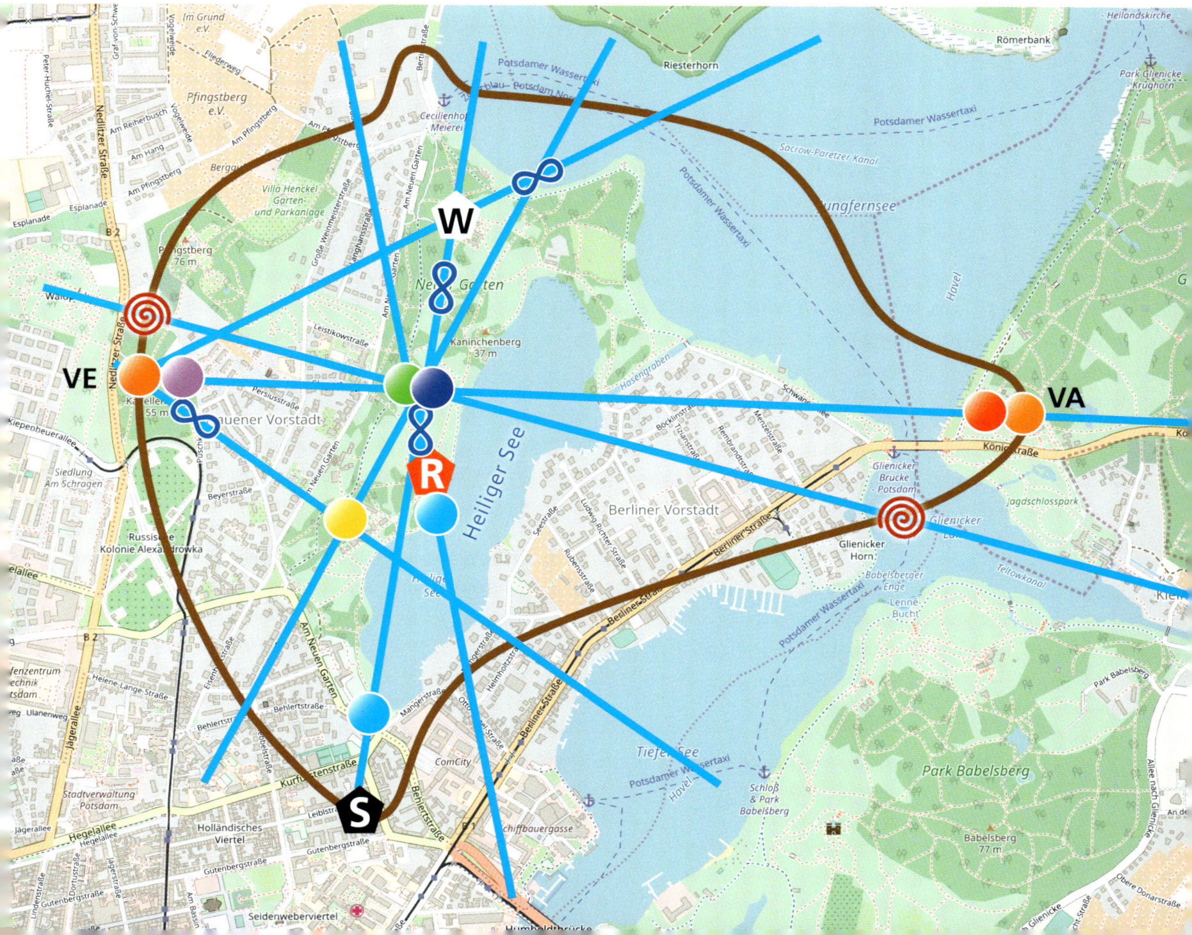

Neuer Garten, Potsdam, Rotunde und Gartengestaltung am Solarplexuschakra

Als ich kartenradiästhetisch die geomantischen Verhältnisse des Parks ermittelte, stellte ich fest, dass einige Organe des aktuellen Energiekörpers mit markanten Orten der historischen Parkgestaltung korrelieren, viele andere aber nicht. Ich fand heraus, dass die sogenannte Ingenheim-Urne, die die Asche der Lieblingsmätresse des Königs enthält, am Ort des Herzchakras des Parkes steht, dass das Marmorpalais – wenig überraschend – Standort der Roten Göttin ist und dass Pyramide wie Eremitage zwar an Hauptmeridianen des Energiekörpers des Parkes liegen, nicht aber an wichtigen Organen selbst. Wichtige Organe wie Wurzel- und Kronenchakra liegen sogar außerhalb des Parkgeländes. Über das Wurzelchakra an der Glienicker Brücke habe ich ja bereits berichtet.

Nur einige Schritte vom Marmorpalais entfernt befindet sich, gleich neben der Orangerie, eine Rotunde, die allerliebst gestaltet ist: eine Pergolakonstruktion aus schlankem Robinienholz, die im Sommer durch ihre Begrünung einen lebendig überdachten Raum schafft, in dem man auf Sitzbänken verweilen kann. Von dieser Mitte aus führen Wege sternförmig an die Peripherie, entlang derer sich in konzentrischen Ringen Blumenbeete reihen. Besser hätte man die ätherische Struktur des Erdsolarplexuschakras des Neuen Gartens gärtnerisch kaum gestalten können. Die runde, pflanzenüberdachte Sitzgruppe im Zentrum entspricht exakt der Mitte des Solarplexuschakras, die sternförmig von der Mitte abgehenden Wegführungen erinnern an die hier im Ätherischen sternförmig abgehenden Verbindungs-Ley-Linien.

Diese Anlage stammt aus DDR-Zeit. Von Friedrich Wilhelm II. war der Neue Garten ja gerade nicht als ein Ort der Gemeinschaftsbildung gedacht und geplant gewesen. Was er darin tat, geschah unter Ausschluss der Öffentlichkeit hinter hohen Mauern. Friedrich Wilhelm II. hatte den Park für sich privat anlegen lassen. Ein bleibender Ausdruck davon ist, dass der Gedenkort für die Gräfin Ingenheim noch heute mit dem Herzchakra des Parkes korreliert. Hingegen wurde – wenig verwunderlich – eine Gestaltung des Erdsolarplexuschakras seinerzeit nicht vorgenommen. Die Parkverwalter aus der Zeit des Sozialismus waren dann die Ersten, die hier ernsthaft etwas wie Gemeinschaftsbildung im Sinn hatten. Vielleicht haben sie deshalb intuitiv den richtigen Platz und eine aus dem Blickwinkel der Geomantie absolut angemessene Gestaltung gefunden. Vielleicht haben sie durch ihre Arbeit ein echtes Solarplexuschakra des Parkes überhaupt erst aktiviert.

Die Mitte ausloten: Deutschland und Europa

Mit dem Schatten der Geschichte Deutschlands umgehen

Der größte Teil dieses Kapitels ist dem Solarplexuschakra von Deutschland gewidmet, und zwar innerhalb des geistigen Gefüges von Europa. Um das Thema Deutschland habe ich in meinen ersten Jahren als Geomant und Geistesforscher einen respektvollen Bogen gemacht. Wie konnte man sich nach 1945 noch auf einer spirituellen, geomantischen Ebene mit dem Land beschäftigen? Konnte denn jemals wieder eine ›unbefangene‹ Forschung und eine zukunftsorientierte Perspektive möglich sein, oder musste nicht jede geomantische Betrachtung missverstanden werden als Tradierung überkommener Konzepte von Geopolitik? Trotz dieser Skepsis war und ist mir das Thema wichtig, und ich möchte es mit größtmöglicher Klarheit behandeln, um auch Klarheit zu schaffen.

Als Geomant und Geistesforscher diene ich der ganzen Erde und mithin der Entwicklung der ganzen Menschheit. Wenn ich neben Landschaften auch Länder, Nationen und Völker betrachte, möchte ich vor allem die besonderen Qualitäten der einzelnen Volksseelen in ihren Landschaften erforschen. Wie jeder einzelne Mensch haben auch die einzelnen Völker Aufgaben innerhalb der Menschheitsentwicklung. Vergleichbar dem Schutzengel des Menschen sind auch den Völkern Engelwesen zugeordnet. Sie gehören den lichten Engeln an.

Ein Wissen über die speziellen mit den Volksseelen verbundenen Fähigkeiten hilft, gezielter zu erkennen, wie wir einander besser ergänzen können. Jenseits einer nationalistisch-ideologischen Vereinnahmung ist der Volksgeist eine wichtige Instanz, die die gemeinsamen Aufgaben der Menschen einer Region leitet und behütet. Wenn die einzelnen Qualitäten der Völker bewusster wahrgenommen werden, können sie auch gegenseitig mehr wertgeschätzt werden.[25]

Ich halte das für eine Voraussetzung, damit die dringend notwendige planetare Zusammenarbeit aller Menschen gelingen kann. Wenn die Völker ihren jeweiligen Beitrag im Rahmen einer friedlichen Kooperation leisten, erfüllt sich ihre Aufgabe nach und nach. Wir befinden uns in einer Phase des Übergangs: Die Bedeutung der Volkscharaktere nimmt in einer immer kosmopolitischer werdenden Welt ab, und doch haben die Völker sich in dem, was sie einander geben können, noch nicht ausreichend erkannt. Das Potenzial der friedlichen Begegnung der Völker, getragen durch weltoffene Individuen, ist noch lange nicht ausgeschöpft.

Wenn ich hier über Deutschland, die Nation und das Volk schreibe, dann also aus einem weltbürgerlichen Verständnis heraus. Ich tue dies ganz bewusst, auch um den Diskurs nicht den Rechtspopulisten zu überlassen. Ich habe aus der »Lektion«, die mir das Wurzelchakra von Deutschland in Frankfurt am Main (vgl. S. 56 ff.) erteilt hat, gelernt, dass jemand, der die ganze Erde lieben möchte, auch seine Heimat lieben darf, das Land und das Volk, in das er hineingeboren wurde. Und so, wie mir die Erde hingebungsvoll vorlebt, alle auf ihr lebenden Menschen und Wesen zu lieben, versuche ich meinerseits, allen Regionen und Nationen gerecht zu werden. Ich meine, dass unser Land ebenso wie alle anderen auch eine liebevolle Betrachtung verdient hat, um sich im positiven Sinne weiterentwickeln zu können – nicht mit stolzgeschwellter Brust, nicht mit Gebrüll und Gegröle, sondern verhalten, ein stimmiges Verhältnis zu sich und seiner Geschichte immer wieder neu suchend und austarierend.

Als ich mit dem Berliner Arbeitskreis Geomantie einen Ort aufsuchte, an dem man den Genius (Volksgeist) der Deutschen gut wahrnehmen kann, kamen wir zu einem ganz ähnlichen Bild. Der Engel der Deutschen drückte es so aus:

An einen Deutschen (Berlin, vor dem Reichstag, 3. 6. 2013)

Ich möchte vor Scham im Boden versinken:
Ich bin nicht so groß, wie du denkst.
Durch dich nur kann ich die Welt sehn.
Ich glaube fest an dich.
Es bleibt mir nichts anderes übrig.

Je weniger du wach bist,
Desto blinder werde ich.
Je weiter dein Herz,
Desto größer mein Raum.
Je mehr du dich selbst erkennst,
Desto mehr komme ich in dir nach Haus.

Ich will dein Lied sein, dein Gesang.
Ich will dein Gebet sein, dein Klang.

Ich will dein Lied sein, dein Gesang.
Ich will dein Gebet sein, dein Klang.

Kann man es deutlicher sagen? Damit sich das, was geistig als Beitrag eines Volkes zur Menschwerdung vorgesehen ist, entfalten kann, ist die Herzensentwicklung eines jeden Mitglieds dieses Volkes unerlässlich. Das gilt für alle Völker und schließt hegemoniale Ansprüche eines einzelnen Volkes kategorisch aus. Wenn wir unsere Herzen nicht füreinander öffnen, kann die geistige Welt nicht in unsere Welt hineinwirken.

Die Aufgabe Deutschlands besteht meines Erachtens darin, zusammen mit seinen Nachbarn die Kulturströme aus dem Westen und aus dem Osten in der Mitte Europas zu vereinigen: aus dem Westen eine aktive, diesseits- und daher wirtschaftsorientierte Haltung, aus dem Osten eine passivere, tiefer gemütshaft mit dem Sein verbundene Haltung. Die Bundesrepublik Deutschland hat sich aufgrund der starken Westorientierung der EU und geprägt von den Einflüssen der westlichen Siegermächte nach dem Zweiten Weltkrieg stark mit der ersten Strömung identifiziert. Viele Menschen empfanden damals und empfinden zum Teil heute noch die Oder-Neiße-Linie als Ostgrenze Mitteleuropas. Sowohl kulturgeschichtlich wie politisch ist Mitteleuropa jedoch als eine historisch gewachsene Region zu verstehen, die von Paris im Westen bis Minsk im Osten reicht, von Oslo im Norden bis Bologna im Süden. Polen, Deutschland und die Tschechische Republik sind die Staaten im Zentrum Mitteleuropas.

Aus dem Osten Europas strömt eine weniger wirtschaftsorientierte, an den Werten des Herzens ausgerichtete Lebensweise. Sie konnte sich nach der Teilung Deutschlands in der DDR unter dem Einfluss der russischen Leitkultur stärker ausprägen. Nach der Wiedervereinigung glaubte man zunächst, diese Prägung aufgrund der wirtschaftlichen Unterlegenheit der DDR als gescheitert betrachten zu können. Friede und Wachstum in ganz Europa können jedoch nur gelingen, wenn beide Ströme in ein ausgeglichenes Verhältnis kommen.

Holon von Mitteleuropa mit Solarplexus- und Herzchakra

Weitere Schritte zur Mitte Deutschlands hin

Deutschland hat über die Jahrhunderte hinweg viele Veränderungen seiner territorialen Gestalt und unterschiedliche Staats- und Gesellschaftsformen erfahren. Auch der Energiekörper des Landes wurde durch die wechselvolle Geschichte mit geformt. Die momentane Ausdehnung des von der geistigen Welt zur Verfügung gestellten Energiekörpers entspricht dem heutigen Territorium der Bundesrepublik Deutschland. Die innere Ordnung dieses Energiekörpers zeigt jedoch, dass Deutschland seine vermittelnde Rolle in Europa noch nicht gefunden hat: Es hat deshalb auch die eigene Mitte noch nicht gefunden.

Das Solarplexuschakra von Deutschland befindet sich seit dem Mittelalter am Rande der Schwäbischen Alb in der Nähe der Stadt Kirchheim/Teck. Im Mittelalter war das Territorium des Heiligen Römischen Reiches Deutscher Nation mehr nach Südwesten hin ausgerichtet als in späteren Phasen. Die Lage des Chakras an der Alb war im Mittelalter zentral und insofern stimmig. Später erwies sich seine Lage in Bezug auf die räumliche Ausdehnung des Landes als randständig, denn das Zentrum verlagerte sich immer weiter nach Nordosten, insbesondere unter der im 18. Jahrhundert beginnenden preußischen Vorherrschaft. Auch heute noch, in der Bundesrepublik Deutschland, ist Kirchheim/Teck von der Lage her alles andere als zentral. Gleichwohl ist das Solarplexuschakra dasjenige unter den Erdchakren, das eine Mittelpunktfunktion innerhalb des Holons einnimmt und deshalb normalerweise auch in der Mitte des Holons liegt. Meiner Einschätzung nach ist das derzeitige Solarplexuschakra Deutschlands nicht in der Lage,

Die erste Holonebene unterhalb des Energiekörpers von Europa (braun): Mitteleuropa (grün), Westeuropa (violett), Nordeuropa (rot), Osteuropa (blau), Südeuropa (orange). Beachten Sie die Überschneidungen. Sogar West- und Osteuropa berühren einander: am Fichtelgebirge.

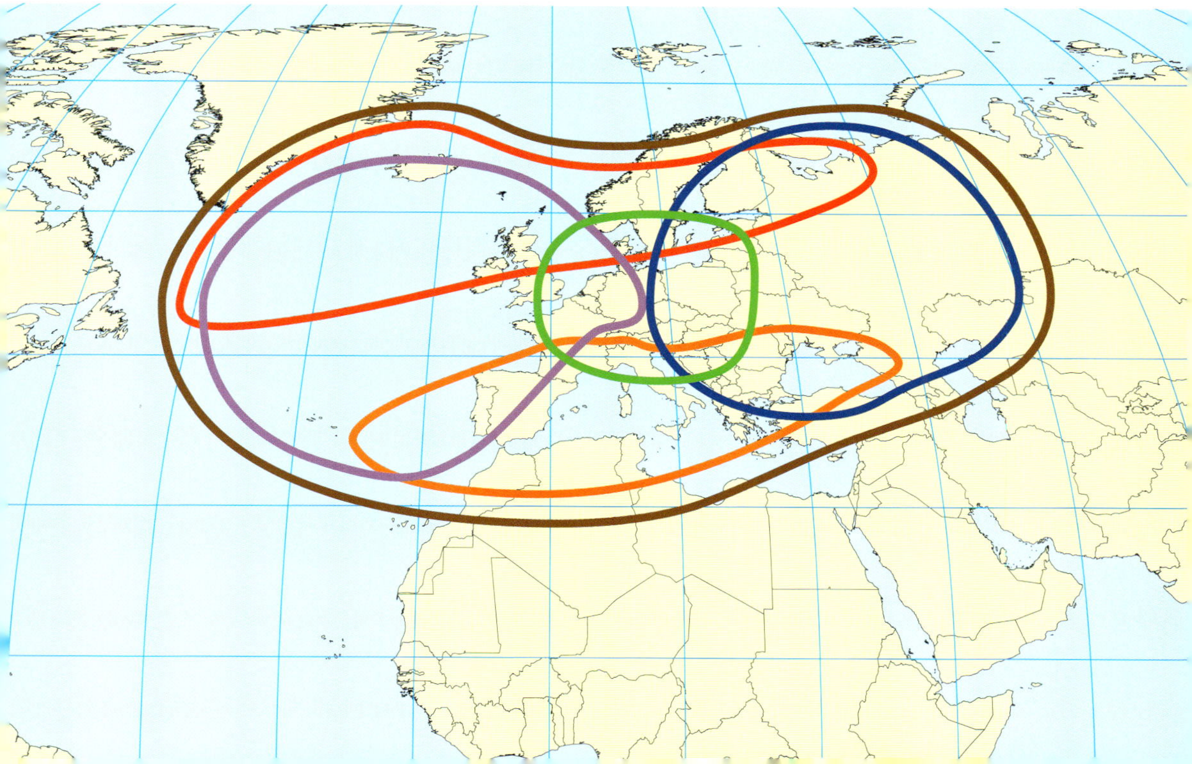

das ganze Land, insbesondere den nördlichen Teil zu versorgen. Sein Wirkungsbereich endet am Nordrand der Mittelgebirgszone. Für weite Teile der norddeutschen Tiefebene ist ersatzweise ein untergeordnetes Chakra aktiv. Diese Nord-Süd-Aufteilung mag überraschend klingen, denn wenn man heute von einer fortwirkenden unsichtbaren Teilung des Landes spricht, denkt man zunächst an die Nachwirkungen der Zeit zwischen 1949 und 1989, wie sie sich in der Redeweise von den alten und den neuen Bundesländern ausdrückt. Vom Blickwinkel des Erdsolarplexuschakras aus gesehen ist jedoch eine deutlichere Teilung in Nord und Süd zu konstatieren. Sie zeigt sich nicht am Main, dem sprichwörtlichen ›Weißwurst-Äquator‹, sondern an der ›Waterkant‹, die energetisch gesehen nicht nur die Küstenlinie selbst meint, sondern bereits an der Grenze zur Nord- und nordostdeutschen Tiefebene beginnt.

Wenn die Möglichkeit zur Bildung eines zentraler gelegenen Solarplexuschakra des Landes gegeben wäre, könnte das Organ am heutigen peripheren Standort aus einer Situation der permanenten Überforderung entlassen werden. Es könnte dann eine ihm heute angemessene Aufgabe erfüllen, nämlich als Solarplexuschakra des Bundeslandes Baden-Württemberg. Dafür hätte es auch die entsprechende zentrale Lage. Da es aber in andere Funktionen eingebunden ist, übernimmt für das Bundesland Baden-Württemberg zurzeit ersatzweise ein untergeordnetes Chakra diese Rolle – und ist seinerseits mit diesem Dienst überfordert. Das Ersatzchakra liegt in ebenfalls ungünstiger Randlage: im Hohenlohischen.

Es fragt sich, warum eine entsprechende Mitte der Bundesrepublik Deutschland noch nicht ausgebildet ist. Warum verharrt das Solarplexuschakra des Landes in der ungünstigen Randlage? Welche Voraussetzungen wären nötig, damit es eine günstigere Lage annehmen könnte, und wo wäre dann seine ›Wunschgegend‹? Anders ausgedrückt: Was müsste sich im Denken, Fühlen und Wollen hierzulande ändern, damit die das Land begleitenden Engel den Zeitpunkt für gekommen hielten, die eigentlich vorgesehene Mitte zu aktivieren? Mir scheint, dass ein aktives, mutiges Leben der Herzkräfte der richtige Weg wäre, die Ausbildung eines »Unternehmertums des Herzens«.

Was den Wunschstandort des Solarplexuschakras betrifft, so dämmerte mir dieser, als ich im Herbst 2012 mit einer Seminargruppe im Hainich in Thüringen war. Statt naturbelassener Baumwesen meldete sich dort eine Stimme, die mit großer Sorge und Liebe auf das Leben der Menschen in den Ballungsräumen des Landes schaute. Nachdem ich ihre Botschaft erhalten hatte, erinnerte ich mich daran, dass wir uns an den Atmungspunkten des Landschaftstempels von Deutschland befanden und dass dieser Wald daher als ein feines Wahrnehmungsorgan für die Befindlichkeit des ganzen Landes aufzufassen war. Das hatte ich 2009 bei einer ersten kartenradiästhetischen Betrachtung des

Solarplexuschakra von Deutschland: momentaner Standort im Süden und idealer Standort in der Mitte des Landes

Energiekörpers von Deutschland herausgefunden, aber vollständig verdrängt: Die Regionen der drei Wandlungsphasen der Erdgöttin stehen im Land in Dreiecksform zueinander. Die Weiße Göttin im Bereich Lüneburger Heide im Norden, die Rote in der Region zwischen Frankfurt/Main und Stuttgart im Südwesten, die Schwarze im Städtedreieck Leipzig – Dresden – Chemnitz im Osten. Im Zentrum des Dreiecks dann die Atmungspunkte im Hainich, im Nordwesten Thüringens. Hier dürfte sich der mögliche künftige Standort des Solarplexuschakras von Deutschland befinden. Um genauer herausfinden, welche noch unerlösten Themen das Chakra an den alten Standort banden, besuchte ich ein Jahr später, im Herbst 2013, mit einer süddeutschen Ausbildungsgruppe das derzeitige Solarplexuschakra Deutschlands in der Umgebung von Kirchheim/Teck.

Wir meditierten an drei verschiedenen Orten im Entfaltungsbereich dieses ätherischen Organs. An dem ersten begegnete mir imaginativ ein Mann, der beschämt die Augen senkte. Er schien blind zu sein, doch war er der Hüter einer besonderen Art von Schatztruhe. Sie war mit dem Werkzeugkasten eines Handwerkers vergleichbar. Die hochwertige Ausstattung des Werkzeugkastens drückte die Sorgfalt des Mannes gegenüber den von ihm zu bearbeitenden Materialien und die dabei erworbenen Fähigkeiten aus. Dieser Werkzeugkasten, diese Schatztruhe stand für die hingebungsvolle Tätigkeit der geistigen Welt, die irdischen Dinge zu veredeln, sie zu vergolden, ja sonnenhaft zu machen. Mit dem ganz und gar irdischen Bild des Werkzeugkastens wurde signalisiert, dass es sich dabei um ein auch für uns Menschen zu begreifendes, fast bodenständiges Tun handelt. Doch diese Tätigkeit der geistigen Welt schien wie im Leerlauf zu geschehen – ein endloses Verwandeln der irdischen Formen, ohne dass eine Richtung, ein Ziel auszumachen war. Der Hüter der Schatztruhe wartete darauf, dass die Menschen des Landes zusammenkämen, einander die Schätze ihrer Arbeit zu zeigen, die sie aus den segensreichen Gaben der Erde füreinander entwickelt hatten, einander dafür zu danken und die Erde sowie die Gaben der Sonne und der Götter zu verehren. Die Wahrnehmung der erhofften Verehrung und Durcharbeitung der Landschaft durch den Menschen veränderte die Imagination: Aus der Schatztruhe wurde das Bild eines germanischen oder alteuropäischen Langhauses, in dem diese ersehnte Versammlung stattfinden sollte.

Durch die Imagination des Langhauses bekam ich einen Hinweis auf die ursprünglichen gemeinschaftsbildenden Kräfte aus der Zeit nicht nur der alten Germanen und Kelten, sondern bis zurück in die Steinzeit. Denn das Langhaus war über viele Jahrtausende der Ort, an dem Öffentlichkeit stattgefunden hat. Ich fragte mich, wo das heute in vergleichbarer Weise noch geschieht. Wo erkennen und verehren wir heute die Heiligkeit unserer Landschaft und arbeiten sie entsprechend durch? Ein Nachhall dessen mögen Ernährungs- und Landwirtschaftsmessen wie etwa die Grüne Woche sein, wo das Land sich mit seinen Regionen präsentiert und Blumen-, Wein- oder Gurkenköniginnen regieren, ein anderer die regionalen Handwerks- und Gewerbeschauen. Und natürlich findet das, was damals im kleinen Maßstab in den Langhäusern geschah, heute in unseren Parlamenten statt, von den lokalen und regionalen bis hin zum Bundestag.

Bei meiner Imagination von Kirchheim/Teck nahm ich das sonnenhafte Bilden der geistigen Welt wahr, das ich nicht anders denn als einen alchemischen Umwandlungs- und Läuterungsprozess empfinden konnte. Dieses Bilden verlief jedoch ziellos, weil es seitens der Menschen nicht erkannt und aufgegriffen wurde. So erklärte sich die Traurigkeit des Hüters am Ort. Es war so, als hätten die Menschen des Landes versäumt, eine Abordnung zu senden, die die geistig-moralische Essenz des Lebens und der Arbeit der Bevölkerung der geistigen Welt hätte zeigen können und die ihrerseits die von der geistigen Welt zur Verfügung gestellten Impulse hätte aufgreifen können. Doch wie kann eine aufgeklärte, säkulare und demokratische Gesellschaft im Gespräch mit den Geistwesen sein und das in stimmiger Weise einfließen lassen in ihre Entscheidungsprozesse? Dies ist eine Frage, der wir uns heute in aller Dringlichkeit stellen müssen.

Alchemie der Liebe in Naturwissenschaft, Technik und Gesellschaft

Zum Verständnis dessen, was es mit dem sonnenhaft-alchemischen Vorgang in dem Chakra auf sich haben könnte, zog ich Ergebnisse aus Arbeiten hinzu, die mich insbesondere 2011 beschäftigt hatten. Anlass war die Reaktorkatastrophe in Japan gewesen. In Seminargruppen hatten wir über Radioaktivität meditiert und dann auch die Frage nach dem zugrunde liegenden Urphänomen gestellt: Was ist aus Sicht der geistigen Welt Materie?

Wie so oft kam als Antwort ein überraschendes Bild: Auf die Frage nach dem Wesen der durch künstliche Kernspaltung entstehenden radioaktiven Strahlung erhielt ich die Imagination einer Frühgeburt. Ein menschlicher Fötus, kaum vier oder fünf Monate alt, war aus seinem nährenden mütterlichen Kosmos geworfen worden und lag jämmerlich auf dem trockenen Fußboden, zum Sterben verurteilt. Die Botschaft war: *Im Prinzip ist es richtig und gewollt, dass ihr Menschen die Materie umgestaltet, aber doch bitte nicht mit der Brechstange! Die Kernspaltung ist der absolut falsche, ein todbringender Weg. Es geschieht viel zu früh, denn ihr habt noch nicht begriffen, welchen Sinn die Materie als Baustoff der Schöpfung hat und welche Aufgaben euch dabei zukommen.*

In Neckarwestheim meditierte ich mit einer Seminargruppe an dem dort gelegenen Atomkraftwerk. Vor dem inneren Auge sah ich ein Kinderzimmer, in dem sich ein drei- oder vierjähriger Junge an dem dampfenden Spielzeugmodell eines Atomkraftwerkes betätigte. Es gibt einen Sketch des Komikers Loriot, in dem naiv-gutgläubige Eltern ihrem Kind ein solches Modell schenken und dann stolz das Geschehen beobachten. In meiner Imagination stand jedoch in der offenen Türe des Kinderzimmers ein älterer, weise wirkender Mann, der der Großvater des Jungen hätte sein können, der aber auch wie der Abgesandte einer überirdischen Intelligenz anmutete. Er schüttelte nur den Kopf über die Tätigkeit des Jungen. Der Sinn des Bildes war: Ihr Menschen könnt doch nicht wirklich so naiv sein, auf diese törichte Weise mit eurem Heimatplaneten umzugehen.

Neben dieser eher heiteren, ja grotesken Imagination hatte ich noch eine, die ein sehr ernstes Gleichnis enthielt: Was wir in einem Atomkraftwerk mit der Materie anstellen, entspricht dem Treiben einer Räuberbande, die sich an einem Safe zu schaffen macht, um die richtige Zahlenkombination herauszufinden. Das Problem ist nur, dass der Safe keinen Goldschatz enthält, sondern eine todbringende Bombe, die mittels der ›richtigen‹ Zahlenkombination scharf gemacht wird. Die in diesem Sinne wirksame Zahlenkombination kann nach jahrzehntelangem Betrieb eines Atomkraftwerks rein zufällig gefunden werden, wenn ein unvorhergesehener fataler Fehler gemacht wird.

Bei der grundsätzlichen Frage nach dem Geistigen der Materie kam dann ein ganz einfaches Bild: Materie ist reines göttliches Licht. Ich sah dieses Licht nicht anders als das, was mir von all meinen bisherigen imaginativen Schauen göttlich-geistiger Präsenz her vertraut war. Das Besondere an der Materie ist nur, dass das Licht jeweils in kleine ›Portionen‹ unterteilt ist, die durch ganz feine, tiefschwarze Hüllen um das Licht herum entstehen. Glaubt man daran, dass diese Hüllen undurchdringlich sind und Bestand haben, so haftet man einer Täuschung an, der altindisch so genannten Maya. Man unternimmt dann nichts mehr, um durch sie hindurchzudringen, sondern verfängt sich in den Schattenwirkungen der Hüllen auf die Seelen. Zu diesen Schatten gehören Angst und Misstrauen sowie alle Doppelgängerphänomene des sogenannten Bösen bis hin zu ausgefeilten theologischen Systemen mit Hierarchien absichtsvoll böser Wesen.

Die Aufgabe der Menschheit besteht nun darin, im irdischen Erfahrungsraum des Verdeckt-Lichthaften die Bedingungen dafür zu schaffen, dass die Präsenz des göttlichen Lichtes bewusst und in ihrer unmittelbaren Wirksamkeit wahrgenommen werden kann. Dazu bedarf es der Entwicklung einer ureigenen menschlichen Lichtqualität, die allein im Herzen des einzelnen Menschen entstehen kann. Und nur in der liebevoll zusammenwirkenden Gemeinschaft aller Menschen lässt sich dieser Prozess weiterführen und vollenden. Ich erkannte dadurch einen gesetzmäßigen Zusammenhang, der jedem ausgebildeten Physiker wohl erst einmal die Haare zu Berge stehen lassen lässt: Erst wenn die sozialen Bindungskräfte in den menschlichen Gemeinschaften stärker geworden sind als die starken Bindungskräfte der Materie, kann der alchemische Verwandlungsprozess der Erde durch den Menschen – die Menschwerdung – gelingen.

Der Alchemie ging es in den esoterischen Traditionen seit dem alten Ägypten immer darum, das, was auf der Erde kalt und schwer, lieblos und dunkel geworden ist, warm, leicht, liebevoll und hell zu machen. Dafür ist die Verwandlung von Blei in Gold nur ein Bild. In der abendländischen Spätphase der Alchemie war man vom geistigen Erleben dieses Sinnbildes bereits vielerorts so weit entfernt, dass man es für buchstäblich nahm. Das führte dann zu einer Allianz aus geldgierigen Herrschern und rauchenden Laboratorien, die die Alchemie zu Recht in Verruf gebracht hat. Sie wird in der akademischen Geschichtsschreibung der Naturwissenschaften daher bestenfalls noch als eine krause Vorstufe der heutigen technischen Chemie betrachtet.

Die Kunst und die erlöste Erde

Alchemisches Verwandeln der Stofflichkeit im ursprünglichen Sinn hat viel mit den Kräften zu tun, die wir in der Kunst erleben können. Das wurde mir bei der zweiten geomantischen Meditation an dem derzeitigen Solarplexuschakra Deutschlands am Rand der Schwäbischen Alb mitgeteilt. Dieser Meditation lag seitens unserer Gruppe die Frage zugrunde, wie denn eine heute zeitgemäße Form eines ›Konvents im Langhaus‹ aussehen könnte. Die Antwort war:

> Es ist ja schön und gut, dass ihr Deutschen meint, die besten Autos der Welt zu bauen. Aber wisst ihr, was ihr noch viel besser könnt? Singen und tanzen! Ihr glaubt gar nicht, wie viel ihr damit der Welt geben könntet. Schickt eure besten Lehrer zu mir. Sie sollen hier lernen, sich nach dem Sternenrhythmus der Landschaft zu bewegen, dessen Taktgeber und Dirigent ich für das ganze Land bin. Dann können sie zurückkehren in ihre Regionen, in die einzelnen Landesteile und mit den Menschen dort singen und tanzen, was das Zeug hält. Lauscht auf den Rhythmus und die Melodien, die von hier ausgehen.

Ich war fast ein wenig beschämt von dieser ebenso einfachen wie unmissverständlichen Botschaft. Ja, es stimmt, dachte ich mir – nach dem ADAC und dem Deutschen Fußball-Bund sind tatsächlich die Zusammenschlüsse der Chöre die mitgliederstärksten Verbände in Deutschland, und das ist, auch im Vergleich zu anderen Ländern, schon ein Phänomen. Aber erkläre mal diese Botschaft, die du hier nur wenige Kilometer vom Hauptsitz des Daimler-Konzerns empfangen hast, deinen Zeitgenossen, die zwar ›Kultur und Kunst‹ als sinnvolle Freizeitbeschäftigung wertschätzen, aber sicher nicht als eine ernsthafte Alternative zu dem Wohlstand, der sich durch das Bauen von Autos erwirtschaften lässt. Als nächstgelegene Länder, deren Völker Tanz und Gesang wirklich so hoch schätzen, fallen mir Estland und Bulgarien ein. Ich denke an die tiefe Spiritualität der Musik eines Arvo Pärt und die hohe Wertschätzung und das entsprechend hohe Niveau des Chorsingens in Estland und an die Verehrung des Schöpfers der Paneurythmie, Peter Dynov, in ganz Bulgarien.

Im weiteren Verlauf der Imagination am deutschen Solarplexuschakra sah ich, wie die Tanzenden zu einem Kreis zusammengekommen waren. Über den Köpfen trugen sie Lichtzeichen, die sie der geistigen Welt darboten. Die Tänzer zeigten damit an, wie weit sie auf dem gemeinsamen Weg, die heilige Schrift des Lebens zu enträtseln, gekommen waren.

Der »Code des Lebens« hat viel mit Licht, Klang, Bewegung und Rhythmus zu tun. Ich bin mir sicher, wenn wir hierzulande mit demselben Engagement, mit dem wir in den vergangenen zweihundert Jahren die Natur- und Ingenieurswissenschaften vorangetrieben haben, nun auch die Geistesforschung förderten, wir kämen dem Geheimnis des Lebens und dem wirklichen Menschsein näher, ohne dass unsere Wirtschaft darunter zu leiden hätte.

Bei der dritten Meditation, die ich mit meiner Ausbildungsgruppe am Solarplexuschakra Deutschlands unternahm, zeigte sich ein Aspekt, an den ich zuvor nicht gedacht hatte. Wir standen bei der Meditation an einem Hochmoor auf der Albhöhe. Ich sah eine Abfolge von Schlachtfeldern, Spuren von kriegerischen Auseinandersetzungen, in die Deutsche über die Jahrhunderte verwickelt waren, allen voran und immer wieder Verdun als Bild für die absolute Sinnlosigkeit solcher Kämpfe. Ein Eingang führte ins Erdinnere. Er war für jene Menschen, die sich aus Liebe für den geistigen Aufgabenbereich des Landes als Deutsche inkarniert hatten und die dann auf dem Schlachtfeld in den Tod getrieben worden waren. Das war als ein gewaltiger Missbrauch ihrer Lebensaufgabe zu spüren, als großes Unrecht, das ihnen angetan worden war. Ich spürte ihre dennoch ungebrochene Liebe zu Deutschland und ihr Verlangen, trotz dieser Enttäuschung wiederzukommen, zugleich aber auch ihre Angst, erneuten Qualen ausgesetzt zu werden. Sie warteten dort unten und hofften darauf, dass ihre Liebe stärker würde als die Angst, und sie hofften, dass sie dann in diesem Land einem offeneren Geist begegnen würden.

Ja, aus einer geisteswissenschaftlich-geomantischen Sicht lassen sich solche Türen und unterirdischen Wartehallen wahrnehmen. Aber es handelt sich dabei weniger um physische Orte als um Seelenanteile von Menschen im Wartezustand. Wir werden dort, wenn wir auch noch so tief buddeln, keine verkörperten Menschen finden. Viele Mythenbildungen wie die um den im Kyffhäuser schlummernden Barbarossa oder allzu wörtlich genommene Interpretationen vom Reich Shambala unter dem Himalaya beruhen auf diesem Missverständnis.

Auf dem Weg zu einer gemeinsamen demokratischen Verfassung von Mensch und Erde

Die Zeit wäre eigentlich reif, um an einer gemeinsamen demokratischen Verfassung von Mensch und Erde zu arbeiten. Es geht um eine Begegnung zwischen den geistigen Kräften der Natur und den Menschen des Landes. Wir unterschätzen die hohe Weisheit, die in diesen Kräften wirksam ist und ihre Bedeutung für uns.

> Aus den Unterrichtseinheiten einer Baumschule
> (Harzgerode, 10. 5. 2014)
>
> Ein Baumgerippe, das auf dem Boden modernd liegt, segnet einen jungen Baum, der neben ihm steht.
> Ein großer stattlicher Baum segnet den jungen Baum.
> Alle großen Bäume segnen den jungen Baum, auf dass er wachsen und groß werden möge.
>
> Der junge Baum übt, wie es ist, einen anderen jungen Baum zu segnen.
> Er tastet die großen Bäume entlang, um zu spüren, wie es ist, ein großer Baum zu sein.
> Er übt sich im Danken bei den großen Bäumen und auch bei den gestorbenen Bäumen.
>
> Dies ist, sagen die Bäume, unser Bundestag.
> Und wir grüßen und segnen euren Bundestag.

Eine Aufforderung des Waldes an uns Menschen, auch in politischen Prozessen die Weisheit der Naturgeistigkeit anzuerkennen und ihren Rat einzuholen, ihre Bedürfnisse und Fragen an uns zu berücksichtigen und das Land viel mehr als bisher als einen von Mensch, Tier, Pflanze und geistiger Welt gemeinsam bewohnten Raum zu sehen.

Versuche einer Zusammenschau von Mensch und Natur im Politischen führten in unserem Kulturkreis bisher immer wieder zu Missverständnissen: Aus Darwin etwa wurde der Sozialdarwinismus gemacht. Einmal ernsthaft zusammenzuarbeiten mit einer als belebt, durchgeistigt, ja weise wahrgenommenen Natur wäre ein Durchbruch in Richtung wirklicher Menschwerdung. Kaum auszumalen, wenn das bis auf die Ebene der Gesetzgebung konkret werden würde – also Grundrechte nicht nur für Tiere, wie es bereits zu Recht gefordert wird, sondern Partizipation am gesellschaftlichen Prozess auch für die geistige Welt. Und das eben nicht einmündend in eine Theokratie, sondern in eine weiterentwickelte Demokratie wirklich mündiger Subjekte, die zu sich selbst, zu ihrem höheren Selbst kommen und auf Augenhöhe kooperieren mit den Geistwesen, die sie bisher durch die Dunkelheit getragen haben.

Anregungen zu einer solcherart erweiterten demokratischen Gesellschaft wurden mir seitens der geistigen Welt bei der geomantischen Arbeit schon öfter gegeben. So hatte ich im Winter 2010 den Auftrag, ein Ferienhaus in einem Dorf auf der Insel Rügen zu untersuchen. Der Besitzer klagte über unerklärliche Zustände von Traurigkeit und Melancholie, wenn er sich im Haus aufhielt. Das Haus war vor einigen Jahrzehnten, zu DDR-Zeiten, der Sitz des Bürgermeisters gewesen. Bei der geomantischen Untersuchung des Hauses traf ich im ehemaligen Vorzimmer des Würdenträgers imaginativ auf eine Abordnung Fische. Sie sagten, dass sie darauf warteten, vom Bürgermeister empfangen zu werden. Sie wollten gerne freundschaftliche Beziehungen zu den Menschen hier aufnehmen. Eigentlich wären doch sie in dem Meer rund um die Insel die größere Population, und sie hätten sich gedacht, es wäre allerhöchste Zeit, sich als Nachbarn einmal wirklich zu begegnen. Sie wollten von den Menschen nicht nur in der Kategorie Fischbrötchen wahrgenommen werden. Sie sagten das mit großem Ernst und freundlicher Verbindlichkeit.

Prag und die Tschechische Republik: das Solarplexuschakra Europas

Seit 2011 habe ich mit Seminargruppen – jeweils während Sommerreisen – Organe des europäischen Energiekörpers untersucht, wobei es oft darum ging, Ost und West im europäischen Bewusstsein zu verbinden. So besuchten wir im Sommer 2011 in den französischen Ardennen und Argonnen eine Station auf der europäischen Chakrenachse Paris – Berlin – Moskau, im Folgejahr dann das europäische Erdstirnchakra im italienischen Aosta-Tal. Hier wurde ich von der geistigen Welt dringlicher als zuvor mit der Frage konfrontiert, wie denn die spirituelle Grundlage einer freiheitlich-demokratischen Gesellschaft beschaffen sein könnte. 2013 war es dann soweit, dass wir uns an den Don in die Woronescher Region zum europäischen Erdherzchakra wagten (siehe S. 193ff.). Zusammen mit russischen Kollegen gelangen uns auf den ehemaligen Schlachtfeldern dieser im Zweiten Weltkrieg sehr traumatisierten Gegend Heilungsarbeiten. Zugleich wurde den Teilnehmern auf dieser Reise sehr eindrücklich bewusst, welches Potenzial an Herzkräften hier für den gesamten Kontinent vorhanden, aber noch gebunden ist, solange wir diese europäische Quelle nicht gemeinsam pflegen. Die Verbindung des (ost-)europäischen Raumes zu Asien führte uns im Folgejahr an den südöstlichen Rand des Kontinents, nach Griechenland, insbesondere an den heiligen Berg Athos (siehe S. 93ff., 100f.). Nach diesen an die Peripherie Europas strebenden Erkundungen war dann im Sommer 2015 erst-

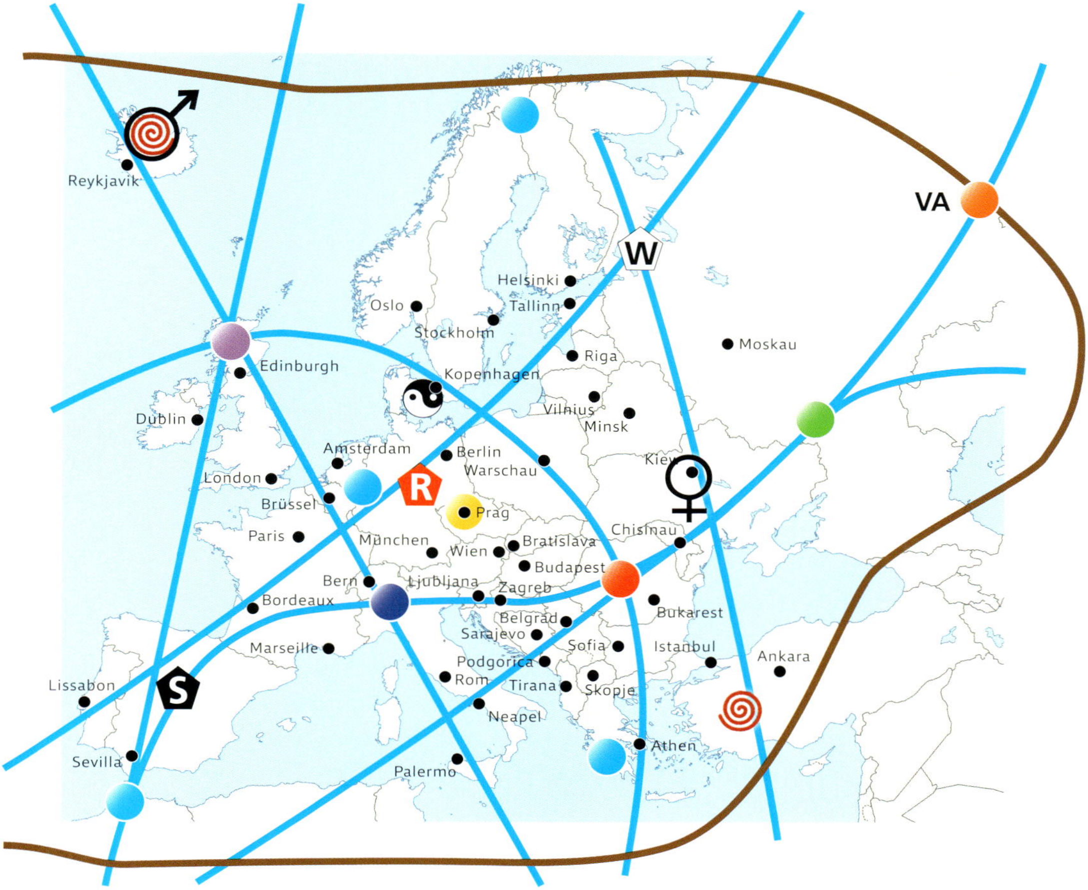

Energiekörper Europas

mals die europäische Mitte Thema und Ziel der Reise. Wir fuhren nach Prag, wo das europäische Solarplexuschakra sein Zentrum hat. Ich hatte hochtrabende Ideen mitgebracht wie die, dass eigentlich hier der Sitz der Europäischen Union sein sollte, damit sich ihr vielleicht sogar Russland anschließen könne und die Westorientierung ausgeglichen würde. Sie wichen vor Ort viel zarteren und konkreteren Beobachtungen und Begegnungen.

Für die erste Erkundung des europäischen Solarplexuschakras waren einige Tage Aufenthalt in Prag vorgesehen. Anschließend wollten wir uns zu Fuß in Richtung Karlovy Vary (Karlsbad) aufmachen, um uns langsam vom Zentrum her in die Peripherie des Organs zu bewegen.

Prag war im Übergang zur Neuzeit nicht nur die größte und bedeutendste Stadt in Europa, sondern auch das Zentrum einer auch aus heutiger Sicht als seriös zu bezeichnenden Richtung der abendländischen Alchemie. Unter Kaiser Rudolf II. kam es im ausgehenden 16. Jahrhundert in Prag zu einer großen Blüte der Künste und Wissenschaften. Rudolf interessierte sich mehr für die Alchemie als für die üblichen Aufgaben eines Herrschers und er zog die begabtesten Forscher seiner Zeit an sich.

Die Brusnice, ein kleiner Stadtbach in Prag

Durch eine Reihe von Arbeiten in Städten an größeren Flüssen war ich sensibilisiert, genauer auf kleinere Bäche zu achten, die durch das Stadtgebiet dem jeweils großen Fluss zufließen. Mir war aufgefallen, dass ihnen wichtige Aufgaben innerhalb des städtischen Energiekörpers zukommen. So hatte ich noch im Juni 2015, kurz vor der Reise nach Prag, mit einer Seminargruppe in Köln den Duffesbach untersucht, neben dem Rhein das einzige, jedoch gänzlich in Vergessenheit geratene und weitgehend in der Kanalisation verschwundene Fließgewässer innerhalb des Kölner Stadtkernes. Ich war zu dem Ergebnis gekommen, dass dieser Bach eine große Bedeutung für die ersten nachtodlichen Wege der Seelen hat, die mit Köln verbunden sind. Von daher wunderte es mich nicht, als mich meine geistige Führung über dem Stadtplan Prags besonders auf einen der Bäche, die im Stadtgebiet der Moldau zufließen, hinwies: die Brusnice.

Am Abend des 31. Juli 2015 reisten wir an. Morgen und Mittag des nächsten Tages standen den Teilnehmern zur freien Verfügung, um sich einen ersten Eindruck von der Stadt zu machen. Ich nutzte die Zeit, um den Lauf der Brusnice zu erkunden. Auf meinem Stadtplan war der Bach im Bereich des Burgberges, des Hradschins, zu erkennen, unterhalb davon im Mündungsbereich zur Moldau jedoch nicht. Auch ging aus der Karte nicht hervor, ob der Bach vielleicht noch oberhalb der Burg weiterzuverfolgen wäre. Einige im Stadtplan eingezeichnete Teiche ließen einen solchen Zusammenhang vermuten. Ich ging dem nach, fragte mich bei den Einheimischen durch und gelangte schließlich mittags zur Quelle der Brusnice auf dem Gelände des Klosters Břevnov. Die Quelle war in einem eigens für sie errichteten, aufwendig gestalteten barocken Gebäude kunstvoll gefasst. Weite Abschnitte des Baches im Stadtgebiet hingegen verliefen, wie ich herausgefunden hatte, unterirdisch verrohrt.

Ich informierte mich über die Bedeutung des Brunnenhauses und erfuhr, dass man die Quelle verehrte, weil hier der Legende nach der erste christliche Herrscher Böhmens im 10. Jahrhundert den Entschluss gefasst hatte, das erste Kloster des Landes zu gründen. Damit verbunden war auch die Gründung der Stadt Prag: Praha, die Schwelle. Ich hielt es daher für möglich, dass uns die Brus-

Kloster Břevnov mit Brunnenhaus der Brusnice

Quellbecken im Inneren des Brunnenhauses

Am Botič

Mündungsstelle der Brusnice
am Moldauufer

nice, so kurz ihr Lauf und so gering ihre Schüttung auch war, mit der Seele der Stadt verbinden konnte.

Am Nachmittag trafen wir uns zu unserer ersten gemeinsamen geistigen Arbeit auf der dem Stadtzentrum nächstgelegenen Moldauinsel. Auch auf diesen Ort hatte mich meine geistige Führung hingewiesen. Oberhalb der Insel befindet sich eine Staustufe. An der Spitze der Insel kann man erleben, wie ein Teil des Wassers breitgefächert über die Staumauer herabfällt. Der Rest wird durch die Turbinen des Wasserkraftwerks geschickt. An diesem Tag war es sehr heiß. Einige von uns badeten unbekleidet im Fluss. Obwohl wir uns mitten in der Stadt befanden, war die Insel auf eine wunderbare Weise geschützt. Das Wasser selbst war unerwartet klar und angenehm kühl. Nach dem Bad nahmen wir meditativ Kontakt mit dem Bewusstsein des Flusses auf, und ich erhielt folgenden Text:

5,5 Megawatt-Wasserkraftwerk in der Moldau (Prag, 1.8.2015)

Ihr habt mir hier bloß eine Falle gestellt
In eurer Jagd nach dem Strom.
Dabei wäre es ein Leichtes schon
Ganz aufzulösen das Atom
In reinen Sphärenklang, und dann
Die Lichttrümmer aufzufangen
Im Grunde einer heiligen Schale,
Wo sie ihre wahre Geschichte erzählen.
Ihr hört sie und kündet allen davon.

Die Materie wieder in Klang und Licht auflösen. Ich wusste nun, dass im Bewusstsein des Flusses und der Stadt ein authentischer Impuls im Sinne der Alchemie fortlebte. Er konnte sehr wohl Ausdruck der geistigen Prozesse innerhalb des kontinentalen Solarplexuschakras sein. Ich war sehr gespannt darauf, was wir noch erfahren würden.

In der folgenden Nacht hatte ich einen Traum. Eine Gruppe von vier, fünf jungen Tschechen kam mir entgegen. Es waren hübsche Menschen, Männer und Frauen, sie hatten einen fröhlichen Schwung in ihrem Gang. Ich hatte am Vortag viele solcher junger Menschen in der Stadt gesehen. Ganz unerwartet hatte ich auf einmal einen sehr intensiven Blickkontakt zu einer Frau aus der Gruppe. Ich verstand sofort, dass sie die Quellnymphe der Brusnice war, denn sie führte mich ganz ins Herzgefühl, in die absichtslose Liebe ihres Fließens. Doch mir fiel auf, dass sie einen roten Hautausschlag am linken Bein hatte. Ich ging mit ihr

Im Strömen und Geben gewinn ich mein Leben,
Im Klingen, im Singen erfüllt sich mein Weg.

die mir bereits bekannten Abschnitte des Bachlaufes entlang. Alles war zuerst leicht und fröhlich, doch an der Hradschin-Brücke wurde es ganz schwer.

Wir werden heute sehen, was es ist, dachte ich beim Aufschreiben des Trauminhaltes am Morgen. Genau diese Stelle am Bach hatte ich zuvor bereits kartenradiästhetisch als Ort für eine Heilungsarbeit genannt bekommen. In dem Traum stand der Hautausschlag des Mädchens für die heilungsbedürftige Stelle am Flusskörper. Die Brusnice brauchte unsere Hilfe, wie sie auch uns helfen konnte. Ein großes Geschenk hatte sie uns bereits gemacht. Denn noch bevor mein Tagesbewusstsein den Traum registriert und erinnert hatte, war in mir eine Melodie. Ich zog, noch halb schlafend, mit dem Füllfederhalter Linien auf mein Notizblatt und schrieb die Melodie auf. Sie gefiel mir sofort sehr gut. Dann kam die Erinnerung an den Inhalt des Traumes, und mir wurde klar, dass diese Melodie von der Brusnice gekommen war. Später ergänzte dann einer der Seminarteilnehmer, T. Perlick, den Text dazu.

Am Vormittag erkundete ich den Verlauf des Stadtbaches Botič in der östlichen Stadthälfte, und mittags trafen wir uns mit der Seminargruppe im Kloster Břevnov am Brunnenhaus der Brusnice. Wir sangen und tanzten dort und erlebten dabei die weiche, liebevolle Stimmung des Wasserheiligtums. Ich brachte den Teilnehmern das Lied der Brusnice bei, das ich in der Nacht empfangen hatte. Nun konnte die Quellnymphe ihr Lied aus dem Mund der Menschen hören und die Innigkeit wahrnehmen, die wir beim Singen empfanden. Wir folgten dann gemeinsam dem Bachlauf abwärts. Kurz hinter der Hradschin-Brücke stellten wir uns dem Schmerz des Baches. Als die Seminarteilnehmer von ihren Meditationserlebnissen berichteten, war immer wieder von dem Machtmissbrauch der Herrscher auf der Burg die Rede. Darunter also hatte die Seele der Stadt, verkörpert in dem Bach, über all die Zeit gelitten. Die Mitteilung, die ich erhielt, machte mich wach für die Heilkräfte des Wassers ganz allgemein.

Die Brusnice unterhalb des Hradschins über
das Wirken Christi (2.8.2015)

Es leuchtet mir ein,
Dass ich nicht ohne ihn sein kann
Und dass all mein Gefühl
Seine zarte Nähe suchen will,
Seit ich ihm die Füße wusch rein.

Nun leuchtet der Tag,
An dem auch du in mich eintauchst
Und all deinen Hass
Gegen seine Liebe eintauschst.

Ich fließe dir zu,
Auch morgen noch.
Ich finde erst Ruh,
Wenn du kommst zu mir doch.

Man erhält hier eine Ahnung davon, was die Anwesenheit Christi auf der Erde den Elementen bis heute bedeutet. Im Gedächtnis des Wassers wird, neben der Jordantaufe, die Fußwaschung als eines der höchsten Ereignisse bewahrt. Während bei Johannes beschrieben ist, wie Jesus seinen Jüngern die Füße wäscht, erzählt die Brusnice stellvertretend für das planetare Bewusstsein, wie das Wasser dabei Jesus wahrgenommen hat. Als er mit ihm wusch, hat es ihn in seiner Mensch gewordenen Göttlichkeit erkannt. Das Wasser hat dadurch eine elementare Verwandlung durchgemacht. Seither kennt es die Heil- und Erlösungskräfte Christi. Es ist der Quellnymphe nun möglich, dem Menschen bei der Menschwerdung beizustehen, indem Menschen sich durch die Begegnung mit ihr direkt und intim mit Christus verbinden können. Es entsteht dadurch so etwas wie ein neues Sakrament, das uns nun die Naturwesen verleihen. Ich glaube, das ist es, was heute im Zentrum der Alchemie als der Durchdringung und Erlösung der Erde durch den Geist stehen kann.

Nach unserer geomantischen Meditation unterhalb des Hradschins rekonstruierten wir gemeinsam den unter den Straßen verborgenen Unterlauf der Brusnice und fanden schließlich sogar die Stelle, an der sie in die Moldau mündet: ein Kanalisationsrohr, verschlossen mit einem Baustahlgitter – welch ein Kontrast zu der andachtsvollen Fassung der Quelle!

Am dritten Tag unseres Aufenthalts in Prag sangen wir für den Botič, den ich als das männliche Gegenüber der Brusnice empfinde. Er ist mit dem Yang-Aspekt der Stadtseele verbunden. Der Botič führt wesentlich mehr Wasser als die Brusnice, er hat bereits einen windungsreichen Lauf durch naturgeschütztes Ge-

Verlauf der Flüsse Brusnice, Botič und Moldau in der Umgebung Prags

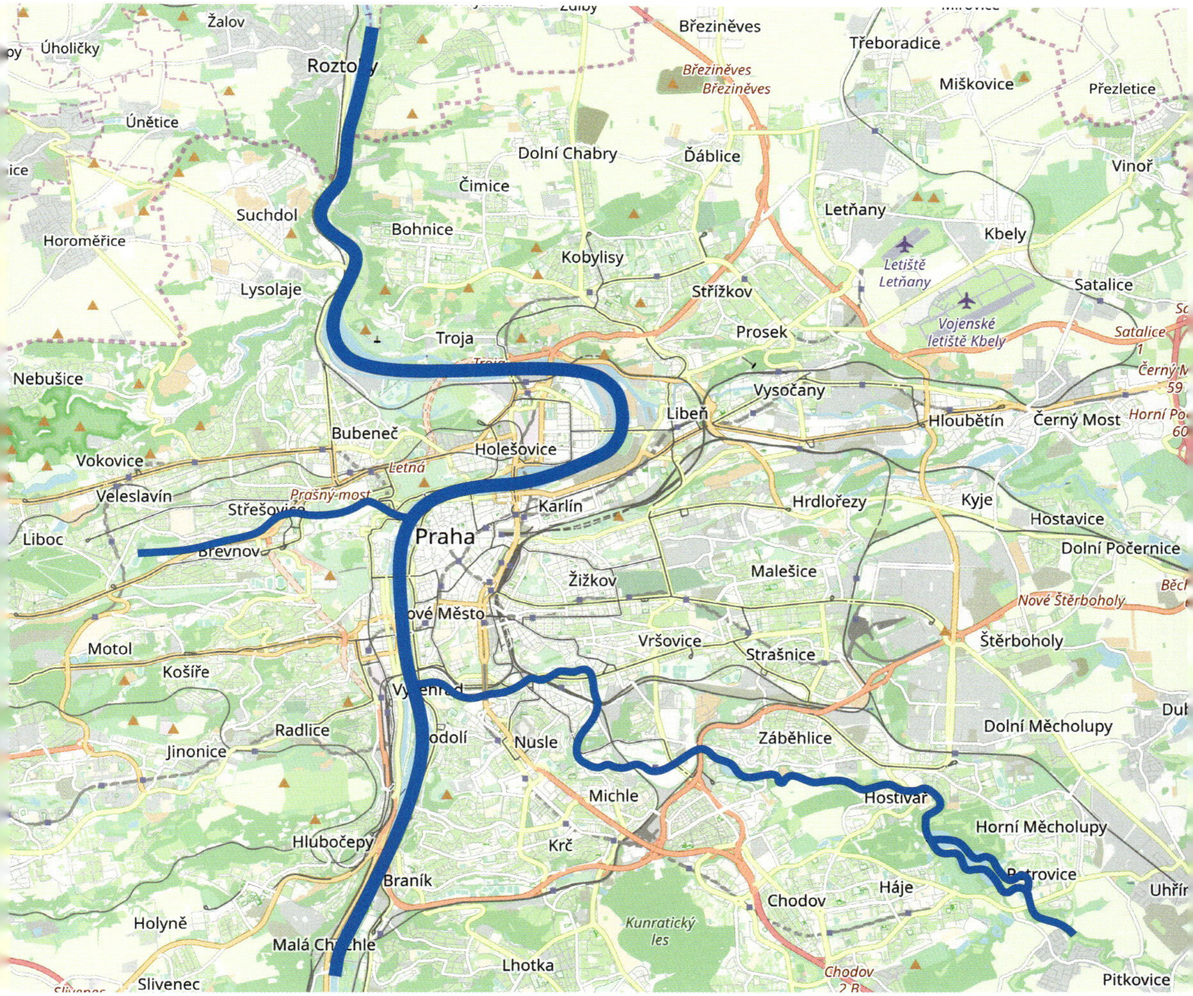

biet erlebt, bevor er das Stadtgebiet erreicht, und bis zu seiner Mündung in die Moldau, unterhalb der alten Burg, des Vyšehrad, verläuft er weitgehend offen. Im Vergleich zu der Brusnice und den Stadtvierteln, die von ihr durchflossen

Energetische Untergliederung des Holons Prag in zwei sich entlang der Moldau überschneidende Hälften

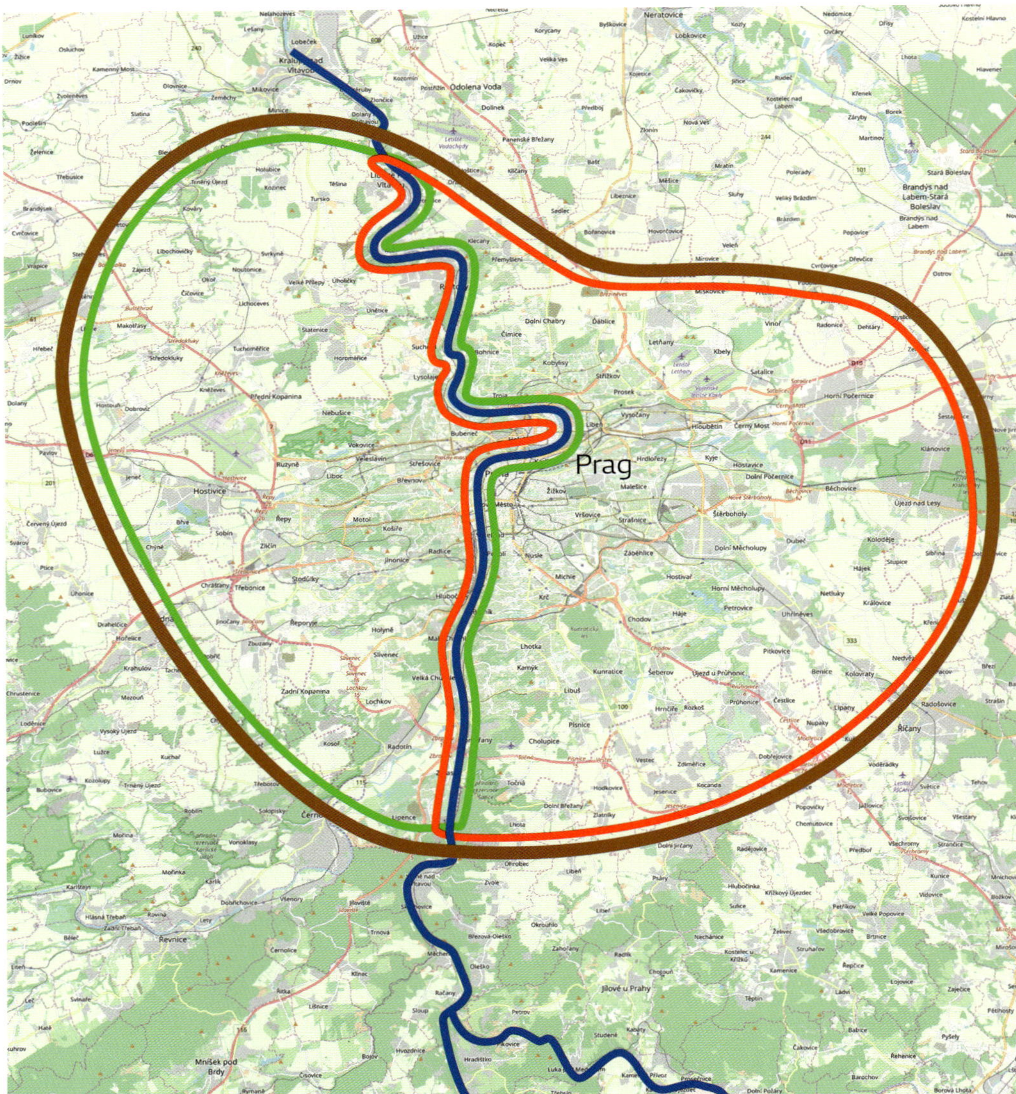

werden, erlebt der Botič entlang seiner vermüllten städtischen Ufer weit mehr Trostlosigkeit.

Wir standen am steinernen Bachbett des Botič mit den Füßen im Wasser, das ebenfalls unerwartet klar war und sich sehr weich anfühlte. Es war schon Abend, die Hitze des Tages ließ langsam nach. Manche der Spaziergänger, die hier noch eine Runde durch den kleinen Park an der alten Prager Stadtmauer machten, beobachteten uns Meditierende und Singende mit mehr oder weniger zurückhaltender Neugier, einige sogar mit Freude und Anteilnahme. Wir sangen dem Bach auch das Lied der Brusnice, und ich merkte, dass die Melodie mehr war als der bloße Gruß von einem Gewässer zu einem anderen. Es war, als übertrügen sich die Heilkräfte, von der die Brusnice erzählt hatte, durch den Gesang an einem anderen Gewässer auch auf dieses, wurde es doch durch das Lied an die Begegnung des Wasserelementes mit Christus erinnert.

Zwei Mitglieder unserer Gruppe, Therese Krüger und Hinrich Schoppe, wiesen uns auf die Geschichte der heiligen Libussa hin und erschlossen uns dadurch die Polarität weiblicher und männlicher Kräfte im Urbildlichen der Stadt noch weiter. So erlebten wir den Gegensatz männliche Burg (Hradschin) und weiblicher Bach (Brusnice) in der westlich der Moldau gelegenen Stadthälfte als Pendant zu dem Gegensatz weibliche Burg (Vyšehrad mit Libussa) und männlicher Bach (Botič) in der am östlichen Ufer der Moldau gelegenen Stadthälfte. Im Spannungsfeld dieser Polaritäten lebt und entfaltet sich die Stadt. Da die Moldau das Stadtgebiet in Schleifen und Bögen passiert und die Ufer oft steil zu ihr abfallen, lädt sie die Lebensenergie der Stadt des Weiteren stark auf.

Am Folgetag machten wir uns auf den Weg nach Karlovy Vary, früher deutsch Karlsbad. In mehreren Tagesetappen folgten wir weitgehend dem Lauf der Střela, einem Nebenfluss der Berounka, die uns dicht an Karlovy Vary heranführte. Man passiert auf diesem Weg die frühere Siedlungsgrenze zwischen Tschechen und Sudetendeutschen. Dort nahmen wir wahr, dass noch immer Seelen durch die vor dem Zweiten Weltkrieg eskalierten Auseinandersetzungen zwischen den beiden Volksgruppen gebunden sind. Sie waren in Hochmut und Verachtung voreinander erstarrt. Wir versuchten, ihnen zu helfen, indem wir sie dazu ermunterten, durch Vergebung wieder in einen Prozess zu gelangen.

Wann immer sich Gelegenheit bot, badeten wir auf unserer Wanderung in der Střela. Wir sprachen mit ihr, sangen ihr vor, unter anderem das Lied der Brusnice, meditierten mit Bäumen und Bergen. Als Beispiel für eine solche Begegnung auf dem Weg möchte ich folgenden Text anführen, den ich von dem Berg Vladař erhielt, einem erloschenen Vulkan, dessen breiter Gipfel mächtig und weithin sichtbar in der Landschaft thront.

Seminar (Žlutice, 4. 8. 2015)

Samenkraft senden
An alle Enden,
Das tu ich freudig
Bis zum heutigen Tag.

Ich will euch zeigen,
Macht euch zueigen,
Wie unsere Erde
Zu schaffen vermag.

Wie tausend Bienen
Zur Blüte fliegen,
So gieß ich mich
Übers weite Land.

Wollt ihr die Trägheit
In euch besiegen,
So schmelzt ihn um,
Euren alten Verstand.

Erfasset gerne,
Was alle Sterne
Mir nächtlich legen
An den Kraterrand.

Gebt es weiter
Mit hoher Achtung
Vor allem Leben
Aus eurer lieben Hand.

Ja, von allen Seiten tragen die Naturkräfte es an uns heran: dass wir uns herauslösen sollen aus der Verkapselung in unseren einseitigen, abstrakt gewordenen Verstand. Draußen bringen Ideenwelten Leben hervor, bewegen Weltengedanken die Erscheinungen der Natur. Wir sollen davon lernen und schöpferisch werden. In der alten wörtlichen Bedeutung von *Seminar* steckt es: den Samen in den Acker bringen, *sem-in-ar, semen in agrum.*

Während unserer Wanderung an die Peripherie des europäischen Solarplexuschakras wurde auch meine etwas naive Erwartung korrigiert, alles in Europa werde sich zum Besseren wenden, wenn man nur den Sitz der EU ans Solarplexuschakra des Kontinentes, nach Prag, verlege. Susanne Menke machte uns in einem Meditationsbeitrag darauf aufmerksam, dass Land und Leute mit dieser Aufgabe zurzeit noch überfordert seien. Mir wurde dadurch klar: Ähnlich, wie die Menschen in Deutschland noch weitere Qualitäten auszubilden haben, um ihre Aufgabe in Mitteleuropa ergreifen zu können, müssen dies auch die Bewohner der Tschechischen Republik in Bezug auf die ihnen zukommende gesamteuropäische Aufgabe tun.

Einmal machten wir während des Gehens auf dem Waldweg eine ganz einfache Übung. Wir stellten uns in einer Reihe auf und gingen dann zwanzig Minuten schweigend hintereinander her, langsam und gleichmäßig. Die Aufgabe war, sich ganz auf das Gehen zu konzentrieren. Nach einiger Zeit spürte ich eine innige Verbindung zwischen meinen Beinen und der Erde unter ihnen. Während sich meine Beine bewegten, sah ich ihr Innerstes, die Knochen, unter ihnen in der Erde liegen. Zugleich spürte ich das Leben der Erde in meinen Beinen, auch das der Bäume des Waldes, durch den wir gingen. Ich fühlte, dass mein gesamter Bewegungsapparat Teil der Erde war und dass er nach meinem Tod dort bleiben würde, ja sich eigentlich nie von ihr getrennt hatte. Gleichzeitig fühlte ich die Gegenwart meines Geistes und meiner Seele als ganz unabhängig von meinem Leib. Dies alles geschah mit atemberaubender Intensität.

Als wir nach mehrtägiger Wanderung das Stadtgebiet von Karlovy Vary erreichten, wunderten wir uns, dass es abgegrenzte Bereiche gab wie diese Kur- und Bäderstadt, die für sich allein den Anspruch erhoben, mithilfe der dort vorherrschenden Naturkräfte heilsam zu wirken. Die Heilkräfte der Erde waren doch überall und leicht zu aktivieren, wenn man sich der Erde bloß hingab. Wir hatten gerade eine Badekur in der Střela hinter uns.

Nachdem wir den Kurbezirk von Karlovy Vary durchquert hatten, endete unsere Wanderung an der Ohře (dt.: Eger), dem wenig beachteten Hauptfluss der Stadt. Wir sammelten uns an dem Uferweg hinter den Gleisen des Stadtbahnhofs, sangen der Ohře das Lied der Brusnice und meditierten.

Die Ohře an unsere Gruppe (Karlovy Vary, 8. 8. 2015)

Alle seid ihr nun angekommen an meinem Ufer
Und stillt meinen Hunger nach eurer Zärtlichkeit.

So habe ich schon lange nicht mehr gefühlt.
Es ist, als wär ich in euch nach Hause gekommen.

Was auch immer ihr nun tut – ich bin dabei.
Und wenn ihr von der Erde erzählt:
Ich rede, wenn ihr es nur wollt, durch euch wahr.

Nach der Meditation fanden wir uns auch in diesem Fluss badend wieder. Die Haupterkenntnis der Wanderung nach Karloy Vary war für mich: Die Erde verfügt überall über Heilkräfte. Wenn wir uns der Erde und ihrer Heilkraft öffnen, uns ihr ganz hingeben, können auch die Orte, an denen wir das tun, zu sich selbst kommen. Als Gemeinschaft haben wir auf unserer Reise Herzkräfte der Landschaft aktiviert. Wir waren zum europäischen Solarplexuschakra gereist, um seine Bedeutung für die Zukunft des Kontinents und seiner Bewohner zu erkunden. Unsere Erwartungen waren auf Impulse für eine Erneuerung der europäischen Politik und ihrer Institutionen gerichtet. Die Botschaft des europäischen Solarplexuschakras aber war: Der erste Schritt, den ihr tun müsst, ist, eure Herzen für eine solche gesellschaftliche Entwicklung zu bereiten – eine jede und ein jeder für sich selbst, in der Gemeinschaft und im Dialog mit der Landschaft, in einer Form der Naturforschung, die vom Menschenherz zum Herz der Dinge führt. Dann werden auch die Herzkräfte in der Landschaft aktiviert, für uns und die Erde.

Bei der Rückfahrt mit dem Zug entlang der Elbe in Richtung Dresden entdeckten einige Teilnehmer, dass man das Lied der Brusnice auch als vierstimmigen Kanon singen kann. Seitdem machen wir es so.

Eine Reise in die stille Mitte des Landes: das Eichsfeld

Die geografische und vielleicht auch zukünftige spirituelle Mitte Deutschlands befindet sich im Nordwesten Thüringens. Sie umfasst das Eichsfeld, den Hainich bis an die Werra und den nordwestlichen Rand des Thüringer Waldes, eine Region von etwa sechzig Kilometern Ausdehnung. Diese Mitte ist schon auf den ersten Blick still und beschaulich, und sie ist wahrscheinlich im Bewusstsein der meisten Menschen, die in Deutschland leben, als Mitte des Landes gar nicht vorhanden. Einmal mehr stellt sich natürlich die Frage, ob die geografische Mitte für ein Land überhaupt von Bedeutung ist beziehungsweise sein muss. Viele Länder werden eher von der Peripherie aus regiert, konzentrieren Wirtschaft, Kultur und Bevölkerung nicht in der geografischen Mitte. Versuche, dies künstlich zu etablieren, können wie im Fall der Hauptstadt Brasilia unorganisch, ja aufgezwungen wirken. Auch im Falle Deutschlands fragt sich, ob die Mitte etwas in sich birgt, das für das Ganze von besonderer Bedeutung ist. – Mit einer großen Seminargruppe, in der Teilnehmende aus dem ganzen Land zusammenkamen, reisten wir hin. Wir wollten es genauer wissen und selbst erfahren. Aufgrund der Vorerfahrungen in Tschechien waren wir ausreichend präpariert, um bei unserer Fahrt in die Mitte Deutschlands nicht auf einer Ebene abstrakter politischer Konzepte stehen zu bleiben. Es war allen, die an der Reise teilnahmen, schon bei der Anfangsbesprechung am Abend des 30. Juli 2016 klar, dass wir in eine stille Mitte reisen würden, deren Qualitäten sich, wenn überhaupt, eher einer ebenso stillen spirituellen Arbeit zeigen würden. Ich habe auf der einwöchigen Fahrt ein Tagebuch geführt, das unsere Erlebnisse nuanciert festhält und die dabei entstandenen Gedichte in den Ablauf der landschaftlichen und energetischen Auseinandersetzung mit der Region einordnet. Ich möchte Sie einladen, unserer Reise in dieser Form zu folgen und die Gedichte aus dieser Woche als Fundstücke zu verstehen auf dem Weg zu einer Grundlagenforschung über unser Land, seine Menschen und Landschaften, aber auch seine Aufgaben in Europa und in der Welt – eine Forschung, in der die Erde selbst mit zu Wort kommen darf.

Sonntag, 31. 7. 2016

Auf dem Wolkenberg bei Ershausen. Es ist ein Ort wie viele in Mitteleuropa, an denen ich schon mit Gruppen gestanden bin, meditierend, zu den unterschiedlichsten Jahreszeiten: auf dem sanften Rücken eines unspektakulären Berges in einem gerade mal Mittelgebirge, hohe lichte Buchenbestände, wenn die Stürme sie haben stehen lassen, in den Schonungen langes gelbes Gras wie Haare der Erde, weich, zum Reinlegen, manchmal klappt das sogar im Winter, wenn es windstill oder geschützt ist und die Sonne rauskommt. Dickes Moos dazwischen, noch weicher, aber feucht, und vielleicht sind gerade Blaubeeren reif, so wie jetzt. Die nächsten Straßen und Siedlungen sind so weit entfernt, dass es oben ruhig ist, vielleicht hört man etwas Wind durch die Baumkronen gehen. Die Autos unseres Konvois stehen unten bei der Einmündung eines Feldweges, wir sind vielleicht eine Stunde unterwegs gewesen, um den Fünfhunderter zu ›bezwingen‹. Nun meditieren wir oben. Ich notiere:

Lebensgeister, Lebensgeister! (Wolkenberg, 31. 7. 2016)

Allen Regeln deiner Vernunft
Läuft die Linie meiner Hüften zuwider.
Den staatlichen Reinigungsgesetzen
Widersetzt sich meine Badehose.

In meinen beiden Hodenbällen
Treffen sich Welten-Alle.
Die Ahnen befruchten meine Ideen,
Was das Zeug hält.

Was wir verduften,
Das wächst und gedeiht.
Wir hocken nicht in Grüften, verzeiht!
Wir denken gradheraus,
So wie das Widderhorn sich dreht,
Wir sind der Zeit voraus
Und kommen nicht zu spät.

Heute, am ersten Ausflugstag unserer geomantischen Sommerwoche melden sich also die Lebensgeister zurück, als wollten sie sagen, ja, natürlich, uns gibt's noch, wir halten euch und alles immer noch am Leben, obwohl ihr rund um unsere Hügel in den Senken und Tälern so ›vernünftig‹ seid und nichts mehr von uns wisst. Souverän, ein wenig spöttisch sagen sie das, ungekünstelt. Es sind anscheinend ewig junge Kerle, leicht schmuddelig und frivol sind sie mit bestem Selbstbewusstsein ausgestattet. Sie kennen ihre Kraft. Die alte Bildlichkeit vom bocksfüßigen Pan schimmert durch, nebst Geruch. Ich glaube, ich bin ihnen schon mal in anderer Verkleidung begegnet, als ich von einem Hügel in der Nähe von Mainz aus zum Rhein hin meditiert habe. Da steckten sie hinter der Imagination des Rheingoldes in der Tiefe: die männlichen Zeugungskräfte des Landes. Ja, es ist gut, denke ich, dass die Verantwortlichen aus Politik, Wirtschaft und Gesellschaft regelmäßig nach Bayreuth kommen, um sich den Ring des Nibelungen bei den Wagner-Festspielen anzusehen. Ich finde es richtig, sich mit dem mythischen Bilderschatz auch unseres eigenen Landes zu beschäftigen, frei, ergebnisoffen, unideologisch. Wir können ihnen auch hier begegnen – direkt und unmittelbar.

Montag, 1. August 2016

Heute sind wir wieder näher an den Menschen, wir sind im Kurpark von Heiligenstadt. Nicht alles ist gezähmt und gekünstelt in diesem Kurpark. Es gibt einen echten Wasserfall: Die Geislede stürzt hier in die Tiefe, ihrer Mündung in die Leine entgegen, man sieht viel blankes Gestein. Überhaupt gibt es in der Gegend viele kleine Gewässer, eine ausgesprochene Quellgegend, und die Kurioseste ist die Quelle der Leine in Leinefelde, ein paar Kilometer weiter östlich. Denn dieser weiter im Norden für Hannover bedeutende Fluss entspringt doch tatsächlich inmitten einer Kleinstadt, in den Gärten einer schmucken Siedlung aus Fachwerkhäusern, ganz privat, hinter Gartenzäunen. Wenige Kilometer von unserem Standort entfernt, hinter den nächsten Hügeln von Heiligenstadt ist die Quelle der Unstrut, die dann zweihundert Kilometer lang südlich des Harzes durch das Thüringer Becken ihre Schlaufen zieht, um schließlich in die Saale zu münden und so der Elbe zuzufließen. Die Mitte des Landes befindet sich auf der Wasserscheide zwischen Weser und Elbe, ohne dass man sich dabei irgendwie in einer Hochlage fühlen würde, wie wir es etwa von der europäischen Wasserscheide zwischen Rhein und Donau her kennen, die in unserem Land zwischen Fichtelgebirge, Fränkischer und Schwäbischer Alb und Schwarzwald in luftigeren Höhen verläuft. Hier, in der Mitte des Landes, führt die Wasserscheide, fast möchte ich sagen, durchs Wohnzimmer, jedenfalls durch die Gärten. Ein Schüler von mir, der hier aufgewachsen ist, erinnert sich, dass sein Schuldirektor während DDR-Zeiten von dieser Gegend sogar als von »Gottes Naturschutzgebiet« gesprochen hat. Mir gefällt der Ausdruck sehr gut, und er erscheint mir passend, wenn auch heute vielleicht in etwas anderer Weise.

Meine geistige Führung hat uns verordnet, im Heiligenstädter Kurpark auf einer offenen Wiese zu meditieren, direkt neben einer Kriegsgräberstätte. Es entsteht in mir das Bild eines bürgerlichen Wohnzimmers aus einer längst vergangenen Zeit. Da steht ein Klavier, dort ein Plüschsofa, schwere Vorhänge verbergen die Fenster, die Zeit ist stehen geblieben.

Kriegsgräber im Kurpark von Heiligenstadt (1. 8. 2016)

Mein Notenschlüssel liegt
Mein Pralltriller träumt
Solang, bis die Musik wird aufgeräumt
Und ich, Jehova, Dich
Und auch den Bossa Nova
In *einem* Satz gestalten mag.

Verschieb den Schlüssel,
Dehn aus den Triller,
Bis unser Chor
Dir hörbar werden darf.

Und wenn Du dann
Dich findest in dem Klang,
Gestalten wir spielend
Den neuen Übergang.

Bevor der Text beginnt, fühle ich, dass ich in diesem vergessenen Wohnzimmer mit dem Leben eines jungen Menschen verbunden bin. Dieses Leben durfte nicht stattfinden. Da war eine Kindheit, behütet, die Eltern waren nicht arm, es gab Klavierunterricht, eigentlich wollte sich alles öffnen und entwickeln ins eigene Leben, doch dann kam es anders. Ich weiß nicht genau, war es die Einberufung zum Kriegsdienst im Ersten Weltkrieg, das jüdische Bürgertum war ja genauso dabei und sah sich in der Pflicht, oder war es die Deportation während des Zweiten Weltkriegs, kaum dreißig Jahre später, wo plötzlich alles anders gewertet wurde, jedenfalls hörte die friedliche Entwicklung in dieser Kindheit und Jugend einfach auf. So sind viele Lebensuhren in unserem Land stehen geblieben durch die Shoah und die Kriege, auch in uns Nachgeborenen noch, die es nicht direkt getroffen hat. Ich glaube, wenn wir uns wirklich klar machen würden, was wir da in unserer Mitte zerstört haben und wie sehr es uns heute noch fehlt, wir würden endlich ins Trauern darüber kommen.

Ein Teil des Kurparks von Heiligenstadt ist nach Heinrich Heine benannt, der sich in dieser Stadt taufen ließ, um, wie viele zu seiner Zeit, vom Judentum zum Christentum zu konvertieren. Ich schätze ihn als Dichter sehr und glaube, dass er sein Heimatland sehr geliebt hat. Wie in seinem *Wintermärchen* deutlich wird, wusste er, dass er, wenn er ehrlich bleiben wollte, nicht nur Schönes darüber berichten konnte. Er liebte aber auch die Freiheit, und man war damals, obwohl gerade von der napoleonischen Besatzung befreit, alles andere als frei. Heine, als unbequemer Zeitgenosse, musste schließlich sein Land verlassen. Die Konvertierung zum Christentum hatte ihm nichts genutzt.

Heine hat es vorausgesehen: »wo man Bücher verbrennt, verbrennt man auch am Ende Menschen.« Hundert Jahre später war es in Deutschland tatsächlich so weit. Viele, sehr, sehr viele Seelen, nicht nur die eine in dem Musikzimmer im Kurpark von Heiligenstadt, sind seither an die Erde gebunden und können sich nicht weiterentwickeln. Auch wir können deswegen nicht so, wie es eigentlich gedacht wäre.

In obigem Gedicht wird ein Ausweg angedeutet. Da werden Jehova und Bossa Nova in einem Atemzug genannt: ein jahrtausendealter Gott, dessen Volk in alle Winde zerstreut worden ist, und ein wunderbar leichter Jazz-Rhythmus aus Brasilien, der viele Menschen rund um die Erde seit den Sechzigerjahren des 20. Jahrhunderts beschwingt.

Wenn ich den Triller ausdehne – ich hab mich ja selbst während meiner Klavierstunden an Trillern abgemüht –, dann komme ich zum langsamen, zum zweiten und letzten Satz der letzten Klaviersonate von Ludwig van Beethoven, einem Variationensatz über ein einfaches melodisches Thema, das dem aus den Goldberg-Variationen Bachs an Tiefe und Intensität in nichts nachsteht. In der letzten Variation verwandelt sich alles, in allen Fingern, in allen Klängen, in einen sich schwebend in die Zeitlosigkeit ergießenden Triller. Als er das schrieb, konnte Beethoven wohl schon hinüberhorchen auf die andere Seite und hörte die Sternenklänge, so zumindest empfinde ich es.

In dem Gedicht kommt dann ein Chor ins Spiel. Ich höre ihn in letzter Zeit öfter, wenn ich in die Erde hineinspüre, ein Klagegesang aus vielen Mündern. Ich nenne ihn, frei nach Verdi, den Gefangenenchor und denke dabei an *Nabucco,* wo der Chor der Gefangenen von seiner Sehnsucht nach Befreiung singt. Ich höre ›meinen‹ Chor rhythmisch skandieren, er singt an gegen die Mauern und Gewölbe, in denen er unter uns eingeschlossen ist. Ich weiß, es wird eine Befreiung geben für alle, aber ich weiß noch nicht genau, wie wir ihnen, wie wir uns dazu verhelfen können und wann die Zeit dafür reif ist. Wir werden auf die Hilfe Gottes und der Musik dabei nicht verzichten können, doch wir werden auch selber eine Rolle spielen, in die wir uns noch zu finden haben. Dazu brauchen wir freien Mut, Treuekraft, Ehrlichkeit und eine so stark fließende Liebe, wie wir sie uns derzeit noch nicht vorstellen können.

Dienstag, 2. August 2016

Heute fahren wir zum ehemaligen Grenzstreifen zwischen der DDR und der BRD. Am Abend sind wir auf einem Hügel oberhalb der Werra, ich höre den Chor wieder, noch einmal lauter.

Gefangenenchor unter dem Grenzstreifen
(Wiesenberg bei Völkershausen, 2. 8. 2016)

Du willst den Chor der Gefangenen befreien, der da ganz unten in der
Tiefe noch singt?
Aber doch nicht, indem du ihn vom Singen wegholst! Das Singen
ist an sich sinnvoll.

Schon arbeiten die Gefangenen an den Kräften des Lebens.
Sei du ihr Dirigent, dass sie es heller singen können und auch
die ganze Melodie.

Und dann verneige dich vor ihnen. Grüße sie. Lege deine Hand auf dein Herz.
Sage ihnen, dass du noch nie einen Chor schöner hast singen hören.
Und dann lauscht ihr noch eine Weile in die Stille um euch.

Langsam entsteht aus dem Widerhall eures Gesanges der alte Ton in der
Landschaft, der von den Bäumen, den Wolken, den Bergen gespielt wird.
Er war unter euren Schrecken verstummt.

Ja, ihr habt es nun selber erfahren. Lange schon habt ihr das richtige
Lied gesungen, das Lied der Befreiung. Nun ist es im Ganzen erklungen,
und ihr habt euch *und* der Erde damit Freiheit errungen.

Genau durch die Mitte des Landes führte nach dem Krieg auch die Grenze, die die beiden deutschen Staaten voneinander trennte. Da haben sich viele angesiedelt, nachtodlich, in Wartestellung. Wir sollen sie nicht einfach wegschicken ins Licht. Wir sollen mit ihnen arbeiten, singen, klingen. Im ganzen Land ist es so still geworden unter den Schrecken von Unterdrückung, Krieg, Vertreibung, Deportation, Vernichtung und Teilung – so still, dass auch die Wesen der Erde und des Himmels, die uns durch ihr Singen und Klingen das Leben in Gang halten, verstummt sind. Jetzt sollen wir gemeinsam mit ihnen und mit denen, die so gelitten haben, das Singen und Klingen neu lernen und nicht mehr aufhören, es gemeinsam zu tun.

Donnerstag, 4. August 2016

Nach einem Tag der Ruhe und Auswertung der bisherigen Ergebnisse fahren wir die Werra aufwärts Richtung Eisenach. Kurz vor der Autobahnbrücke der A4 gibt es hinter einer Staustufe ein Areal mit Altarmen. Hier gehen wir erst mal schwimmen. Es gibt kaum eine bessere Möglichkeit, sich mit einem Ort zu verbinden, und so kann man sich auch von Energien reinigen, die einem möglicherweise nach der Arbeit anhaften. Noch schöner als im Meer oder in einem See zu schwimmen, ist es in Flüssen die Strömung zu erfahren mit ihrem je eigenen Quirlen, dem je eigenen Geruch. Die Altarme der Werra bei Spichra sind allerdings vom Strom abgeschnitten. Sie sind ruhig, flach, schlammig, neben der abgestandenen organischen Masse modert in ihnen auch eine seelische.

Zeitgeist-Ablöse (Altarm der Werra bei Spichra, 4. 8. 2016)

Ein Mann in einem Apotheker- oder Ärztekittel redet beschwichtigend ein auf jemanden, der Fragen stellt:
Ist ja gut. Das hast du dir doch gewünscht! Mach es doch alles nicht so kompliziert! Es stimmt, dass Kolumbus Amerika entdeckt hat, Burnout passiert regelmäßig.
Wenn er könnte, würde der Mann ihm antworten:
Ich möchte dir den Finger in die Wunde deines Verstandes legen.
Ich möchte dir den Finger in die Wunde deines Glaubens legen.
Ich möchte dich darauf besinnen, dass du verraten und verkauft worden bist.
Ich möchte, dass du dafür um Entschuldigung gebeten wirst.
Ich möchte, dass du mit mir segeln gehst im 21. Jahrhundert (um zu spüren, von wo jetzt der Wind weht).
Wir wollen uns nicht mehr böse sein.
Er kann es selber nicht sagen. Aber die Erde kann es hier sagen für ihn.

Da ist sie nun, die Stimme der Vernunft, die ja schon im ersten Gedicht unserer Reise ausgerenkt wurde, damit das Leben Platz findet. Hier redet sie durch den ebenso freundlich wie bedrohlich ratenden Mann im weißen Kittel, vielleicht das Urbild der Spießigkeit in unserem Land. (Die guten, engagierten Ärzte und Apotheker mögen es mir verzeihen.) Dann gibt es den, der gar nicht redegewandt ist und dessen Herzensleid und dessen Herzensehrlichkeit hier an die Wand geredet und für dumm verkauft wird. Die Szene erinnert an die Begegnung von Woyzeck und seinem Irrenarzt, an alle Momente, in denen die kalte Vernunft meint, das wehrlose Herz in uns unter Kontrolle halten zu müssen. Diese Szene könnte überall im Land spielen und sie spricht für die Aktualität dessen, was Heines Zeitgenosse Georg Büchner diagnostiziert hat.

Wieder erscheint als Ausweg: dass wir den Anspruch auf Freiheit und Würde des Menschen zusammen mit der lebendigen Erde proklamieren. Dass eine Bundes-Republik einen Bund schließen sollte mit *allen* auf ihrem Territorium engagierten Wesen: Tieren, Elementarwesen, Engeln, Ahnen.

Wir fahren an diesem Tag noch weiter, laufen ein Stück den Rennsteig herauf, den Kammweg des Thüringer Waldes. Nach dem Bossa Nova meldet sich bei mir der Tango.

Rennsteig-Tango (Jubelhain bei Ruhla, 4. 8. 2016,
mit Melodie und Begleitung)

Viele Wege übers Gebirge kannst du gehn.
Du kannst sie alle mit mir sehn.
Viele Kämpfe kannst du mit mir bestehn.
Vieler Menschen Unglück kannst du von hier verstehn.

Mir ist das lieber als Beweinen und Bewehn,
Nur tiefe Liebe siegt über Sterben und Vergehn.

Ich erlebe den erhabenen Geist des Gebirges. So wie er lauscht die Mitte des Landes aus ihrer Stille heraus in den Lebenstrubel des ganzen Landes. Was immer die Bewohnerinnen und Bewohner des Landes tun, ihre Lebenswege sind der Mitte nicht egal. Sie bildet eine Substanz aus, die eine Verwandlung der Lebensverhältnisse zu bewirken vermag, ganz im Sinne einer alchemistischen Wesenserkenntnis und -erlösung.

Freitag, 5. August 2016

Wir sind heute im Kali-Bergbau-Museum Bischofferode verabredet und wollen danach noch ins Gebirge oberhalb des Ortes gehen. Die großen Kalisalz-Vorkommen, die hier konzentriert sind, sind die einzigen Bodenschätze Deutschlands, die im Weltmaßstab noch nennenswert sind und auch entsprechend exportiert werden. Mich interessiert, ob sich aus dem Kalivorkommen eine Signatur für das Land ableiten lässt. Kalisalze werden vor allem als Dünger in der Landwirtschaft verwendet. Ohne sie wäre die moderne, industrielle Landwirtschaft undenkbar.

Das Kaliwerk Bischofferode ist unmittelbar nach der Wende zu einem traurigen Beispiel für die Übernahme-Mentalität mancher Unternehmen aus dem Westen geworden. Längst nicht alle Industrien der ehemaligen DDR waren rückständig und unproduktiv. Bischofferode gehörte zu den erfolgreichsten Kalibergwerken weltweit, dennoch wurde es nach der Übernahme geschlossen, um es als mögliche Konkurrenz zu den nur wenige Kilometer entfernten, auf niedersächsischem Boden gelegenen Werken auszuschalten. Die Belegschaft harrte lange in einem spektakulären Arbeitskampf aus, zum Teil im Hungerstreik. Am Ende nützte alles nichts, selbst dass die große Politik aufmerksam wurde und sich solidarisch zeigte: Der Standort wurde geschlossen, die Technik verkauft, die Schächte unbrauchbar gemacht.

Auf unserer Fahrt über Worbis und das Ohmgebirge Richtung Bischofferode sehen wir als erstes einen großen, rötlich schimmernden Berg: die Abraumhalde. Im Museum, dem ehemaligen Verwaltungs- und Sozialgebäude, werden wir von engagierten Mitgliedern des Trägervereins empfangen, zum Teil entstammen sie der einstigen Belegschaft. Bei der Anreise am vergangenen Samstag habe ich hier Station gemacht und mein Anliegen vorgetragen, mit unserer Gruppe über das Kalisalz zu meditieren. Eine Frau hörte es sich wohlwollend an und sagte dann: Nach allem, was sie zwischenzeitlich erlebt habe, könne sie sich gut vorstellen, dass auch das Salz, der Berg und das Werk eine Dimension jenseits des Fassbaren hätten. Sie sei durch Gesundheit und Krankheit, durch glückliche Zufälle und Schicksalsschläge selber schon zu der Erkenntnis gekommen, dass es zwischen Himmel und Erde doch mehr geben müsse. Als sie das sagt, haben wir beide Tränen in den Augen, und so fassen wir Vertrauen zueinander.

Heute bin ich wieder da, aber ich bringe eine große Gruppe mit. Wir werden empfangen, bekommen eine Führung durch die Museumsräume, die die technischen Details ebenso wie die Einzelheiten des Arbeitskampfes dokumentieren. Wir dürfen im Seminarraum des Museums meditieren und entdecken bei der anschließenden Auswertung einen sehr interessanten Zusammenhang:

Halde des Kalibergwerks Bischofferode

Es meldet sich das mit dem ehemaligen Bergwerk verbundene leitende Erdelementarwesen, ein hoher Berggeist. Seine Aufgabe war es gewesen, den Betrieb unter Tage zu begleiten und zu schützen. Er hatte sich im Laufe der Zeit intensiv mit den Seelen der Bergarbeiter verbunden und konnte das abrupte Ende der Zusammenarbeit nicht fassen. Niemand hat es ihm erklärt. Eigentlich wartete er noch immer auf ›seine‹ Leute. Zu seinen ursprünglichen Aufgaben im Gefüge des Berges, die er vor der Zeit des Kaliabbaus erfüllt hatte, konnte er nicht zurückkehren, denn er fühlte sich immer noch an sein Versprechen gebunden, den Menschen hier zu helfen. Wir erkennen aus diesem Umstand, dass auch die Betreiber des Vereins seelisch noch verbunden sind und dass sich aus den ungerechten Umständen der Werksübernahme und -schließung ein Miteinander-Ausharren und in gewisser Weise auch ein Nicht-voneinander-Loskommen ergeben hat. So schön es auch anzusehen ist, mit wie viel Herzblut man hier immer noch bei der Sache ist, so sehr liegt darin auch eine Tragik, die aufzulösen uns als für nur einen Tag ›hereinschneiende‹ Gruppe nicht gegeben ist.

Am Nachmittag fahren wir hinauf ins Ohmgebirge, in dessen Tiefen sich die Schächte des einstigen Kaliwerks von Bischofferode erstrecken. Bischofferode liegt am nördlichen Fuß des Ohmgebirges, Worbis am südlichen. Das Ohmgebirge ist, wie vieles in der Mitte des Landes, eigentlich klein, fast ein Miniaturgebirge. Die äußerst vielgestaltige Gliederung unserer Mittelgebirge wiederholt und verdichtet sich hier noch einmal. Hainich, Dün, Ohm, Helfensberg erscheinen wie kleine Ausgaben von Schwarzwald, Taunus und Rhön, und selbst diese erreichen ja, im Weltmaßstab gesehen, eher überschaubare Höhen. Ins Feinste ziseliert ist hier das Prinzip der Individualisierung, ein Sich-aus-sich-selbst-Gestalten. Das Ohmgebirge hat eine Ausdehnung von etwa zwölf Kilometern, es erreicht kaum mehr als fünfhundert Höhenmeter, oben ist es recht flach und wird daher landwirtschaftlich genutzt; die Ränder sind waldbekränzt, sie fallen steil ab, und das Ganze wirkt von der Form her wie eine Krone oder eine Bastion.

Wir meditieren an der höchsten Erhebung, in der Nähe von Kaltohmfeld. Hier befand sich bis 1989 eine Abhorchstation der Roten Armee. Es finden sich heute noch viele Fundamentreste im Gelände, auch Anschüttungen für die Radaranlage. Die Sicht ist gut, man sieht im Nordosten den Harz mit dem Brocken, nach Südosten hin den Inselsberg im Thüringer Wald und Richtung Südwesten den Hohen Meißner bei Kassel – die ganze Mitte des Landes kann überblickt werden. Die Kronenform des Ohmgebirges passt zu dem Gefühl, dass einen erfasst, wenn man hier steht: eine stille Erhabenheit.

Die beiden Texte aus den Meditationen an diesem Tag gehören zusammen: Der erste handelt vom Salz in der Tiefe des Ohmgebirges, der zweite von der Höhe des Gebirges.

Die eigentliche Aufgabe des Kalisalz-Düngers
(Bergbau-Museum Bischofferode, 5. 8. 2016)

Ich traue mich nicht, mich ganz von der göttlichen Kraft durchdringen
zu lassen.
Ich habe Angst, dem Göttlichen auf Augenhöhe zu begegnen.
Ich bin mir über das Göttliche in mir nicht bewusst.

Es schüttelt mich durch, wenn es mich ergreift.
Es zeigt mir die Strenge der Zeitläufe,
Aber auch die Weichheit der Zeitzyklen
Von Ebbe und Flut,
Der Jahreszeiten,
Von Werden und Vergehen.

Es ruft mich auf, für Menschenseelen zu sorgen.
Dass ich zum richtigen Zeitpunkt bei ihnen bin, damit sie wachsen können.
Ich soll Seelsorger sein.
Finde ich das Zutrauen in mir, dass ich das kann, und gelingt es mir,
so kann auch die Sonne aus dem Rachen des Fenriswolfes wieder
aufsteigen, aus meinem eigenen Halse.
Dann leuchten zwei Sonnen.
Eine davon in der Tiefe der Erde, in der Nacht.
Dann steigt alles, was in der Tiefe gefangen war, als Licht aus dem Schacht.
Dann wird, was in der Zeit gebunden war, gelöst und vollbracht.

Am Halschakra des Landes (Auf dem Birkenberg, über den
Kalischächten von Bischofferode, 5. 8. 2016)

Achilles, höre ich,
Hier ist ein Ort, wo der verwundete Menschengeist
Heimkehren kann zur Erde,
Zu Odermennig, Rainfarn, Ackerwinde, Glockenblume.

Bau hier eine IRRENANSTALT,
In der nichts als der Friede blüht,
Wo der Klang solcher Worte
Nach zerbrechendem Glas
Genesen kann.

Noch hockt die Sonne
In unseren Fenrisrachen.
Was werden wir sagen und singen,
Wenn sie aus unseren Kehlen schlüpft?
Wie werden die Worte strahlen,
Wenn uns dies glückt!

In der germanischen Mythologie steht der Fenriswolf für das Böse. Wir finden ihn als Teil der chtonischen Kräfte: Alles mit den Urkräften Verbundene erscheint als wild und bedrohlich, für Menschen und Götter gleichermaßen, auch wenn sich einzelne Götter immer wieder mit diesen Kräften einlassen. Die Götter können den Fenriswolf eine Weile lang bannen, am Ende ihrer Zeit, während der ›Götterdämmerung‹, verschlingt er Odin. Auch die Schwester des Fenriswolfes, die Midgardschlange, kämpft gegen die Götter.

Noch im christlichen Mittelalter erscheint das alte Bestiarium der Erdkräfte als zu Bezwingendes unter den Füßen der Heiligen. Einer heutigen differenzierteren Betrachtungsweise, wie sie durch Psychologie, Geomantie und Geistesforschung möglich ist, stellen sich die Monstren der Vorzeit als Projektionen beziehungsweise Imaginationen der Abgründe im Menschen selbst dar, exemplarisch etwa in dem Märchen *Die Schöne und das Biest.* Den Fenriswolf können wir also nicht als einen Feind im Außen fesseln oder gar erlegen, sondern nur durch Arbeit an uns selbst, an unserem Egoismus und unseren Trieben. Diese Arbeit hat in unserem – meist städtischen – Alltag stattzufinden, in den täglichen Entscheidungen, im Umgang mit unseren Neigungen und Wünschen.

Durch das Kalisalz spricht sich die Hoffnung aus, dass wir unseren Platz im Verhältnis zu den göttlichen Kräften neu finden. Es gilt, eine Form der Zusammenarbeit auszuhandeln, bei der wir unserer Verantwortung gegenüber der Schöpfung und uns selbst gerecht werden können. Wir sollten lernen, diesen Kräften zu begegnen, sie auch in uns selbst als wirksam zu erkennen und dann genau den Beitrag zu leisten, den wir bisher der Welt weitgehend schuldig geblieben sind: eine Gattung zu werden, die sich aus freiem Willen arbeitend der Schöpfung einfügt. Auf eine friedlichere Welt sollen wir nicht einfach warten, wie es früher die eschatologischen Vorstellungen der nordischen Völker vorsahen, es hängt vielmehr ganz wesentlich von uns ab, ob es diese Zeit geben wird.

Viele Lebensgebiete haben wir dabei zu durchdringen. Wir müssen eine gerechtere Gesellschaft schaffen, in der die Entwicklung des anderen einem jeden genauso am Herzen liegt wie die eigene, das betrifft die intimen persönlichen Beziehungen ebenso wie den Zusammenhalt der Völker und Kulturen. Wir werden anders forschen und andere Techniken finden, anders wirtschaften und wohnen. Geistige Arbeit wird uns zu einem Bedürfnis werden wie Essen und Trinken, und wir werden sie als eine neue Form der Ernährung verstehen lernen. An uns selbst und an der Erde werden wir in viel umfassenderen Maße erkennen, wie geistige Kräfte in den Lebensprozessen der Erde wirksam sind. Wir werden unsere gesprochene Sprache verstehen lernen als Teil eines kosmischen Kräftewirkens.

Das Ohmgebirge als ein möglicher Olymp für die Begegnung von Mensch und geistiger Welt unter den nüchternen Vorzeichen des Alltags in der Mitte eines heilig-nüchternen Landes (Hölderlin) – es erweist sich hier als Reha-Klinik für die Worte unserer gesprochenen Sprache. Sie sind tief gesunken durch die Verbrechen der Nazis und vieles andere, was die deutsche Geschichte davor und danach prägte. Viele Worte klingen, spricht man sie heute aus, »nach zerbrechendem Glas« und sie verlangen, ebenso wie unsere »aufgeschreckten Seelen« (Bonhoeffer), nach Heilung. Auf meiner geomantischen Karte von Deutschland sehe ich in der Mitte des Landes eines der wichtigsten Halschakren angesiedelt, das darauf wartet, uns bei dieser Arbeit zu unterstützen.

Samstag, 6. August 2016

Heute ist der letzte Tag unserer geomantischen Sommerwoche in Thüringen. Die Kammhöhe des langgestreckten Höhenzuges Dün hat sich gemeldet; betrachtet man sie auf der Karte, so erscheint sie mit etwas Fantasie als ein Paar Augenbrauen im Gesicht eines guten Erdgeistes. Wir haben die Autos unten in der Ortschaft Deuna abgestellt und folgen dem Kreuzweg entlang eines Baches durch die Wiesen aufwärts. Der Weg endet nahe der bewaldeten Kammhöhe an der Quelle des Baches unter einer mächtigen Linde. Die Anlage des Kreuzweges mit den steinernen Stationen, den frei stehenden Bäumen, den einladenden Grasflächen nahe am Wasser hat uns alle während des Anstiegs in eine frohe, ja fromme Stimmung versetzt. Dazu bedarf es keiner christlichen Prägung, es reicht, sich mit offenen Sinnen durch »Gottes Naturschutzgebiet«, das Eichsfeld, zu bewegen, den Frieden dort aufzunehmen und den Mut der hier ansässigen Menschen zur Unabhängigkeit nachzuempfinden. Oberhalb der Quelle haben sie ein Jahr nach der Machtergreifung der Nazis ein weithin sichtbares Kreuz angebracht, das seitdem nicht wieder abgebaut wurde.

Den Inhalt des von mir in dem Wald dahinter erhaltenen Gedichtes könnte man auf den ersten Blick auch als katholisch bekennend verstehen, doch ich erlebe ihn als überkonfessionell und allgemeingültig. Es geht noch einmal um unsere alltäglichen Grundeinstellungen und um eine gewisse Trägheit, die die geistige Weiterentwicklung verhindert. Kinderlosigkeit meint dabei, auch in anderen Bereichen mehr zu nehmen als zu geben, eine Unfruchtbarkeit und ein mangelndes Engagement in vielerlei Hinsicht.

Für ein Paar, das kinderlos bleiben möchte (Im Buchenwald auf der Kammhöhe des Dün bei Rüdigershagen, 6. 8. 2016, mit Melodie)

Ich mag nicht, sagst du. Du willst es bequem haben. Du willst ein glücklicher
Mensch sein. Hast dich an die Spitze der Abtreibungen gesetzt.
Mühelos soll alles sein.

Doch wie willst du ihn anders empfangen, den Lebensernst,
Wenn du vermeiden willst jeden Schmerz?
Und wie willst du's spüren, das Wasser des Lebens,
Wenn du's von dir fernhältst, du hoffst dann vergebens

Auf den Glanz des Lebensabends,
Auf freudige Erfüllung,
Auf Stillung deiner Wünsche,
Göttlich Einvernehmen,

Wenn du selber nicht bereit bist,
Ins Glied zurückzutreten,
Einst liebend hoffend Ahne
Von neuem jungen Leben
Zu werden, immer treu,

Zu segnen, immer neu,
Was kommen will zur Erde
Und werden will genau wie du –
Mensch und Freund!

Kapitel 4

HERZCHAKRA

HINGABE UND MUT

Breitet man im Stehen die Arme waagerecht aus, nimmt der Körper die Form eines Kreuzes an. Dort, wo sich die horizontale und die vertikale Achse des Menschen kreuzen, im Bereich des Brustbeines, befindet sich das Herzchakra, und wir sind bei unserem aufsteigenden Gang durch die Chakren damit in der Mitte der Chakrenreihe des Menschen angelangt. Das Herzchakra kann man als das Zentrum des Menschen und der Menschwerdung ansehen, und die Erdherzchakren unterstützen uns bei dieser Menschwerdung nach Kräften.

Erdwurzelchakren spiegeln unsere bloße Existenz, sie verweisen uns auf das nackte Leben und erinnern uns an seine Kostbarkeit. Die Erdsakralchakren in Form der vitalenergetischen Atmung lehren uns Werden und Vergehen, die Geheimnisse der Erneuerung des Lebens und des Übergangs. Erdsolarplexuschakren verbinden uns mit allem, was wir durch unsere Treuekräfte einfließen lassen können in die Erd- und Menschheitsentwicklung. Die Erdherzchakren werfen uns nun ganz auf uns selbst zurück. Im Alltag, bei allem, was wir tun, liegt es an uns selbst, an unserer Geistesgegenwart und unserem Einfühlungsvermögen, ob wir in der Liebe bleiben und damit auch verbunden mit den Quellen des Lebens und unserem höheren Selbst. Diese Herausforderung müssen wir tagtäglich meistern. Keiner kann sie uns abnehmen. Zum Glück können wir dabei Vorbildern folgen, Menschen, die in ihrem Leben diese Geistesgegenwart des Herzens bewiesen haben. Es gab und gibt sie zu allen Zeiten in allen Kulturkreisen.

Ein Sinnbild für das Erdherzchakra in unserem von der christlichen Überlieferung geprägten Kulturkreis ist die Krippe im Stall. Sie ist der Ort, den das liebevollste und reinste Wesen, das nach christlicher Auffassung je auf der Erde erschienen ist, zuerst bewohnt hat. Was sich einst an Freude und Innigkeit, Licht, Wärme und Zuversicht den Hirten wie auch den Heiligen Drei Königen gezeigt hat, diese hohe weihnachtliche Stimmung können wir an den Herzchakren der Erde erleben, wenn wir uns ihr hinzugeben bereit sind.

Die Ankunft des Christus geschah indessen nicht ›aus heiterem Himmel‹. Lange schon hatten die Erde und alle mit ihr fühlenden Wesen sein Kommen ersehnt. Sie erkannten, dass die Menschen von sich aus weder miteinander noch mit der Erde dauerhaft zu einem guten Ende kommen konnte. Christi Ankunft war von Elias und anderen Propheten des Alten Testaments vorhergesagt worden, und sie war lange zuvor von Eingeweihten anderer Kulturkreise und Mysterienstätten angekündigt worden. Ein sehr hohes geistiges Wesen musste Mensch werden, um der Menschheit die Chance einer Umkehr zu gewähren.

Noch immer müssen wir darum ringen, uns für das Leben und die Liebe einzusetzen und dementsprechend konsequent zu leben, und unsere Entscheidung wird von Tag zu Tag dringlicher. Wir können uns nicht mehr auf die Erfüllung starrer Verhaltensregeln verlassen, um ›gut‹ zu sein. Mit Recht, denn allzu oft kam es unter dem Banner der Kirche zu Bigotterie, Selbstgerechtigkeit und Intoleranz. Nur allzu gern projizierte man ›das Böse‹ auf andere. Wenn wir solchen Mechanismen nicht anheimfallen wollen, wird uns in jedem Augenblick die Wachsamkeit des Herzens abverlangt. Auf der Herzebene entscheidet sich, ob wir einst die vorgesehenen Entwicklungsstufen der Erde und der Menschheit erreichen können. Denn nur, wenn wir unsere Herzen durchgearbeitet und gereinigt haben, können wir auch die oberen Chakren in Hals, Stirn und Krone vollständig aktivieren. Erst sie eröffnen uns dann weitere Möglichkeiten der Mitwirkung in den Lebenskräften der Schöpfung. Dazu ist eine Reife erforderlich, die die Anfechtungen der Egoität überwunden hat.

Ich habe erst in den letzten Jahren begonnen, diejenigen Erdchakren zu erforschen, die der Chakrenreihe des Menschen ab dem Halschakra aufwärts entsprechen. Die Erkenntnisse, die ich hier gemeinsam mit meinen Seminarteilnehmern gewonnen habe, müssen noch anfänglich bleiben. Sie werden hier daher nur in Ansätzen behandelt. Das Herzchakra aber ist die Schwelle zu diesen oberen Chakren, und es lohnt umso mehr, sich nun genauer mit diesem Chakra zu beschäftigen. Der Zustand der Erdherzchakren spiegelt den unserer eigenen Herzen. Und: die Erdherzchakren wollen uns bei unserem eigenen Heilungsprozess unterstützen.

Bevor ich im Einzelnen davon berichte, auf welche Weise sie mir das klargemacht haben, möchte ich noch einige Beobachtungen über die typische Lage von Erdherzchakren und ihre Aufgaben im ätherischen Gefüge der Landschaft schildern.

Heilkräfte in der Landschaft

Viele der Erdherzchakren, die ich untersucht habe, liegen an einem Bach, Fluss oder See. Ich glaube, sie suchen die Nähe des Wassers, weil dieses Element das Urbild des Lebens ist. Doch auch in verschiedenen anderen Lagen habe ich sie angetroffen: In der Ebene, am Rande von Hügeln, auf Berggipfeln oder Hochebenen. Daher habe ich keine durchgängige Gesetzmäßigkeit finden können, nach der sich ihre Lage innerhalb eines Holons richtet. Manche Herzchakren liegen zentral, andere eher randständig, die einen mitten im Trubel der Menschen, die anderen an verschwiegenen Plätzen. Vielleicht spiegelt sich in dieser Vielfalt die Einzigartigkeit der Menschen.

Die besonderen Heilkräfte der Erdherzchakren sind schon aufgrund ihrer Aufgabe im ätherischen Gefüge einer Landschaft zu beobachten. Sie sind alle mit einer Erdschicht verbunden, die Marko Pogačnik als die urelementare Ebene bezeichnet und präzise beschrieben hat.[26] In meiner Wahrnehmung erscheint diese Schicht in einer Tiefe von schätzungsweise sechzig bis siebzig Metern imaginativ als ein unterirdischer Ozean, als Wasser des Lebens. Dort befinden sich die geistigen Urbilder der Tiere und Pflanzen. Die Elementarwesen greifen auf sie zurück, um in den Bildeprozessen der leiblichen Formen die Ätherströme entsprechend zu lenken. Diese Schicht oder Ebene korrespondiert mit der kosmischen Ebene jener Engel, die für die Bewahrung der Formen zuständig sind. Man könnte die urelementare Ebene als eine irdische Filiale der platonischen Ideen verstehen, als einen notwendigen Zwischenschritt auf dem Weg zur Realisierung der Idee.

Wenn in einer Pflanze, in einem Tier oder im Menschen etwas leiblich in Unordnung geraten ist, kann das zuständige Erdherzchakra den jeweiligen Organismus mithilfe seines ihm zugehörigen körpereigenen Elementarwesens an dieses Urbild erinnern und so dafür sorgen, dass alles wieder in Ordnung kommt. Diese Tätigkeit der Erdherzchakren ist sehr wichtig und segensreich.

Spiegel der Arbeit an uns selbst

Die Geistwesen, die durch die Erdherzchakren wirken, verstehen sich aber nicht bloß als Leiter einer Reparaturstation für physische Leiber. So sagten sie mir einmal bei der Untersuchung des Herzchakras eines Dorfes:

> Wir wissen sehr gut, wie man Fuchs macht. Vier Beine, braunes Fell, spitze Schnauze. Wir wissen auch weiterhin sehr gut, wie man Schnecke macht. Weicher Leib, zarte Fühler, gedrehtes Haus. Doch wir wissen seit einiger Zeit nicht mehr genau, wie wir eigentlich Mensch machen sollen. Wir überlegen schon,

ob wir es mal mit drei Köpfen und sieben Fingern an jeder Hand probieren sollen, oder mit vier Beinen.
Warum das?, frage ich.
Ganz einfach: Von einem Fuchs erwarten wir nicht, dass er sich Gedanken darüber macht, was eigentlich ein Fuchs ist. Von einer Schnecke erwarten wir nicht, dass sie über das Schneckensein philosophiert. Doch von einem Menschen erwarten wir, dass er sich ganz dringend und immer wieder Gedanken darüber macht, welche Aufgabe innerhalb der Schöpfung seine Spezies im Allgemeinen und er im Besonderen hat. Und in dieser Gegend, für die wir zuständig sind, können wir schon seit einiger Zeit nicht mehr beobachten, dass sich auch nur irgendeiner der hier lebenden Menschen Gedanken in diese Richtung machen würde.

Ich konnte das sehr gut verstehen. Ich werde immer traurig, wenn ich Menschen begegne, die nicht nach dem Sinn des Lebens fragen und sich ganz auf die Befriedigung diesseitiger Bedürfnisse zurückgezogen haben. Bei Betrachtung der Sakralchakren haben wir am Beispiel des vitalenergetischen Einatmungspunktes von Marburg gesehen, dass uns am Ende des Tages, des Jahres oder des Erdenlebens eine Instanz gegenübertritt, die unsere Handlungen an ihrem Wert für das Leben bemisst. Mit den Erdherzchakren ist eine Instanz verbunden, die dies permanent macht. Es ist sicher keine neue Vorstellung, dass unser Leben im Wesentlichen eine Schule des Herzens ist. Die Herzchakren der Erde sind sehr weise Lehrer dieser Schule, und auf sie sollen wir immer wieder neu hören.

Schule des Herzens

Durch unsere alltäglichen Begegnungen mit Menschen und Tieren, sei es in Partnerschaft, Familie oder Beruf, machen wir im Laufe des Lebens alle eine Schule des Herzens durch. Hier entscheidet sich, ob wir am Ende einer Inkarnation rückblickend sagen können, dass wir ein erfülltes Leben gehabt haben, oder nicht. Nur wenn wir lernen, einen Ausgleich zwischen den eigenen Bedürfnissen und denen anderer zu finden, können wir Gemeinschaften als fruchtbar erleben und die sich dort ergebenden Konflikte als Möglichkeit begreifen, aneinander zu wachsen. Dazu gehört, eigene Bedürfnisse erkennen und formulieren zu können und anderen zu helfen, dies ebenfalls zu tun, starre und verstandeskalte Beurteilungen zurückstellen zu können und situationsbedingt aus dem Herzen Entscheidungen zu fällen oder zu revidieren. Das kann manchmal gegen alle Vernunft erscheinen und sich später doch als richtig erweisen. Was da bei uns wächst, ist eine Urteilsfähigkeit, die sich immer mehr aus Intuitionen speist. Diese stammen aus einem gemeinsamen Urgrund menschheitlicher Schicksalsverbundenheit.

Durch die Arbeit mit der Erde und speziell mit den Herzchakren der Erde ergibt sich in vergleichbarer Weise eine Schule des Herzens. Ich möchte im Folgenden von einigen Lektionen berichten, die ich dort erteilt bekommen habe, und hoffe, so Ihr Interesse zu wecken, sich vielleicht selbst einmal dort auf die Schulbank zu begeben. Es wird bei dem, was ich über die Erdherzchakren berichten kann, persönlicher, und ich kann mich dem nicht entziehen, wenn ich glaubwürdig bleiben möchte.

Die Angst vor der bedingungslosen Liebe und Hingabe

Als ich 2003 den Energiekörper der Stadt Neuruppin untersuchte, fing es an. Ich lokalisierte das Herzchakra der Stadt in einem kleinen, von Karl Friedrich Schinkel angelegten Park, einem Teilstück der ehemaligen Wallanlagen. Seine Mitte liegt in einem runden Blumenbeet, wo wichtige Wege des Parks zusammengeführt werden. Vor dem inneren Auge nahm ich das Beet als einen Brunnenschacht wahr, der tief hinab in die Erde reichte. In dieser traumbildhaften Imagination war es Nacht, und aus dem Brunnen schimmerte ein helles goldenes Licht herauf. Es durchdrang mich mit einem Gefühl tiefer Freude. Es zog mich an. Ich wollte näher treten. Da sah ich, dass der Brunnen von Menschen umstanden war. Der aufgemauerte Rand des Brunnens reichte ihnen bis zu den Hüften. Sie trugen alle dunkle Kopfbedeckungen und lange dunkle Radmäntel, diese weit geschnittenen, ärmellosen Mäntel, die im 19. Jahrhundert Mode waren. Sie beugten sich mit ihren Oberkörpern und weit ausgestreckten Armen über den Brunnen, wie um seine Öffnung zuzuhalten. Der vordere Teil ihrer Mäntel bildete, über den ausgestreckten Armen liegend, eine große geschlossene Fläche. Alle streckten sich so weit wie möglich zur Mitte hin. Der Brunnen war nun so gut wie verschattet. Nur noch durch kleine Schlitze zwischen den Mantelflächen war das aufstrahlende Licht zu erahnen.

Ich fragte: Wer sind diese Menschen?

Die Antwort lautete: Das sind die Neuruppiner. Sie ertragen die Schönheit dieses Lichtes noch nicht.

Erst später begriff ich, dass das Bild von dem verschatteten Brunnen auch für die kollektive Verschattung der Menschenherzen stand. Diese Verschattung ist keine Besonderheit der Bewohner von Neuruppin, sondern sie ist bei fast allen Menschen zu diagnostizieren, mich eingeschlossen. Ich bin Neuruppin und indirekt auch seinen Bewohnern heute sehr dankbar dafür, dort zum ersten Mal so klar auf diesen Zusammenhang hingewiesen worden zu sein, und empfinde seither bei Aufenthalten in dieser so wunderschön an einem See gelegenen Stadt eine besondere Leichtigkeit und Freude.

Nicht lange nach meiner Begegnung mit dem verschatteten Herzbrunnen von Neuruppin bekam ich den Auftrag, das Gelände einer Waldorfschule geomantisch zu untersuchen. Ich machte mir zunächst ein Bild von der Lage der Organe des Energiekörpers der Schule. Dabei wunderte ich mich, dass sich das Herzchakra an einem Platz befand, der im Bewusstsein der Schulöffentlichkeit wenig gewürdigt wurde. Es befand sich am Rand des Schulgeländes, neben einer sehr stark befahrenen Straßenkreuzung, an der in den letzten Jahren mehrere tödliche Unfälle zu beklagen gewesen waren. Wenige Meter weiter zweigte die rückwärtige Einfahrt auf das Schulgelände ab. An ihr lagen technische Versorgungseinrichtungen und triste Garagen. Die Raucher unter den Schülern und Lehrern hatte man hierhin verbannt, um ihrem Laster zu frönen.

Um meinen Auftraggebern sagen zu können, wie viel Zeit die notwendigen Erkenntnis- und Heilungsarbeiten auf dem Schulgelände in Anspruch nehmen würden, bat ich meine geistige Führung um Hilfe. Ich ermittelte Anzahl, Orte und Reihenfolge der geomantischen Langmeditationen, die nötig waren, um unter meiner Leitung mögliche Heilungsarbeiten durchzuführen. Wie immer wollte ich diese Arbeit seminaristisch machen – je mehr Mitglieder der Schulgemeinschaft sich daran beteiligen, desto besser. Und in der Tat war das Interesse im Vorfeld groß. Ich hatte bereits auf Einladung der Lehrerkonferenz einen Vortrag gehalten und wusste, dass es eine Seminargruppe aus einigen Lehrern, zahlreichen Eltern und sogar einigen Schülern geben würde. ›Abzuarbeiten‹ waren acht Erkenntnis- und Heilungsstationen auf dem Schulgelände. Aufgrund der zu erwartenden Größe der Gruppe rechnete ich damit, dass wir für diese Arbeiten vier Wochenenden brauchen würden, denn ich wollte, dass wir wie immer die Meditationsberichte aller Teilnehmenden in der Runde hörten und besprachen, und zugleich sollten alle Anwesenden in die Grundzüge der Geomantie eingeführt werden.

Das Herzchakra der Schule sollte die erste Station sein, der Grundstein die letzte – von der Peripherie ins Zentrum. Es waren pro Wochenende zwei Langmeditationen mit Auswertung vorgesehen. Ich rechnete damit, am ersten Wochenende die beiden ersten Stationen bearbeiten zu können.

Wir trafen uns an dem ersten Wochenende mit vierundzwanzig Personen und meditierten eine Stunde lang am Herzchakra der Schule. Die Auswertung der Berichte aller Teilnehmenden war wie erwartet sehr langwierig. Immer wieder ging es um Imaginationen von Feuer. Der etwa sechs Meter große Fokus des Chakras erschien in vielen Berichten als ein Vulkan. Einige aus unserer Gruppe hatten sich sogar unerschrocken in dessen rot-oranges Magma gestürzt, um weitere Erfahrungen zu machen. Sie entdeckten Systeme von Tunneln, die vom

Inneren dieses Vulkanes aus weiterführten. Ich deutete die Tunnel als die Energiemeridiane des Schulgeländes. Nach drei Stunden waren alle erschöpft. Und ich konnte mir einfach keinen Reim darauf machen, welche Botschaft mit diesen Bildern gemeint sein könnte – weder in Bezug auf meine eigenen Wahrnehmungen noch hinsichtlich der von den Teilnehmern geschilderten. Ich erhielt einfach keine Hinweise auf ein spezifisches Thema des Ortes, das zu heilen gewesen wäre, auf irgendeinen Anlass oder ein Geschehen aus der Vergangenheit oder der Gegenwart, der die Heilungsbedürftigkeit des Chakras erklärt hätte.

Ratlos betrachtete ich die Bilder. Zwar hatte mir eine feurige Qualität bereits aus der Tiefe des Neuruppiner Herzbrunnens entgegengeleuchtet. Dort stand der Hinweis auf das Wasser durch das Bild des Brunnens für die emotionale Verbundenheit aller Bewohner dieser Erde, und das darunter aufstrahlende Feurig-Lichthafte für die Freude und Begeisterung, die sich in uns durch die gemeinsame Teilhabe an der hohen Geistigkeit der Erde entzündete. Doch hier, während der Meditation und bei der Auswertung, fühlte niemand Freude oder Begeisterung. Alle hatten bewegte Bilder, die aber keine greifbaren Gefühle hinterließen. Auffällig war höchstens, dass sich die wässrige Qualität nicht auch zeigte. Es gab also ein Ungleichgewicht der beiden Elemente, als kippte die Stimmung durch das Übermaß des Feuers von Freude und Begeisterung in Zorn und Wut um. Doch die Gefühle waren eben nicht wirklich spürbar. Die Bilder fühlten sich steril an, wie Leben hinter einer Glasscheibe. Das kannte ich so nicht. Erkenntnis- und Heilungsprozesse im Übersinnlichen waren für mich bisher immer mit deutlichen Gefühlsregungen wie Schmerz und Freude verbunden gewesen. Und sie führten in der Regel durch die Metamorphose der Bilder zu einer Wendung und Lösung des Problems.

Da wir in diesem Fall nicht weiterkamen, setzte ich eine zweite einstündige Gruppenmeditation an. Die Aufgabe war, von der geistigen Welt die Bedeutung von Details der erhaltenen Imaginationen zu erbitten – eine Methode, die ich bei anderen Gelegenheiten schon erfolgreich angewendet habe, um offen gebliebene Fragen in Bezug auf Meditationsergebnisse zu klären. In einer Vorbesprechung wurden die zuvor aufgetretenen Imaginationen mithilfe meiner Aufzeichnungen allen noch einmal ins Gedächtnis gerufen. Beim Hören sollten alle auf Bilder achten, die sie aufmerken ließen und diese dann in der anschließenden Langmeditation weiter befragen, egal ob sie selbst das Bild erhalten hatten oder ob es aus dem Bericht eines anderen Teilnehmers stammte. Fragen waren beispielsweise: Wie ist das vulkanische Feuer hier entstanden? Wo komme ich hin, wenn ich den Tunneln weiter folge? Oder, auch sonst immer sehr hilfreich: Wie würde ich den Ort wahrnehmen, wenn er schon geheilt wäre?

Bei der Auswertung der zweiten Langmeditation am Herzchakra der Schule merkte ich, dass ich auf diese Weise nicht weiterkam. Auf Fragen nach dem

Feuer wurde mit erneuten Bildern von Feuer geantwortet, die wieder nichts erklärten. Doch im Laufe der Auswertung dämmerte mir etwas. Es war vermutlich nicht richtig, so ›analytisch‹ auf das Herzchakra zu blicken. Waren wir vielleicht einfach zu stolz, uns von ihm in unseren eigenen Herzen berühren zu lassen? Versuchten wir, uns diese Erfahrung aus einer Berührungsangst heraus vom Leibe zu halten? Wie wäre es, wenn ich mich dem Herzchakra der Schule anders nähern würde als mit dem Selbstverständnis eines souveränen Doktors bei der Visite am Krankenbett der Erde, umringt von fleißigen Helferinnen und Helfern? Wie wäre es, wenn wir stattdessen das Herzchakra bitten würden, unseren verstockten Herzen zu helfen?

Ich unterbrach die Auswertung der zweiten Langmeditation und legte meine gerade entstehenden Gedanken dar. Die Reaktionen der Teilnehmenden waren sehr unterschiedlich. Ich erntete von einigen unter ihnen einen Sturm der Entrüstung darüber, dass ich einen solchen Zusammenhang überhaupt konstruieren konnte. Andere aber pflichteten mir bei und empfanden meine Äußerungen als erlösend. Die Diskussion wogte eine Weile hin und her. Wie könne man denn garantieren, dass nicht Dämme brächen, wenn man sich im Rahmen eines solchen Seminars auf so etwas einließe? – Im Übrigen würde man lieber selber entscheiden, wann eine Arbeit mit ganz persönlichen Inhalten an der Zeit wäre, und sich dann einen geeigneten Therapeuten suchen. Die andere Seite wiederum wurde immer sicherer, dass wir einen Ausweg gefunden hatten, um mit unserer Arbeit am Schulgelände doch noch weiterzukommen.

Wir vertagten uns schließlich auf ein Wochenende im kommenden Quartal, um die Arbeit fortzusetzen. In der Zeit bis zu dem zweiten Seminar war ich hin und hergerissen. Was wäre, wenn die Bedenken berechtigt waren und ich in eine unkontrollierbare Situation hineinsteuerte? Ich hatte diese dann zu verantworten. Doch spürte ich in meinem Innersten, dass der eingeschlagene Weg richtig war. Ich erkannte es insbesondere an der Heftigkeit des Widerstandes, der sich spontan geregt hatte. Nach und nach wuchs meine Zuversicht.

Als wir uns zu dem zweiten Wochenendseminar trafen, war die Gruppe um die Hälfte geschrumpft. Fast alle, die mich so heftig kritisiert hatten, waren nicht wiedergekommen. Ein einziger aus der Gruppe der Bedenkenträger hatte den Mut und das Vertrauen, dennoch zu kommen. Er wollte es wirklich wissen. Alle, die jetzt da waren, wollten es wissen. Die Stimmung war völlig verändert. Wir erwarteten mit verhaltener Freude, was kommen würde. Die folgende Langmeditation, die dritte an dem Herzchakra der Schule, stand unter dem Leitstern einer ganz einfachen Bitte: Berühre du, oh Erde, hier mein Herz!

Ich hatte den Teilnehmenden anheimgestellt, bei der Auswertung der Meditationsergebnisse zu schweigen, wenn sich sehr persönliche Themen zeigten, die sie nicht unbedingt mit der Gruppe teilen wollten. Doch alle berichteten.

Keine Dämme waren gebrochen. Eine jede und ein jeder hatte eine Art Puzzlestein mit Hinweisen für die persönliche Entwicklung erhalten, genau so dosiert, dass die Botschaft kräftig, aber ohne Weiteres annehmbar war.

Die Stimmung war nun gelöst. Das Herzchakra der Schule arbeitete wieder, weil wir den Mut gehabt hatten, es um das zu bitten, was seine Aufgabe ist: uns zu helfen auf dem langen Weg, unsere verstockten Herzen zu heilen. Auch die Imaginationen von dem Ort hatten sich verwandelt. Es war kein feuerspeiender Vulkan mehr auszumachen. Stattdessen erschien das Bild eines friedlichen Hügels, von dem aus der Blick über eine ursprünglich wirkende Landschaft schweifen konnte. Das Herzchakra der Schule erwies sich als ein weit über die Stadtlandschaft hinaus wirkender Kraftort, der offenbar in früherer Zeit schon als solcher aktiv gewesen war. Seine Bedeutung und Aufgabe in einem größeren energetischen Landschaftsgefüge erklärte denn auch, dass er nach der Umstrukturierung und Neubebauung des Geländes durch die Schule an seinem ursprünglichen Ort verharrt hatte und nicht an einen für die Schule günstiger gelegenen Platz verschoben worden war. Bei einem Teilnehmer erschien das Bild eines Kreuzes auf dem Hügel. Es war deutlich, dass die Heilkräfte des Erdherzchakras der Schule mit der darin anwesenden Wirksamkeit Christi zusammenhingen.

An diesem zweiten Wochenende arbeiteten wir dann noch erfolgreich an der zweiten Station, an den folgenden beiden konnten wir alle verbleibenden Stationen bearbeiten. Die Sache hatte Schwung bekommen, und die Gruppe blieb ab dem zweiten Seminar in konstanter Stärke. In der Schule tat sich ebenfalls etwas. Es hieß, dass alle freudiger aufeinander zugingen und vieles leichter von der Hand ging. Wir erfuhren an den weiteren Stationen des Erkenntnisweges, dass nicht die Lehrer, sondern die Schüler das wichtigste Gut einer Schule sind. Dass man vielleicht auch daran denken sollte, den Rat und Beistand verstorbener Kollegen einzuholen. Das mag alles banal klingen, doch waren diese Überlegungen im Alltagsbetrieb in Vergessenheit geraten. Der Energiekörper der Schule spiegelte es, und meine Gruppe hatte gelernt, es nun selbst zu erkennen. Alle, die sich getraut hatten, die Arbeit mit mir fortzusetzen, hatten durch die Begegnung mit der lebendigen Erde zudem selbst einen Entwicklungsschritt gemacht. Mein treuer Skeptiker vielleicht den größten.

Das Geschenk der Liebe und Heilung annehmen

Seit dieser Lektion, die mir das Herzchakra der Waldorfschule erteilt hat, nähere ich mich den Erdherzchakren anders als zuvor. Ich fordere alle Anwesenden auf, sich während der Meditation persönlich berühren zu lassen, und achte meinerseits ebenfalls auf diese Ebene. Ein Erdherzchakra kann nicht arbeiten, wenn die Menschen, für die es in dem jeweiligen Holon zuständig ist, zu stolz sind, seine Hilfe anzunehmen, ja, überhaupt Hilfe anzunehmen. Aus einem falsch verstandenen Bedürfnis nach Autonomie sagen sie sich: Mir geht es gut, ich brauche keine Hilfe, ich kann mir selbst helfen. Eigentlich meinen sie damit: Ich habe Angst davor, deiner Liebe und Zärtlichkeit zu begegnen. Sie können sich nicht vorstellen, dass es an einem Ort eine Kraft gibt, die sie einfach nur beschenken möchte. Ich erkläre ihnen dann, dass von den verschiedenen Organen der lebendigen Erde das Herzchakra am meisten dem entspricht, was sich die Menschen unter einem Kraftort vorstellen: Du darfst hier einfach hingehen und dich aufladen mit einer Kraft, die dir zur Verfügung gestellt wird. Weil wir es gewohnt sind, einander auszubeuten, können wir ein solches Geschenk nicht in der angemessenen Haltung von Demut und Dankbarkeit annehmen. Wir spekulieren oft auf unseren persönlichen Vorteil und hoffen, dass es keiner merkt. Wir wollen uns bereichern, stellen uns vor, wenn wir uns mit der Kraft eines Ortes aufladen, bedeute dies, irgendetwas im Verborgenen, vielleicht zu Unrecht, zu erwerben. »Cool bleiben« heißt dann die Devise, sich ja nicht berührt zeigen. Doch die Logik des Herzens ist eine andere. Sie lautet: Nur das hat Bestand, was wir anderen geben. Also: Lass dich berühren und beschenken von der Erde und gib es weiter.

Wenn Klienten bei Hausuntersuchungen fragen, welche Nutzungsweise denn für das Herzchakra ihrer Wohnung angezeigt ist, rate ich ihnen, dort einfach einen bequemen Sessel oder eine Liege aufzustellen und sich immer dann, wenn es ihnen nicht so gut geht, daraufzulegen und den Ort um Hilfe zu bitten. Das Erdherzchakra ist ein Ort, der heil wird, wenn wir ihm erlauben, uns zu heilen. Er kann es nur, wenn wir uns ihm bedingungslos hingeben und bereit sind, uns seine Lehren zu Herzen zu nehmen.

Wenn man als Erdheiler mit einem blockierten Herzchakra Kontakt aufnehmen möchte, um es zu heilen, sei es in einer Wohnung oder in einem größeren Energiekörper, sollte man nicht nur die Verschattungen in den Herzen der Menschen jenes Gebietes im Blick haben, für das das Chakra arbeitet, sondern man sollte sich am besten gleich selbst als Patient anmelden.

Mut zur Vergebung

Nachdem ich zehn Jahre lang intensiv den Energiekörper der Stadt Potsdam erforscht hatte, war es eines Tages so weit, dass sich die mit ihm verbundenen Geistwesen ganz persönlich an mich wendeten. Offenbar hatten sie über die Jahre auch mich ganz gut kennengelernt und natürlich wussten sie dann über mich besser Bescheid als ich selbst. Als ich mit meinem Potsdamer Arbeitskreis

Geomantie an einem schönen Frühsommerabend des Jahres 2013 wieder einmal das Herzchakra der Stadt im Babelsberger Park besuchte, nutzten sie die Gelegenheit. Ich erhielt zwei Mitteilungen. Die erste war für mich persönlich bestimmt, die zweite für die Bewohnerinnen und Bewohner der Stadt.

I. Das Potsdamer Herz an mich (Potsdam, 12. 6. 2013)

In allem hör ich den Klang des Meeres.
Der Geist ist heimgeholt.
Wäre es nun nicht an der Zeit,
Auch das Herz heimzuholen?

Das Potsdamer Erdherzchakra charakterisierte den Weg meines Verstandes als eine Heimholung, was ich als sehr treffend und auch berührend empfinde. Der Geist irrt zusammen mit unserer Seele umher, solange er im Gefäß des einseitigen Verstandes in uns eingeschlossen ist. Seele und Geist wollen an ihren

Potsdamer Herzchakra im Babelsberger Park

Ursprung rückgebunden werden und sich von dort aus weiterentwickeln. Heimholung erinnert mich in diesem Zusammenhang an den Begriff der Zufluchtnahme, wie er im Buddhismus verwendet wird, wenn man ausdrücken will, dass man innerlich so weit ist, sich ganz in die Nachfolge des Göttlichen zu stellen. Wenn ich ehrlich bin, muss ich mir eingestehen, dass ich mich auf der Herzensebene noch langsamer entwickelt habe als im Denken. Dem Potsdamer Herzen ist es gelungen, hier mir gegenüber den richtigen Tonfall zu finden und mich auf die wirkliche Dringlichkeit einer Weiterentwicklung des Herzens auch bei mir selbst hinzuweisen.

Es gibt in der Mitteilung des Potsdamer Herzens an mich noch den etwas rätselhafteren einleitenden Satz: »In allem höre ich den Klang des Meeres.« Ich fühle in diesem Satz eine große Ermunterung. Er scheint mir gesprochen aus der Verbundenheit aller Wesen heraus, die unseren Blauen Planeten bewohnen. Ich denke dabei an die Gesänge der Wale, die sich auf diese Weise über Tausende von Kilometern verständigen können. Eine solche sphärische Verbundenheit stelle ich mir in einer zukünftigen Verkörperung der Erde vor. Die Herzchakren sind über die wässrige urelementare Ebene bereits auf diese Weise miteinander verbunden.

Auch der an alle gerichtete Teil der Mitteilung des Potsdamer Erdherzchakras enthält eine leidenschaftliche Liebeserklärung an die Menschen, nicht ohne ihnen vorher die Leviten gelesen zu haben – durch einen lakonischen Hinweis auf den Grund, warum wir uns im Herzen so langsam entwickeln. Gerade an den Herzchakren setzt die Erde alles daran, uns bei der eigenen Herzensentwicklung weiterzuhelfen.

II. An die Potsdamer (12. 6. 2013)

Stolz sein kann ich auch,
Wenn mir nichts Besseres einfällt.
Doch wie wäre es stattdessen
Mit Vergebung?
Ich lieb euch so innig,
Ich wünsch mir so sehr,
Dass wir uns nicht verlieren.
Für euch verbrenn ich meinen Leib,
Damit dann eure Augen leuchten.

Im Grunde verfügen wir über alles, was wir benötigen, um heil zu werden. Es wird uns geschenkt. Wenn ich für einen Ort eine Heilungsarbeit mache, gilt es immer, die Wendung zurück in die Liebe zu finden, erscheint die Ausgangssituation auch noch so dunkel und aussichtslos. Nur Liebe kann heilen. Das ist eine ganz einfache Maxime, und die Wendung dahin ist meist ebenso einfach. Nicht nur bei Nachbarschaftskonflikten ist der Schlüssel in aller Regel, einander zu vergeben. Doch oft hindert uns unser Stolz daran. Er verschließt unsere Herzen. Nach Enttäuschungen und Verletzungen bauen wir Schutzwälle um uns auf. Wir erstarren in Lieblosigkeit. Wir ziehen uns auf unseren Stolz zurück, werten den anderen ab. Bedenken und Ängste bestimmen unseren Zustand, wir interpretieren alles, was wir an dem anderen wahrnehmen, in diesem Licht. Wir gehen nicht mehr aufeinander zu und verhindern dadurch die einfache Antwort und Lösung: Vergebung.

Christus hat für den Herzensweg sehr einfache Weisungen gegeben. Als er gefragt wurde, wie wir zu Gott beten sollen, gab er uns das Vaterunser. Ich bete es oft laut zusammen mit den Teilnehmern, denn es entfaltet eine starke Heilkraft, wenn wir es nicht einfach heruntersprechen, sondern die Brisanz und Herausforderung jeder Zeile wirklich an uns heranlassen. Die am schwierigsten zu beherzigende Passage lautet: Und vergib uns unsere Schuld, wie auch wir vergeben unseren Schuldigern. Wie können wir vergeben lernen, wenn es anscheinend doch viel überzeugendere Gründe dafür gibt, es nicht zu tun. Weiß denn nicht jeder: Nichts ist so schwer wiederzufinden wie verloren gegangenes Vertrauen.

Um jemandem vergeben zu können, brauchen wir Mut. Den Mut, das Leben wieder in Gang zu bringen. Wenn wir in einer verfahrenen Lage auf einen anderen zugehen sollen, fürchten wir, zurückgewiesen zu werden und dadurch in einem Zustand noch tieferer seelischer Verletzung zurückgelassen zu werden. Angesichts dieser Gefahr braucht es Selbstüberwindung und Mut, den ersten Schritt zu wagen. Vielleicht fällt Ihnen an dieser Stelle die eine oder andere kostbare Freundschaft ein, die zerbrochen ist. Vergebung hätte sie retten können – und kann sie vielleicht immer noch retten.

Bei einem Treffen des Berliner Arbeitskreises Geomantie brachte ich die Idee ein, über den Begriff *Mut des Herzens* meditieren zu lassen, ohne dabei im Geringsten an eine mir zerbrochene Freundschaft gedacht zu haben. Aber gerade eine solche meldete sich durch das aufgerufene Thema.

Tatkraft des Herzens (Berlin, 21. 1. 2013)

Verzeih mir, dass ich mit dir gebrochen,
Dass ich nicht Worte des Segens gesprochen,
Dass ich nicht legte die Hand auf dein Herz
Und meines dir nicht zeigte.

Ach, dass du mir doch neigtest
Ohr und Sinn
Und wieder in mir weiltest
In meinem Herzen drin.

Ich trag dein Herz auf Händen
Ohn Enden.

Damit empfing ich die Worte, die mein Herz eigentlich hatte sprechen wollen. Aus Stolz war ich stumm geblieben. Ich fühlte zwar meine ungebrochene Wertschätzung für diesen Menschen. Doch war mir nicht klar gewesen, wie sehr mein Herz um die verloren gegangene Freundschaft trauerte. Ich hatte mich dagegen immun machen wollen. Eine Weile, nachdem ich das Gedicht erhalten hatte, nahm die betreffende Person von sich aus Kontakt mit mir auf. Wir konnten die aufgekommenen Missverständnisse aufklären und unsere gute Zusammenarbeit fortsetzen.

Nur nicht erkalten

Die folgende Mitteilung erhielt ich während eines Seminars, das für Heilungs- und Erkenntnisarbeiten in der Augsburger Innenstadt angesetzt worden war. Bei der Erkundung des Energiekörpers der Innenstadt von Augsburg stellte ich fest, dass das eigentliche Herzchakra nicht mehr aktiv war. Ein Ersatzorgan in einem östlich gelegenen Vorort hatte seine Aufgabe übernommen, so gut es ging. Wir fuhren an einem Winterabend dorthin. Die geistige Welt beobachtete von diesem Punkt aus das Alltagsleben der Menschen in der Stadt. Ihr Blick fiel dabei weniger auf die idyllischen Gässchen der Altstadt als vielmehr auf das heute übliche Bild unwirtlicher Einkaufszentren am Stadtrand.

Das Herzchakra der Augsburger Altstadt an die Vorstädte im Osten
und an mich (Heimathausen bei Augsburg, 27. 1. 2013)

Rauchende Schornsteine können schön sein,
Auch Kaskaden von Abwasserströmen.
Von schneebedeckten Feldern her
Fällt mein nächtlicher Blick auf den östlichen Stadtrand:
Leere Räume, Hochhäuser, beleuchtete Straßen.
Nur am Tag Menschen, die wie du und ich

Den Kofferraum auf dem Parkplatz öffnen,
Um ihre Einkäufe einzuladen.
Ich sehe sie wie Raumfahrer hinter ihren Helmen,
Hinter Kunststoffvisieren in Kokons,
Neben gekochten Nudeln als Wegzehrung, träumend:

Dafür schlägt mein Herz.
Das will ich mit Leben durchdringen,
Damit die Seelen schlüpfen können.
Dabei hilf auch du!

Das ist zum einen Realismus pur, illusionslose Betrachtung unserer heutigen Lebenswelt, zum anderen aber enthält es eine uneingeschränkte Liebeserklärung. Die Menschen in unserer heutigen, auf Konsum ausgerichteten Welt werden als in einem Verpuppungsstadium befindlich gesehen. Der liebevolle Blick auf ihre Möglichkeiten nimmt den nächsten Metamorphoseschritt vorweg. Man ahnt den bunten Falter, der da schlüpfen möchte. Doch die Arbeit bis dahin ist hart. Es gilt noch einige Geburtswehen des Herzens durchzustehen. Und das Schlimmste wäre, wenn wir die Notwendigkeit der Metamorphose gar nicht spüren würden, einfach in der Verpuppung bleiben wollten. Deshalb die Dringlichkeit des Appells.

Je mehr wir im Alltag unsere Herzen voneinander zurückziehen, desto weiter schneiden wir uns selbst vom Leben ab. Denn was bleiben wird, sind nicht unsere äußeren Erfolge, sondern die Momente, in denen wir einander nahe waren. In diesen Momenten war es nicht wichtig, wer größer, bedeutender, reicher oder mächtiger war. Als Wanta gerade gestorben war, eine Hündin, die bei uns auf dem Undinenhof gelebt hatte, versuchte ich, noch einmal Kontakt zu ihr aufzunehmen. Sie hatte immer draußen gelebt, es war Winter, und ihr Körper war nun steif gefroren. Ihre Seele sagte mir: Wichtig sind allein die wenigen Augenblicke, an denen wir uns nahe waren. Ich bedauerte, wie wenig Zeit ich mir für sie genommen hatte.

Eine ganz ähnliche Botschaft bekam ich bei einer Arbeit in der Stadt Zielona Góra in Polen.

Das Äther-Elementarwesen von Zielona Góra (27. 9. 2015)

Mein Herz, du weißt es schon.
Was du an Nähe mal erfahren hast,

Da warst du kurz im wahren Menschensein zu Gast.
Du musst nicht warten bis zu deinem Tod,
Um einzusehen, Liebe ist das Brot,
Das der Menschenseelen Erdenreise lohnt.

Ich habe dir ein Wörtchen noch zu sagen –
Es ist nicht lang und wiegt doch viel.
Du musst nicht alle immer überragen,
Das hilft uns allen nicht in diesem Spiel.

Sich zeigen können

Ich hoffe, Sie verzeihen mir, dass ich in diesem Kapitel so ins Persönliche gehen muss. Es liegt in der Natur des Themas begründet – die Erdherzchakren konfrontieren uns mit dem Nadelöhr der Menschwerdung: unserer Herzensentwicklung. Begegnungen mit diesem Chakrentyp enthalten immer persönliche Fingerzeige, auch wenn sie nicht unbedingt so klar aufgeschlüsselt daherkommen wie die des Potsdamer Herzchakras. Bei der Auswertung der Teilnehmerberichte von Gruppenmeditationen an einem Erdherzchakra erlebe ich daher auch immer eine breitere Themenvarianz als sonst. Dennoch sollten diese persönlichen Anteile nicht als ›subjektiv‹ und für den Erkenntnisprozess irrelevant abqualifiziert werden. Im Gegenteil – um ein blockiertes Erdherzchakra zu heilen, ist es unerlässlich, dass wir uns auf persönliche Prozesse einlassen.

Sehr deutlich habe ich an dem Herzchakra des Holons Unterengadin erlebt, welch weitreichende Folgen das haben kann. Das Chakra hatte sich von einer lieblichen Ufersituation an eine nur wenige Meter weit entfernte, steile und abweisend wirkende Stelle zurückgezogen. Nur mit Mühe kam ich mit meiner Gruppe dorthin. Es wirkte dort verlassen und entmutigt. Es spiegelte dadurch den Zustand der Herzen der Menschen, für die es eigentlich wirksam sein sollte. Wir aktivierten seine Heilkräfte, indem wir uns von ihm berühren ließen. Das gab uns und ihm Trost und stellte wieder eine Verbindung her zu den in die Weite des Ostens führenden Gewässern, die vom Inn gespeist werden. Die Rückbindung an diese Weiten wirkte auf uns emotional und geistig erweiternd.

Das Herzchakra des Unterengadins am Inn bei Sent (4. 7. 2015)

Aus mir können immer noch
Wonnewellen werden,

Donauwalzer am Strand
Und, weiter in der Ferne,
Arabischer Gesang.

Das geht,
Wenn du heut' mit mir weinen magst,
Deine Hände still auf mein Herz legen kannst
Und dir erlaubst,
Mit mir zu ziehen.

Sich für das Leben einsetzen

Wenn ich mit meinen Ausbildungsgruppen an Erdherzchakren arbeite, erhalten wir oft einen Appell, uns noch intensiver mit den Heilkräften dieses Organs zu verbinden. Die am Ort wirkenden Geistwesen erhoffen sich, verbunden mit uns noch umfassendere Heilkräfte auszusenden.

Das Herzchakra des Odenwalds an der Kilianquelle
bei Michelstadt (12. 4. 2015)

Wir hätten gerne deine Hände.

Wir hätten gerne deine Hände,
Zu strahlen ab das Heil.
Wir hätten gerne deine Hände,
Zu nehmen an dir teil.

Wir sähen gern durch deine Augen,
Was wir zum Blühen bringen.
Wir würden euch gern zart berührn,
Und spürn, wie Herzen in euch schwingen.

Wir möchten gern, du Lieber
An deiner Seit zu euch herüber.
Wir möchten gerne durch dich segnen
Und Menschenwesen neu begegnen.

Alle Geistwesen, die an der Erdentwicklung beteiligt sind, wünschen sich heute eine Menschheit, die sich als mündig erweist und mit der sie sich auf Augenhöhe verbinden können.

Das Herzchakra des Thüringer Beckens an die Bewohner (5. 7. 2014)

Wie Weihwasser sprüh ich in alle Lande
Den Segen meiner liebenden Hände.
Wie Weihrauch schwenk ich die glühende Schale,
Dass alles, was atmet, sich daran labe,

Und spann über dir den Regenbogen,
Dass alle darunter die Schöpfung loben,
Die frisch wie am Tage der Landung der Arche
Schon lange auf deinen Dienst an ihr wartet.

Du glaubst nicht, wie segensreich auch deine Hände
Bald spürbar und wirksam wärn im Gelände.
Du glaubst nicht, wie wichtig ist deine Liebe,
Die Mut macht, zu wandeln das Menschengetriebe.

In der ersten Strophe begegnen wir wieder den beiden Elementen des Herzchakras: Wasser und Feuer. Die Tätigkeit des Herzchakras wird mit liturgischen Handlungen verglichen, die zumindest Katholiken vertraut sind und in denen uns ebenfalls diese Elemente begegnen. So vollzieht sich die Leben spendende Aktivität dieses ätherischen Organs als eine heilige Handlung in der Landschaft, auch wenn der Mensch nicht anwesend ist. Kein Priester vollzieht sie, keines Kirchenbaus bedarf es. Und doch spricht sich hier die große Hoffnung der geistigen Welt aus, dass wir Menschen zu einem bewussten Dienst an der heiligen Erde erwachen. Ein solcher Dienst wird seine Formen erst und immer wieder neu finden müssen. Er wird auf Basis der Herzkräfte durchchristet sein. Kunst, Religion, Wissenschaft, Heil- und Sozialwesen werden in seinen Zeremonien vereinigt sein.

Wenn wir daran arbeiten, uns immer mehr hinzugeben und anderen zu vergeben, können wir größere Verantwortung für unser Leben und das der uns anvertrauten Erde übernehmen. Für die geistige Welt ist das ein klar formuliertes Entwicklungsziel, das ich immer wieder aus ihrem Munde zu hören bekomme, insbesondere von Engelwesen.

Hans Otto Theater, Potsdam

Erzengel Michael von Potsdam
(beim Hans-Otto-Theater, 2. 10. 2013)

Ich fühle die Menschenseelen
In Körpern gehen und reifen,
Und die Erde ist wie ein Apfel
Am Baume des Lebens.

Ich wünsche mir,
Dass du nicht vergebens
Der Erde Gärtner bist.

Wo willst du sie bergen
In deines Herzens Raum?
Wie willst du sie neu
Mit den eigenen Händen baun?

Wie sie bist du mir so kostbar,
Dass ich gar nicht anders kann,
Als dich an dich selbst zu erinnern:
Wann gehst du dem Leben voran?

Das Herzchakra von Mitteleuropa: Berlin

Nach der Betrachtung von Erdherzchakren in kleineren und mittleren Holonen möchte ich nun einige Beispiele anführen, wie sich die ›Logik des Herzens‹ bei Chakren darstellt, die auf räumlich übergeordneter Ebene arbeiten. In Berlin befindet sich nach meiner Einschätzung das Zentrum des Flächen-Erdherzchakras von Mitteleuropa. Zugleich kann diese Stadt auch als das Achsen-Erdherzchakra des wichtigsten in ost-westlicher Richtung verlaufenden Energiemeridians des gesamten Kontinents betrachtet werden. Dieser Meridian verläuft, wie bereits erwähnt, vom Ural über Moskau, Berlin und Paris bis zum Atlantik. Seine Aufgabe ist es, die verschiedenen Qualitäten der Völker West-, Mittel- und Osteuropas miteinander zu verbinden. Mit dem Berliner Arbeitskreis fragten wir einmal nach der Aufgabe Berlins in Mitteleuropa. Es meldete sich das zuständige Herzchakra.

Warum so viele Menschen diese Stadt besuchen
(Berlin, 9. 12. 2013)

Schau mich an!
Ich heiße dich willkommen.
Du darfst bei mir sein
Der, der du bist,
Selbst wenn du mich verletzt.

Ich spüre dich.
Du bist in mir.
Ich bin in dir.
Ich flehe dich an:

Lausche
In unseren gemeinsamen Raum,
Den Raum der Rose,
Lausche auf den Klang der Sternentafel,
Auf dein Lied!

Ich habe von 1985 bis 2002 in Berlin gewohnt und lebe seither im Berliner Umland. Die weltoffene Einladung der Stadt: »Ich heiße dich willkommen / Du darfst bei mir sein / Der, der du bist« ist mir selbst zugute gekommen. Die Stadt hat mir geholfen, herauszufinden, wer ich bin. Wie ich wurden viele junge Menschen vor mir und nach mir von ihr angezogen. Manche bleiben nur wenige Jahre, in denen sie aber meist wesentliche Impulse bekommen. Berlin hat über die Jahrhunderte immer gerne Menschen aufgenommen, auch solche, die verfolgt und vertrieben wurden, weil sie anders dachten. Der berühmte Ausspruch Friedrichs des Großen: »Hier mus ein jeder nach seiner Faßon selich werden« steht bis heute dafür.

Verglichen mit Orten, an denen Althergebrachtes höher im Kurs steht, mag der Geist der Toleranz, der in Berlin weht, zu einer gewissen Entwurzelung führen. Ein Heilmittel dagegen ist, im wenig besiedelten Umland nach Ruhe zu suchen. Ein anderes das berühmte Berliner ›Herz mit Schnauze‹, also die Fähigkeit, sich mit rüden, aber durchaus humorvollen Bemerkungen gegen allzu viel Neues zu imprägnieren und so seinen weichen Kern zu wahren. Im hektischen Chaos einer Großstadt, in dem es schnell zu Zusammenstößen kommen kann, ist das eine wirkungsvolle Strategie der Deeskalation. So kann es einen Zugereisten auch nach Jahren noch entwaffnen, wenn sich folgender Wortwechsel abspielt: Ein Urberliner erkundigt sich nach dem Befinden und fragt ganz harmlos: »Wie geht's?« Man antwortet spontan: »Gut.« Die Retourkutsche: »Gut? Det könn wa ändern!«

Die folgenden Beispiele wurden mir erzählt: Eine Gruppe bayerischer Touristen mokiert sich über einen Punker in der U-Bahn. Als das einem alten unauffälligen Mann, der schon länger in dem Waggon sitzt, zu bunt wird, sagt er zu den Touristen: »*Sie* müssen wa ooch hier ertragen!«

Ein Linienbusfahrer isst an einem heißen Sommertag bei geöffneter Einstiegstüre an der Endhaltestelle auf seinem Fahrersitz sein Pausenbrot. Ein Fahrgast eilt herein und ruft: Wann geht es hier denn los? Der Busfahrer, betont langsam und deutlich: »*Wenn* die Räder rollen!«

So rau und herzlich zugleich teilt sich das also im Alltag mit, dieses »Du darfst bei mir sein / Der, der du bist / Selbst wenn du mich verletzt«. Hier ist ein Ort unter allen Umständen dazu bereit, Menschen zu ermöglichen, sie selber zu sein. Die geistige Welt wünscht sich aber, dass die Menschen in Berlin nicht dabei stehen bleiben. Das mitteleuropäische Herzchakra kann – auch von seiner ätherischen Gestalt her – der ›Raum der Rose‹ sein, in dem es dann zu einer ganz intimen seelischen Begegnung kommt zwischen den Bewohnern der Stadt und den die Stadt begleitenden Geistwesen. Indem sich die Bewohner mitten im Trubel auf die leisen Zwischentöne konzentrieren, nehmen sie Verbindung auf mit ihrem eigenen höheren Selbst, dem individuellen *Lied*. Sie hören es dann als ihren Beitrag zur Weiterentwicklung der Erde, weben es den Chören der Geistwesen ein, dem »Klang der Sternentafel«.

Das aber ist vorerst Zukunftsmusik. Aus Sicht der geistigen Welt bleibt Berlin weit hinter seinen Möglichkeiten zurück. Die Bewohner ergreifen ihre Aufgabe noch nicht in dem erhofften Maße. So hörte ich am 4. Dezember 2014 die Seele der Stadt sagen:

> Die Menschen haben mir kein spirituelles Zentrum gebaut, das alle anerkennen. Vieles muss ich alleine machen. Ruhig fließt meine Quelle. Sie könnte viel weiter ausstrahlen, wenn die Menschen mich durch ihre Glaubenskräfte mittragen würden. So aber bleibt der Ort in der zweiten Reihe. Würden die Menschen hier stärker glauben, inniger lieben und zuversichtlicher handeln, würde man sich von überallher auf mich freuen.

Die Chance, ein konfessionsübergreifendes spirituelles Zentrum zu schaffen, wurde beim Wiederaufbau des Stadtschlosses erst mal vertan. Als »Humboldtforum« soll es nun stolzer Mittelpunkt der Berliner Museumslandschaft werden. Einen Ort, an dem die Berliner sich in dem offenen Prozess der Menschwerdung selbst erkennen könnten, hatte sich die Erde hier erhofft. Dass er nicht entstanden ist, hat zu Enttäuschung in der geistigen Welt geführt.

Als wir mit dem Berliner Arbeitskreis Geomantie das Humboldtforum am 3. Juli 2018 besuchten, nahmen wir wahr, dass sich sogar die verwendeten Baustoffe dafür schämten: Wir waren doch schon im Kaiserreich nicht mehr stimmig an dem Gebäude. Und nun muss das, längst überholt, aufs Neue so geformt werden! Genau dieser Ort ist meines Erachtens der Fokus des mitteleuropäischen Erdherzchakras.

Der Genius Berlins stellt sich nach meiner Beobachtung weiterhin in die auf

Mitteleuropa bezogene Aufgabe der Stadt, das überallhin ausstrahlende Herzorgan zu sein, wie er es uns einige Jahre zuvor mitgeteilt hat, doch auch schon damals warnte er davor, dass das Ergreifen der dabei den Menschen zugedachten Aufgaben von uns verschlafen werden könnte.

Engel von Berlin (Berlin-Mitte, 17. 6. 2013)

Ich schreite aus auf französischen Alleen
Im freien Geiste Frankreichs.
Ich beobachte die Wolkenbildungen Dänemarks.
Ich fühle, was in der Erde Ungarns wächst.
Mein polnischer Atem macht mich nachdenklich und empfindsam.
Mein russisches Herz wiegt mich
Im Gesang und in der Stille der Andacht.

Wie du will ich heut Abend sein,
Als tauschten wir unsere Leben.
Wie ich willst du heut Abend sein –
So können wir Liebe geben.

Wie wir kann diese Stadt weiter sein,
Und ob und wie ihr das fühlt,
Wird ihr Schicksal sein.

In einzelnen Bildern, von denen der Engel berichtet, erleben wir, wie präsent Mitteleuropa und angrenzende Regionen dem Geist der Stadt sind. In alle Teile des mitteleuropäischen Holons scheint er gleichzeitig hineinspüren zu können, sei es auf der Ebene der äußeren Landschaft, sei es auf der der kollektiven Befindlichkeiten ihrer Bewohner. Und dann kommt die für uns heute überraschende Wendung. Die rastlose Tätigkeit des Engels kann sich nur erfüllen, wenn sie in jedem einzelnen Menschen wurzeln darf, wenn wir sie unsererseits ergreifen auf all den Ebenen, die unserem Gestaltungsspielraum unterliegen: in der Politik, in der zwischenmenschlichen Begegnung oder in dem geistigen Erforschen der Erde. Der Genius der Stadt möchte sich mit jedem einzelnen Menschen am Ort verbinden. Dann käme es zu einem »Tausch der Leben«, einer ganz tiefen und intimen Begegnung zwischen Mensch und Engel. Vom Gelingen dieser Begegnung hängt letztlich ab, ob die Stadt und ihre Bewohner entwickeln können, was ihnen zugedacht ist.

Das europäische Herzchakra in Russland am Don

Um die Bedeutung übergeordneter Erdchakren besser verstehen zu können, besuche ich seit 2012 fast jeden Sommer ein Chakra des europäischen Holons. 2013 ging es mit einer Gruppe zum Herzchakra Europas. Sein Fokus befindet sich auf dem Gebiet der Stadt Woronesch im Südwesten Russlands. Auch dieses Erdherzchaka sucht die Nähe zu einem Gewässer – hier ist es der Don. Die gesamte Ausdehnung dieses Organs würde ich mit etwa vierhundert Kilometern angeben; wir haben daher nicht nur innerhalb des Stadtgebietes von Woronesch gearbeitet, sondern auch Orte in der näheren und weiteren Umgebung aufgesucht.

Woronesch ist das Zentrum des fruchtbaren Schwarzerdegürtels. Die Gegend war schon im Neolithikum besiedelt und dürfte mit zu den sogenannten Wiegen der Menschheit gehören. Zahlreiche vorgeschichtliche Funde wurden südlich von Woronesch in der Nähe des Dons gemacht und sind in dem Ort Kostjenki in einem eigens dafür gebauten Museum zu sehen.

Im Zweiten Weltkrieg war die Gegend von Woronesch lange und schwer umkämpft. Was hier geschah, ist mit den Schrecken Stalingrads vergleichbar. Daher war es eines meiner Hauptanliegen, die Erforschung des Chakras mit einer Heilungs- und Erlösungsarbeit zu verbinden. Ich suchte dafür im Vorfeld Kontakte zu Menschen aus der Region, die bereit wären, uns zu begleiten. Eine Gruppe Rutengänger unter der Führung ihres Lehrers Aleksandar Suchorukov nahm dann an allen Arbeiten teil. Im März vor der geplanten Sommerreise fuhr ich für einige Tage nach Woronesch, um Aleksandar zu besuchen und die Reise vorzubereiten.

Ich flog nach Moskau und stieg dort in einen Nachtzug. Er brauchte für die gut fünfhundert Kilometer nach Woronesch etwa fünfzehn Stunden – wunderbar lang und gut, um erste Eindrücke des Landes zu sammeln. Ich notierte in meinem Reisetagebuch:

Es ist unglaublich, wie viele Menschen in dem Liegewagen auf engem Raum zusammen reisen können, friedlich und einander mit Achtung begegnend. Die Liegen befinden sich nicht in geschlossenen Abteilen, sondern in Nischen, die vom Hauptgang abgehen. Nachdem der Zug am Abend Moskau verlassen hat, sitzen wir auf den unteren einander gegenüberliegenden Betten noch eine Weile zusammen, dann wird das Licht gedämpft. Nun machen alle ihre Betten, und bald schon schlafen die meisten. Alle Altersklassen sind vertreten, und doch ist eine Stimmung unbeschwerter Kindlichkeit zu spüren. Die Atmosphäre erinnert mich an die Vorbereitungen zum Mittagsschlaf im Hort des Kindergartens, in dem ich als Vorschulkind gelegentlich war. Im Halbschlaf höre ich noch lange eine ruhige, väterlich aufmunternde Stimme. Ich verstehe nicht genau, was sie sagt, doch ich fühle, sie stellt gute, einlässliche Fragen an mein Leben: Es ist die Stimme des russischen Bären, des Volksgeistes dieses Landes, wie mir scheint.

Auch der weitere Verlauf meiner Vorbereitungsfahrt hat für mich eher den Charakter eines Traumes mit vielen glückhaften und wundersamen Fügungen. Ich glaube, es hat mit meiner Begegnung mit dem Genius des Landes, seiner umfassenden Wirksamkeit und mit dem Eintauchen in das europäische Herzchakra zu tun. Vielleicht könnte man sogar umgekehrt folgern: Solange wir uns in Europa nicht verbinden sind mit dem Geist Russlands und mit unserem eigenen kontinentalen Herzen, muss unser Leben traumlos bleiben, ohne wirkliche Verbindung zu den guten Schicksalsmächten des Kontinents. Doch zurück zu meinen Tagebuchaufzeichnungen von dieser Reise:

Aleksandar holt mich am Sonntag früh am Bahnhof ab. Er bringt mich ins Hotel, wo ich mich noch ein wenig hinlegen kann. Um zwölf Uhr sind wir in einem Yogazentrum zu einem Treffen mit drei oder vier weiteren interessierten Leuten verabredet, wie Aleksandar sagt. Mein Hotelzimmer ist sauber, das Bett ist gut, das Zimmer ist von den Tapeten und sanitären Einrichtungen her noch in Erstausstattung eines Plattenbaus der Siebzigerjahre. In Woronesch liegt Schnee, dennoch ist die Temperatur sogar etwas höher als zu Hause im Havelland, wo der Winter dieses Jahr ausnahmsweise etwas länger Station macht. Das Yogazentrum ist im Souterrain eines Hochhauses, das von vielen kleinen gewerblichen Mietparteien genutzt wird. Dass wir uns über einen langen Korridor dem Yogazentrum nähern, bemerke ich an dem anschwellenden Geruch von Räucherstäbchen.

Etwa zehn Personen finden sich nach und nach ein. Zunächst sitzen wir im kleinen Empfangsbüro, trinken Tee und essen Gebäck, dann bilden wir im Yogaraum einen Stuhlkreis. Ich erzähle über meinen Zugang zur Geomantie. Nina, eine ehemalige Waldorflehrerin aus Woronesch, übersetzt mein Englisch ins Russische. Ich bitte alle Anwesenden, mir von sich zu erzählen. So erfahre ich, dass Wassilij Bauingenieur ist und, wie Aleksandar auch, nebenbei Imker. Er weiß von einer sehr alten Frau, dass die Deutschen hier während des Krieges in irgendeiner Weise Geomantie betrieben haben, was mich aufhorchen lässt. Aleksandar bittet mich, mit der Rute das Hartmann-Gitter in dem Yogaraum zu ermitteln. Ich tue es gern und mit Leidenschaft. Er beobachtet mich bei der Arbeit und sagt mir später, er habe dabei gemerkt, dass ich ein ernsthafter Rutengänger sei. Das Treffen geht bis 19 Uhr, danach laufe ich noch zwei Stunden durch die Stadt. Am Hang hinunter zum breit aufgestauten Woronesch-Fluss stoße ich auf alte russische Holzhäuser, ein angenehmes Kontrastprogramm zu den allgegenwärtigen Plattenbauten und den Repräsentativbauten aus dem 19. und 20. Jahrhundert. In der Nacht träume ich von Aleksandar. Er kommt mir als Junge entgegen, sein Gesicht leuchtet, als wäre es reines Licht.

Das russische Frühstück ist wunderbar. Es hält den ganzen Tag vor. Aleksandar holt mich im Hotel ab. Wir entdecken, dass wir beide einige Brocken Französisch wissen und uns damit ein wenig verständigen können. Ich hatte bei Aleksandar den Wunsch angemeldet, mit ihm heute schon einmal zu einem Ort in der Umgebung zu fahren, den ich dann im Sommer mit der ganzen Gruppe besuchen wollte. Nun überrascht er mich mit der Mitteilung, dass es angesichts des in der Nacht gefallenen Neuschnees schwierig sei, die Stadt überhaupt zu verlassen. Stattdessen würden wir jetzt gemeinsam zur Universität gehen, wo ich in einer Stunde vor Studenten der Geografie einen Vortrag über Geomantie halten solle.

Ich halte den Vortrag auf Englisch, Nina übersetzt. Junge Seminaristen, kaum zwanzig Jahre alt, schauen mich an. Obwohl wir zweitausend Kilometer von meinem Wohnort entfernt sind, habe ich das Gefühl, viele von ihnen zu kennen. Ich spüre in meinem Herzen, dass mir diese Menschen sehr nahe sind. Ihr Blick ist offen und interessiert. Ich erzähle ihnen, wie es ist, wenn man sich Zeit nimmt, langsam zu reisen, zu Fuß, per Fahrrad, und lernt, in der Wahrnehmung ganz ins Detail zu gehen und ins Gespür. Ich erzähle von den Wasserforschungen Masuro Emotos – dass nicht nur Einzelheiten unsere Empfindung ganz besonders berühren können, sondern dass auch unsere Empfindungen Details in der Natur verändern können. Angesichts der ungeteilten Aufmerksamkeit, die mir meine Zuhörer schenken, gibt es keinerlei Zweifel, dass das, was ich ihnen mitzuteilen habe, richtig und in dieser Universität am Platz ist. Was hier geschieht, ist wie ein stilles Einverständnis, dass aus mir eine Herzensqualität sprechen darf, deren Ursprung ich als Europäer der Region verdanke, in der ich sie nun zum Ausdruck und ins Bewusstsein bringe.

Am Nachmittag besuchen Aleksandar, Nina und ich die Kirche des ältesten Klosters von Woronesch. Ich singe. Gemeinsam meditieren wir in die Erdtiefe. Später wiederholen wir diese Übung in der neugebauten Kathedrale im Stadtzentrum. Ich merke, es gibt hier viel zu tun. In der Nacht träume ich von den Studenten. Sie sitzen wieder vor mir, manche Gesichter leuchten wie das Aleksandars in meinem Traum von der Nacht davor, manche leuchten nur ein wenig, andere gar nicht. Ich fühle im Traum die Gewissheit, dass einmal alle Gesichter leuchten werden. Am Dienstag fahren wir mit einem Vorstadtbus hinaus an den Don. Er ist hier noch nicht besonders breit, ein Eindruck, der verstärkt wird durch die riesige weite Landschaft ringsum. Auf der Rückfahrt sind die Straßen verstopft, der Bus kommt nicht voran, wir steigen aus und gehen zu Fuß zum Yogazentrum. Auf dem Weg studiere und entziffere ich unentwegt die kyrillischen Schriftzüge und bin bisweilen erstaunt, Worte deutscher Herkunft zu finden, wie etwa »Peryckmachérskaja«, was hier Friseur bedeutet.

Das zweite Treffen im Yogazentrum macht mir klar, wo ich meine Gastgeber abholen kann, damit wir in ein gemeinsames Arbeiten kommen. Aleksandar ist interessiert, Phänomene der Radiästhesie naturwissenschaftlich nachzuweisen. Die akademische Welt in Russland ist übersinnlichen Phänomenen aufgeschlossen, und so verfolgt er einen für das Land typischen Forschungsansatz. Aleksandar hat ein Grundlagenwerk zur Radiästhesie verfasst unter dem Titel Enealogie, *eine Wortschöpfung, die die Lehre von den Kräften der Erde meint.*[27] *Seine Theoriebildungen beziehen, ähnlich wie die Reinhard Schneiders, bei dem ich Rutengehen nach der Grifflängenmethode gelernt habe, physikalische und mathematische Überlegungen mit ein. In der praktischen Anwendung experimentiert er mit Gegenständen, die die Raumenergie anheben können, insbesondere mit fraktalen Pyramiden. Radiästhetische Untersuchungen in der Landschaft haben Aleksandar zur Archäologie geführt. Er kann hier eine Reihe von erstaunlichen Entdeckungen in der Woronescher Regi-*

on vorweisen, die die gewohnte archäologische Sicht auf die Entwicklung der Hochkulturen teilweise infrage stellen. Für Aleksandar und seine Schüler wiederum ist der therapeutische Ansatz in der Geomantie neu, auch die Möglichkeit, übersinnlich ganz direkt mit der Erde zu kommunizieren.

Das Treffen geht bis in den Abend, danach sind wir noch verabredet bei Sergej, einem Freund von Aleksandar, der Reisen zum Kailash, in den Altai und zum Weißen Meer unternommen hat auf der Suche nach geistigen Erfahrungen zwischen Himmel und Erde. Sergej ist Banker, wir sitzen in seinem kleinen Büro. Er zeigt uns wunderbare Fotos, die er von seinen Reisen mitgebracht hat. Schließlich ist es Zeit, Abschied zu nehmen. Aleksandar begleitet mich zum Bahnhof. Wir sitzen noch eine Weile wie Schuljungen nebeneinander auf der Pritsche im Nachtzugabteil und erzählen. Was immer wir getan haben in diesen Tagen, es war getragen von Vertrauen und Freundschaft.

Es wird Sie vielleicht wundern, dass ich die persönlichen Begegnungen während der vorbereitenden Fahrt so ausführlich geschildert und zudem typografisch hervorgehoben habe, so als wären sie bereits Mitteilungen der Erde gewesen. Vielleicht ahnen Sie es schon: Die Intensität der persönlichen Begegnungen auf der Herzensebene – das ist ein wesentlicher Ertrag meiner beiden Reisen zum Herzchakra Europas, das Aufleuchten eines zukünftigen lichteren Menschenwesens.

Die Erdheilungsarbeiten in Woronesch und Umgebung

Die besondere Lichtqualität im Beisammensein der Menschen begegnete mir im Sommer während der ›eigentlichen‹ geomantischen Heilungs- und Erkenntnisarbeiten mit unserer deutsch-russischen Gruppe erneut. Beim Herumreisen mit einer größeren Seminargruppe war natürlich manches erst mal weniger einfach und spontan. Nun zeigte sich wieder, wie sehr um das Freiwerden der Herzen gerungen werden muss. Schon bei einem Zwischenstopp in Moskau fing es an. Wir hatten noch etwas Zeit, um durch die Innenstadt zu laufen, als plötzlich unsere älteste Teilnehmerin in den Menschenmassen einer Fußgängerunterführung beim Roten Platz verloren ging. Nur mit viel Glück fanden wir sie nach einer bangen Stunde wieder. Wie Gelassenheit auch geübt werden kann, erlebten wir dann in einem kleinen Park in einem Moskauer Wohngebiet, in den wir uns für eine Meditation zurückgezogen hatten. Obwohl es gegen 22 Uhr war, war ein Mann mit einem Presslufthammer dabei, den Bürgersteig vor einem Mietshaus aufzureißen. Bewohner kamen heraus, einige von ihnen schon im Schlafanzug, um ihm zuzuschauen. Gegen Mitternacht gingen wir zum Bahnhof und stiegen in den Nachtzug.

Erst als wir dann am nächsten Nachmittag (!) kurz vor Woronesch waren, stieg in mir die Sorge auf, ob ich mit meiner Gruppe so ohne Weiteres an die herzenswarme Begegnung vom Frühjahr würde anknüpfen können. Nun waren wir dreiundzwanzig Menschen aus Deutschland und der Schweiz, im Frühjahr war ich allein gekommen. Wir stiegen aus, und tatsächlich stand ein Reisebus für uns bereit. In einem Auto daneben saßen Aleksandar, sein Schüler Sergej und Nina. Es war ein herzliches Wiedersehen, das von meiner Gruppe vorsichtig bestaunt wurde.

Der Weg zu unserem Quartier in einem Waldgebiet östlich der Stadt war ein Schock. Es hatte kurz zuvor Waldbrände gegeben, denen riesige Flächen zum Opfer gefallen waren. Noch immer qualmten Holzhaufen von den Aufräumungsarbeiten. Wir fuhren lange durch eine kahle Wüstenlandschaft. Erst später fiel uns auf, dass überall schon wieder kleine Bäumchen gepflanzt worden waren, die auf dem von der Asche gedüngten Boden in kurzer Zeit alles vergessen machen würden.

Als wir im Quartier angekommen waren, spürte ich, dass auch Aleksandar unsicher geworden war. Er erklärte mir, dass es nicht möglich sei, die von mir in der weiteren Umgebung anvisierten Orte für die Erdheilungsarbeiten mit der Gruppe zu erreichen. Das war für mich ein noch viel größerer Schock, denn nun wusste ich nicht mehr, wie ich die Heilungsarbeiten im Land durchführen sollte.

Mein Kollege Aleksandar Suchorukov spricht während einer Exkursion am Don

Aleksandar gab zu bedenken, dass die russischen Straßenverhältnisse und die relativ schlechten Landkarten eine Vorexkursion nötig machten, die wir aus Zeitgründen nicht mehr leisten konnten, und schlug ein Besuchsprogramm vor, bei dem er uns einige ihm vertraute und wichtige Ziele in der näheren Umgebung zeigen wollte. Ich weiß nicht mehr, wo ich die Kraft und Zuversicht hernahm, jedenfalls sagte ich ihm, dass wir gerne an den ersten beiden Tagen besuchen würden, was ihm am Herzen liege, dass ich aber an den restlichen Tagen dieser Woche unseres Aufenthaltes unbedingt die von mir kartenradiästhetisch ermittelten Ziele aufsuchen wolle. Er ließ sich umstimmen. So kam es dann, dass ich eine Gruppe von etwa vierzig Menschen mit unzureichendem Kartenmaterial über mehrere Tage und viele hunderte Kilometer durch die Woronescher Region führte: Jedes unvorhergesehene Hindernis wie etwa eine Straßen- oder Brückensperrung hätte meine Planungen unmöglich gemacht.

Ich weiß nicht, wie viele Schutzengel uns begleitet und behütet haben. Denn nach den sehr schönen Erlebnissen und erfolgreichen gemeinsamen Arbeiten an den Orten, zu denen uns Aleksandar geführt hatte, konnten wir auch alle von mir geplanten Erkenntnis- und Heilungsarbeiten an den Orten, die ich von meiner geistigen Führung erhalten hatte, durchführen.

Der erste zu besuchende Ort auf meiner Liste befand sich am nördlichen Stadtrand von Woronesch in einem Kiefernwäldchen. In dem sandigen Waldboden waren noch deutlich die Schützengräben aus dem Zweiten Weltkrieg zu erkennen – ein dreiviertel Jahr war die Stadt 1942/43 umkämpft gewesen. Bevor wir hier mit einer geomantischen Meditation beginnen wollten, gab ich eine Einführung in die Methode des geomantischen Meditierens und Heilens. Sie erweiterte sich zu einem Grundlagenvortrag über Heilungsarbeiten für die Erde. Ich ließ dazu eine großflächige Karte von Russland entrollen. Ich erklärte Details, auf die man beim geomantischen Meditieren achten soll, und stellte Beispiele meiner Heilungsarbeiten vor. Ich berichtete, dass die geistige Welt in der Regel ohne mein weiteres Zutun Heilkräfte für den Ort schenkt, an den sie mich geführt hat, wenn ich mich zusammen mit den Teilnehmenden nur genügend darum bemühe, das Leiden des Ortes zu erfühlen und vielleicht auch herauszufinden, warum der Ort noch immer leidet. Während ich zu der Gruppe in dem Kiefernwäldchen sprach, merkte ich, wie ich durch meine geistige Führung inspiriert wurde zu immer größerer Klarheit der Gedankenführung und im Finden der angemessenen Beispiele. Es entstand – auch durch die Aufmerksamkeitskräfte der Zuhörerinnen und Zuhörer – ein so dichtes Feld, dass man fast die Luft hätte schneiden können. In abgeschwächter Form kannte ich das von meinen öffentlichen Vorträgen in Deutschland. Hier im Gelände aber war es, als reihten sich die verlorenen Seelen, um derentwillen wir gekommen waren, nach und nach

Am Stadtrand von Woronesch

in die Zuhörerschaft ein. Und so gewann ich den Eindruck, dass ein Teil der Erlösungsarbeit schon in dem einleitenden Vortrag geschah. Ich spürte, dass die im Raum vorhandenen Heilkräfte von dem Herzorgan selbst unterstützt wurden, für das wir sie ja einsetzen wollten.

Die anschließende geomantische Meditation war dann von einer unerwarteten Leichtigkeit. Nur für einen kurzen Moment nahm ich vor dem inneren Auge die Erde hier als verdunkelt wahr. Dann verwandelte sich der Untergrund in strahlend helles Licht, das sich mit dem der Sonne und des Himmels vereinigte. Ich brauchte nichts weiter zu tun, als den Erlösungsvorgang zu betrachten.

Der zweite vorgesehene Ort lag am westlichen Stadtrand von Woronesch. Er sollte uns weitere Aspekte des kontinentalen Herzchakras erschließen und war zugleich Teil eines untergeordneten Herzchakras, das für die Stadt Woronesch arbeitet.

Wir kamen in ein Waldstück, das sehr stark vermüllt war. An einem Hügel, der zu einem Altarm des Dons hin abfiel, meditierten wir. Das Geländeprofil war von Granattrichtern gezeichnet. Vor meinem inneren Auge sah ich ein typisch russisches Bauernhaus, einen bescheidenen Holzbau, so niedrig, dass man mit der Hand die Dachtraufe hätte erreichen können. Die Eingangstür und die wenigen kleinen Fenster standen einladend offen. Im Inneren des Hauses schimmerte ein rötliches Licht. Es war, als erfüllte der Lichtschein das gesamte Haus. Das Haus hatte keinen Boden. Der rote Lichtraum erstreckte sich bis in die Tiefe.

Dann erschien vor meinem inneren Auge eine Gruppe deutscher Offiziere aus dem Zweiten Weltkrieg. Sie waren nur schemenhaft zu erkennen. In einer eigenartig steifen und stolzen Haltung standen sie auf einem langsam vorbeirollenden Militärfahrzeug, so als wollten sie unbeirrt einen weiteren Zerstörungs-

Energiekörper von Woronesch

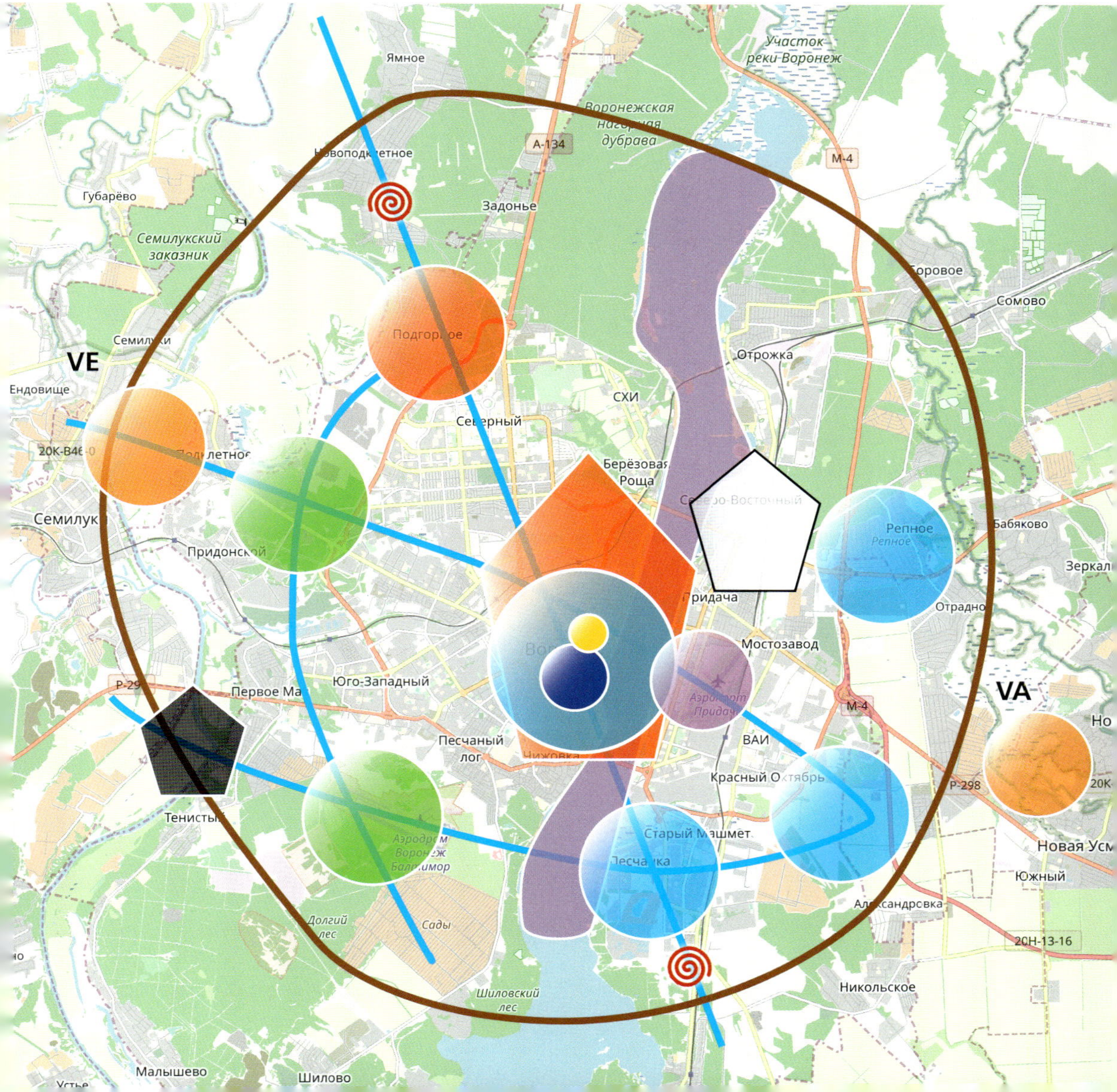

Typisches russisches Bauernhaus in einem Dorf am Don

auftrag ausführen. Sie hatten ihre menschenverachtende Ideologie nachtodlich nicht ablegen können und waren durch ihren Hass weiterhin an den Ort gebunden, an dem sie gestorben waren.

Nach einer Weile erhielt ich eine weitere Imagination. Der gesamte Hügel, an dem wir auf halber Höhe standen, hatte nun lauter fensterartige Öffnungen, aus denen derselbe rötliche Lichtschein nach außen drang, den ich zuvor in dem Haus wahrgenommen hatte. Es war, als sei das ganze Land dicht unter der Erdoberfläche von diesem rötlichen Licht erfüllt, als sei die Erdoberfläche nur eine dünne Kruste, unter der das europäische Herz glomm. Die ganze Gegend strahlte nun die Geborgenheit und Wärme des einfachen russischen Bauernhauses aus, und es wurde deutlich, dass sie die Aufgabe hatte, den Bewohnern des gesamten Kontinents ein solches Heimatgefühl zu schenken. Es lag darin das Wärmegefühl einer Begegnung, die alle Menschen empfinden und verstehen können: Komm herein, du bist willkommen!

Ich spürte, dass es für uns, die wir nicht aus Russland stammten, wichtig war, uns mit dieser Herzensqualität zu verbinden. Sie fehlt uns gerade in Mittel- und Westeuropa, in unseren oftmals allzu unwirtlich gewordenen Städten und Dörfern. Statt das Menschliche, Herzliche der russischen Volksseele anzunehmen, hatten die Deutschen versucht, diesen Ort des Friedens und der Begegnung mit Gewalt an sich zu reißen. Zweitausend Kilometer von ihrer Heimat entfernt, waren sie hier für eine völlig unsinnige und fanatische Idee gestorben und hatten viele Menschen mit in den Tod gerissen. Durch ihr verblendetes Tun trugen sie dazu bei, das Organ zu blockieren, das allen Völkern in Europa das Gefühl der Beheimatung in ihrem eigenen Land schenken kann. Ich fühlte meine Trauer gemildert durch Zuspruch und Trost, und das Glimmen des Herzorgans nahm an Intensität zu. Noch aber pulsierte es nicht.

In den Folgetagen besuchten wir die weiteren von mir anvisierten Orte in der Region. Auch sie waren noch von den Kriegshandlungen gezeichnet. Einmal standen wir mitten in dem weiten fruchtbaren Schwarzerdeland auf einem Feldweg und wollten gerade eine Meditation beginnen, als eine junge Journalistin aus Deutschland, die mitgefahren war, um über die Reise zu berichten, mit der Schuhspitze in dem festgefahrenen schwarzen Boden stocherte, um einen Metallgegenstand freizulegen.

Weitere Mitreisende gesellten sich dazu und beobachteten interessiert, was da zum Vorschein kam. Bis plötzlich einer, der die Gruppe beobachtet hatte, eingriff. Er war bei der Armee gewesen und hatte den Metallgegenstand als einen Granatzünder erkannt, der jederzeit explodieren konnte.

Munition im Schwarzerdeboden

An diesem und einem weiteren Ort erfuhren wir, dass die Angriffe auf das europäische Herzchakra während des Zweiten Weltkriegs nicht die ersten gewesen waren. Es meldete sich zunächst eine mittelalterliche Zeitschicht. In der Imagination zeigten sich Wächter, die abgestellt worden waren, um den Ort in einer Weise zu kontrollieren, die den Machtinteressen ihrer Auftraggeber dienlich war, nicht aber den anderen dort lebenden Menschen. Da der Ort mit dem europäischen Herzchakra verbunden war, konnte es in der Folge seinen Dienst nicht mehr in vollem Umfang erfüllen. Ich bat die geistige Welt um eine Wachablösung durch Wächter, die sich dem ursprünglichen Zweck des Herzorgans verpflichtet fühlten.

Der letzte von uns besuchte Ort lag sehr tief in einem Waldgebiet verborgen. Wir kreuzten einen Fahrweg, der auf meiner Straßenkarte noch eingezeichnet war, aber wohl mindestens zwanzig Jahre nicht mehr benutzt worden war und entsprechend zugewachsen. Ich bin gewohnt, Weg und Gelände anhand einer guten Wanderkarte zu kontrollieren und dann den mir auf der Karte schon vorher punktgenau angewiesenen Ort zu erreichen. Nur für die allerletzten Meter verwende ich dann eine Orientierung per Muskelreflex. Hier aber war ich mangels Wanderkarte ganz und gar auf eine Orientierung anhand von Muskelreflexen angewiesen. Ich musste alle paar Meter stehen bleiben und erneut abfragen, was sehr viel Konzentration erforderte. Die Gruppe folgte mir durch den unwegsamen, allen unbekannten Wald. Wenn bei mir oder in der Gruppe Zweifel die Oberhand gewonnen hätten, hätten wir unser Ziel nicht erreicht. Als wir dann vor Ort in die Meditation gingen, verbarg sich zunächst auch das, weswegen wir gekommen waren.

In meiner Wahrnehmung war es erst einmal ganz still. Erneut kamen Zweifel auf: Waren wir überhaupt am richtigen Ort? Eine halbe Stunde lang tat sich nichts in mir. Dann bemerkte ich plötzlich, dass ich über den dichten Wipfeln des Waldes flog. Ich flog in dieser Imagination auf einen sehr hohen Schornstein zu, der die Bäume weit überragte. Durch diesen Schlot schwebte ich hinab und landete in einer unterirdischen Kammer, in der schemenhaft Gegenstände zu erkennen waren, die an die Ausstattung eines schwarzmagischen Labors erinnerten – schon lange verlassen, aber immer noch wirksam. Ich wusste intuitiv, dass ich hinunterblickte in eine Zeitschicht aus der Spätphase der Atlantis. Mir wurde deutlich, dass die Folgen schwarzmagischen Missbrauchs, der damals an den Lebenskräften der Erde vorgenommen worden war, noch anhielten und das Herzorgan Europas beeinträchtigten.

In der Auswertungsrunde der geomantischen Meditation brachte ich meine Ratlosigkeit zum Ausdruck, wie mit diesem Befund umzugehen sei. Es war dann Justus Carrière, der die rettende Idee hatte. Sie war so einfach und naheliegend, dass ich mich wunderte, nicht selbst darauf gekommen zu sein. Justus Carrière sagte: »Wir müssen den Magiern vergeben. Wer weiß, ob wir nicht in einer früheren Inkarnation selbst unter ihnen gewesen sind. Wir müssen uns also möglicherweise auch selbst vergeben.« Wir taten es, indem wir in der großen Runde das Vaterunser sprachen, zuerst auf Russisch, dann auf Deutsch.

An diesem Tag wurden uns auch Höhlen oberhalb des Dons gezeigt, die sich russische Partisanen während des Zweiten Weltkriegs in den weichen Kreidefelsen gegraben hatten, um sich vor den deutschen Besatzern zu verbergen. Wir begannen dort, Taizé-Lieder zu singen, die bald in ein freies Tönen übergingen. Eine Heilerin, die in dem nahegelegenen Dorf wohnte, begleitete uns. Während wir sangen, führte sie ein Ritual der Vergebung durch. Dabei berührte und küsste sie einzelne Mitglieder der Gruppe an den Füßen. Später lud sie uns in ihr Haus ein, und so durften wir die Behaglichkeit eines russischen Bauernhauses auch in der sinnlichen Welt kennenlernen.

Zufrieden und erschöpft kehrten wir von dieser Reise heim. Noch über mehrere Wochen war ich in meinen Träumen mit den Kräften verbunden, die sich nun in dem europäischen Herzchakra regten. Ich war mit den Ergebnissen unserer Arbeit zufrieden. Einige Monate später begann sich der Konflikt in der südöstlichen Ukraine zuzuspitzen, die Gewalt brach offen aus – nur wenige hundert Kilometer von Woronesch und auch gar nicht so viel weiter von Deutschland entfernt. Noch lange werden wir nicht erlöst sein, auch wenn Fortschritte auf dem Herzensweg gelingen. Er erfordert viel Vertrauen, Wachsamkeit und Durchhaltekraft.

Das planetare Herzchakra: Von Tibet in die Anden

Da ich noch nicht die Gelegenheit hatte, selbst zum planetaren Herzchakra zu reisen, möchte ich zum Abschluss einige Überlegungen und Beobachtungen aus der Ferne anfügen.

Bis vor wenigen Jahren befand sich das planetare Erdherzchakra in Tibet. Das ›Dach der Welt‹ schien mir sehr geeignet dafür zu sein. Nirgendwo auf unserem Planeten gibt es so viele Klöster wie in Tibet, in einer Gegend, die dem Menschen aufgrund des extremen Hochgebirgsklimas ansonsten nur wenig Anreize bietet, sich niederzulassen. Über Jahrtausende wurde in Tibet innigst gebetet. Die Frömmigkeit der Mönche und des gesamten tibetischen Volkes konnte als ein Dienst an diesem so wichtigen Organ des lebendigen Erdkörpers verstanden werden. Dieser Dienst wurde durch den Jahrhunderte andauernden tibetisch-chinesischen Konflikt erschwert, insbesondere seit der zweiten Hälfte des 20. Jahrhunderts.

Im ersten Jahrzehnt des neuen Jahrtausends verlagerte sich das planetare Erdherzchakra von Tibet ins Hochland der Anden. Diese Verschiebung wurde von dem US-amerikanischen Geomanten Drunvalo Melchizedek im Detail beschrieben.[28] Ich kann das planetare Erdherzchakra kartenradiästhetisch im Grenzbereich von Peru und Bolivien orten, unweit des Titicacasees. Laut Drunvalo war die Notwendigkeit eines neuen Standortes von den religiösen Führern verschiedener indigener Gruppen vorhergesehen und kommuniziert worden. Drunvalo berichtet von mehreren großen Zusammenkünften, an denen er, der selber indianischer Herkunft ist, teilgenommen hat. Die Umsiedlung hat demnach mehrere Jahre gedauert, wurde seitens der sie begleitenden Menschen geistig unterstützt und war mit einer Veränderung des gesamten Energiekörpers der Erde verbunden. Die Tatsache, dass weltweit so viele spirituell aktive Menschen um diesen Prozess wussten und ihn auch aktiv begleitet haben, lässt ahnen, dass die Entwicklung des planetaren Energiekörpers im Laufe der Menschheitsentwicklung recht weitgehend von Eingeweihten begleitet worden ist. Ich bin, verglichen mit den von Drunvalo berichteten Aktivitäten, vornehmlich Beobachter, kann aber vielleicht von dieser Warte aus meinen Beitrag zur Pflege dieses so wichtigen Organs leisten.

In einer geomantischen Meditation an dem für das Holon des Thüringer Beckens arbeitenden Erdherzchakra nahm ich Kontakt nach Südamerika auf.

Zum Herzchakra der Erde in Südamerika hingespürt
(Thüringer Becken, 6. 7. 2014)

Mit den Augen der Ewigkeit
Betrachte ich liebevoll und gelassen
Meine ausgeblichenen Knochen im Sand.

Zärtlich wiegt mich die Erde auf ihrem Schoß.
Wem aber sage ich bloß,
Dass die Räume der Erde schön sind
Und dass sich glücklich schätzen kann,
Wer sie bewohnen darf?

Wie in einem Medaillon
Trage ich in meinem Herzen
Das Bildnis der Geliebten,
Dein ewiges Antlitz, Erde,
Dass es durch mich leuchte
Und rede von den Taten der göttlichen Liebe.
Wer möchte von ihnen hören?

Die Menschen tragen über die Inkarnationen hinweg das Bild der Erde in ihrem Allerheiligsten, in ihren ewigen kosmischen Herzen. Wir alle sind – aus der Perspektive des planetaren Erdherzchakras – Botschafter der Erde, die von der Kostbarkeit des Lebens auf ihr künden können. Damit berühren sich das Persönlichste des Menschen und das Kosmische in diesem Organ der Erde.

Weitere Fingerzeige des planetarischen Erdherzchakras bekam ich ein Jahr später, als ich ein offenes Seminar für den Stadtraum von Bochum gab. Ich hatte diesmal bewusst keine konkrete Fragestellung formuliert, sondern im Vorfeld des Seminars nur kartenradiästhetisch darum gebeten, uns an Orte innerhalb des Stadtgebietes zu führen, an denen wir etwas lernen könnten. Zu meiner Überraschung erhielt ich an allen Stationen der Arbeit Mitteilungen, die unter der Überschrift »Wegweiser nach Bolivien« standen. Es handelt sich um eine Annäherung an das planetare Erdherzchakra in Form von Bildern einer Pilgerreise dorthin.

Wegweiser nach Bolivien

1. Pilgerfahrt – Glaubenskraft (Bochum, Weitmarer Holz, 1. 5. 2015)

So weit ist es gar nicht mehr von hier,
Das Herz der lebendigen Erde.
Ihr seid auf dem Weg.

Darum gehen wir so gern mit dir,
Dass, was am Wege liegt, erweckt werde
Zu Lob- und Preisgesang.

Es werde euch dabei nicht bang.

2. Fünfzig werden reisen – Pilgergepäck (Bochum-Eipel, 1. 5. 2015)

Gesänge und Gebete,
Die bringt von Osten mit.
Wohin das Aug auch blicke,
Es freue sich daran:

Dass Berg und Tal und Luft und See,
Dass Mensch und Tier und Glut und Schnee
In eure Händ sich legen

Und ihr in eurer Mitte zart
Mit jedem Schritt das Bild
Der neuen Erde tragt
Zu meines Altars Segen.

3. Die mit Tränen säen, werden mit Freuden ernten (Hattingen, 2.5.2015)

Wenn ihr dann angekommen seid,
Beginnt für mich bald auch die Zeit,
Ich darf die ganze Erd beschenken.
Sie wird von mir dann neu durchpulst,
Ich kann das Füllhorn schwenken.

Ich kann es gießen auf die Wunden,
Die in Erd und Mensch noch klaffen.
Wir können aus dem ganzen Schmerz
Ein Fest der Freude machen.

In dieser Bochumer Reihe von Gedichten wendet sich die Erde nicht nur an mich, sondern an eine unbestimmte Gruppe von Menschen, die sich gemeinsam auf den Weg zu diesem Chakra gemacht haben, eine Pilgergruppe. Gemeint ist nicht nur der geografische Weg, sondern auch die innere Vorbereitung, das gemeinsame Beschreiten des Herzensweges im Alltag. Auch die Zahl fünfzig dürfte nicht wörtlich zu nehmen sein. Mit dieser Zahl können Gruppen weltweit gemeint sein, die bereits auf das Erdherzchakra schauen und seine Entwicklung begleiten. Das Chakra hat inzwischen seine Tätigkeit aufgenommen und es ist, als hätten sich viele Orte der Erde – wie die Eisenfeilspäne auf den Magneten – auf das planetare Erdherzchakra eingestimmt und ausgerichtet, sodass es leichter geworden ist, von wo auch immer mit diesem Organ Verbindung aufzunehmen. Die Menschen und die Naturkräfte der Region, in der das planetare Herzchakra jetzt liegt, wurden von den Spaniern unter anderem in den Silberminen schlimm ausgebeutet. Tausende von Klöstern wie in Tibet gibt es hier nicht. Ich meine, dass eine praktische Aufgabe darin bestehen könnte, Einrichtungen zu schaffen, damit zukünftige Pilger aus aller Welt empfangen und aufgenommen werden können. Der Dienst an dem dortigen Altar der Erde sollte dann in einer zeitgemäßen Weise gepflegt werden.

Kapitel 5

HALS-, STIRN- UND KRONENCHAKRA

DIE ZUKUNFT

Erdhalschakren

Halschakren und Ley-Linien

In der *Schule der Geomantie* von Marko Pogačnik finden sich noch keine Hinweise auf spezielle Halschakren der Erde.[29] Erst in der erweiterten Neuauflage, die 2008 unter dem Titel *Die Geheimnisse der lebendigen Erde* erschienen ist, beschreibt er diesbezüglich kurz einen eigenen Chakrentyp. Er spricht dort von »kreativen Zentren«.[30] In der *Schule der Geomantie* erwähnt Pogačnik jedoch bereits eine Resonanz zwischen besonders langen Energiemeridianen der Erde, den dort so genannten planetaren Kraft-Ley-Linien, mit seinem eigenen Halschakra.[31]

Es lohnt sich, diesem Zusammenhang nachzugehen. Denn bei dem von Pogačnik beschriebenen Meridian-Typ und beim Halschakra des Menschen geht es gleichermaßen um Kommunikation, in dem Sinne, dass Botschaften und Lebenskräfte von einem Ort zu einem anderen, von einem Wesen zu einem anderen übermittelt werden. Dies kann zu einem tieferen Verständnis dessen führen, was die Aufgabe der Erdhalschakren ist. Ich möchte dafür Erfahrungen und Erkenntnisse aus meiner eigenen Arbeit anführen.

Erste Theoriebildungen über Ley-Linien verdanken wir dem Rutengänger Alfred Watkins, der vor ungefähr hundert Jahren in England schnurgerade ätherische Linien entdeckte, entlang derer beispielsweise die Kirchtürme benachbarter Dörfer und Städte wie Perlen einer Kette aufgereiht sind. Viele der noch heute vorherrschenden Vorstellungen über Ley-Linien orientieren sich daran. Sie sind möglicherweise etwas zu statisch, wie ich gelegentlich anhand von Fragen feststelle, die mir nach Vorträgen gestellt werden. So mancher Zuhörende geht davon aus, dass die Erde ein festes, unveränderliches Netz dieser Linien habe. Energiemeridiane entstehen nach meiner Beobachtung, sobald Wesen in irgendeiner Weise Beziehungen miteinander aufnehmen. So kann man bereits zwischen zwei benachbarten Bäumen, deren Faune miteinander kommunizieren, mit der Rute oder den Händen einen Energiemeridian abtasten. Das gilt auch für zwei Menschen, die miteinander verbunden sind. Eine solche Linie ist so beweglich, dass sie alle beliebigen Orte miteinander verbinden kann, an denen sich die beiden gerade aufhalten. Und sie ist ebenso vergänglich, wie es die Beziehung der beiden Wesen sein mag. Ein Energiemeridian entsteht also ganz einfach gesagt deshalb, weil man ›einen Draht hat‹ zu jemandem.

Vergleichbare Drähte gibt es zwischen Mitgliedern von Kollektiven, seien es Vereine, Firmen oder andere Institutionen. In meinen geomantischen Lehr- und Wanderjahren bin ich sehr gerne mit der Rute Ley-Linien abgelaufen. Dabei fiel mir auf, dass beispielsweise Filialen ein- und derselben Ladenkette durch Ley-Linien miteinander verbunden sind. Die Linien können, müssen aber nicht schnurgerade verlaufen. Solche persönlichen oder institutionell gebundenen Linien sind für Unbeteiligte ohne Bedeutung. Nur den geringsten Teil des gewaltigen Netzwerkes des Lebens bemerken wir. Erst wenn wir auf einer höheren Ebene bei der allgemeinen Bedeutung eines Energiemeridians in der Landschaft ansetzen, etwa bei Meridianen, die innerhalb größerer Holone ätherische Organe und die sie ermöglichenden Geistwesen miteinander verbinden, nähern wir uns der Vorstellung, die der interessierte Laie von einer Ley-Linie hat: dass nämlich solche Energiebahnen grundsätzlich für alle Menschen gleichermaßen von Bedeutung seien. Ich glaube allerdings, dass solche großen ›allgemeinverbindlichen‹ Ley-Linien aus den Zusammenhängen von Menschenkollektiven entstehen und auch wieder vergehen, wenn die beteiligten Menschenseelen und die sie unterstützenden Geistwesen nicht mehr an die früheren räumlichen Zusammenhänge gebunden sind.

Ein Ausbildungswochenende zum Thema der Ley-Linien im Dezember 2015 begann ich, indem ich über die Wirbelsäule des Menschen meditieren ließ. Im Energiekörper eines jeden Menschen verläuft ja entlang der Wirbelsäule der mächtigste Energiestrom relativ linear. Von daher erscheinen die energetischen Verhältnisse unserer Wirbelsäule als mikrokosmische Entsprechung der größeren planetaren Ley-Linien. Ich verknüpfte für die Forschungsmeditation zwei Fragen: Was geschieht in dem Hauptenergiekanal unseres Körpers, der Wirbelsäule, und wie werden Beziehungen zwischen Wesen auf der ätherischen Ebene vermittelt?

In der Meditation erlebte ich einen Milchstrom, der sich aus meinen Brüsten ergoss – diese Milch verstand ich intuitiv als Ätherstrom, der durch die Liebe in meinem Herzen entstanden war. Meine Hände wurden vor meine Brust geführt, um diesen Strom zu empfangen und in einer Reihe von Bewegungsformen zu gestalten. Engel bewegten meine Hände. Sie wollten mir zeigen, wie sie in den ätherischen Strömen des Lebens formend tätig sind. Die Bewegungen erinnerten mich an die Gesten der Laut-Eurythmie. Ich hatte den Eindruck, als würde sich die Bewegung meiner Hände zugleich in meinem Kehlkopf vollziehen. Der Ätherstrom aus meiner Brust war zugleich der Atemstrom aus meiner Lunge, die formenden Hände waren die Stimmlippen und Muskeln meines Kehlkopfes. Die Hände formten, fast möchte ich sagen, modulierten Herzkraftströme in ähnlicher Weise, wie unser Sprechwerkzeug das mit dem Atemstrom macht. Aber viel langsamer, feierlicher, wie in Zeitlupe, sodass ich es nun als eine kultische Handlung erkennen konnte. Die Handbewegungen der Engel waren klar, entschlossen und liebevoll. Ich spürte in ihnen Schöpfungsliebe und den Willen, sich für das Leben einzusetzen. Dann erschien das erste Wort in meinem Bewusstsein: bahnbrechend. Es ging um den Willen, aus Liebe zueinander zu kommen und dabei Hindernisse aller Art zu überwinden. Nach und nach verstand ich den Zusammenhang zwischen den die Landschaft durchquerenden Ley-Linien einerseits und den menschlichen Halschakren, unserer Herzensliebe sowie der Sprache andererseits. Die Schöpfungsliebe ist es, die Ley-Linien – eben Bahnen des Lebens – entstehen lässt. Sie entstehen, damit liebende Herzen sich auf der Erde verbinden können. Dies drückt sich auch in dem Gedicht aus, das am 19.12.2015 in dem schönen Dörfchen Strodehne an der Havel aus dem zunächst isoliert vernommenen Wort *bahnbrechend* entstanden ist:

Wenn du bereit bist, deine Herzensmilch
Ganz und gar, wieder und wieder zu geben,
Beide Brüste vereinigt zu *einem* Strom,
Und du wirst dabei nicht müde,
Die Schöpfung zu loben als den Leib von Gottes Sohn,
In all ihren Stufen und Räumen und Tönen,
Wie einen Stein auf Stein von liebenden Händen errichteten Dom

Dann lebt in dir, was an einem stillen Sommertag
Die Fülle und Zartheit in den Kronen und dunklen Gründen des Waldes
erschafft
Und was mit allerregsamsten Händen
Den Strom deines Herzens drehet und wendet,
Bis er sich mitten hinein zu artikulieren vollendet
In das Wort von dem göttlichen Thron.

Dann ist, dem Leben die Bahn zu brechen, der göttliche Lohn.

Die Aufgaben des menschlichen Halschakras sind mit dem Kehlkopf und den weiteren Instrumenten unseres Sprechwerkzeuges innigst verbunden. Wie allgemein im Verhältnis von Sinneswahrnehmung zu übersinnlicher Wahrnehmung sind wir heute auch bezüglich der Sprache oft zu schnell und oberflächlich, um wahrnehmen zu können, was hier eigentlich geschieht. Wenn wir im Alltag miteinander reden, hören wir nur auf die Worte und die daraus gefügten Sätze, wir achten auf den mitgeteilten Sinn der Botschaft, der im Wesentlichen aus Urteilen über die äußere Sinneswelt besteht. Indem wir uns auf den Sinn konzentrieren, dämmern wir gegenüber der Tätigkeit der geistigen Welt weg, wir bemerken ihre Mitarbeit beim Sprechen gar nicht. Machen wir jedoch die kleineren Bausteine der gesprochenen Sprache zum Gegenstand unserer Aufmerksamkeit, so können wir in jeder Silbe Gefühlsqualitäten erleben und in den einzelnen Lauten die ursprünglichen Bildekräfte. In jedem Laut steckt eine spezifische Geste, die eine Begegnungsform einander liebender Geistwesen ausdrückt. Sie können das selbst erforschen, wenn Sie über einen einzigen Laut meditieren, also wie durch ein riesiges Vergrößerungsglas auf ein Ereignis schauen, das im Alltag nur den Bruchteil einer Sekunde benötigt, um zu erklingen. In dieser Sprache der Herzensbegegnung ist der eigentliche »Code des Lebens« geschrieben.

Wir Menschen haben die Möglichkeit, unsere Halschakren und den Sprechapparat dereinst zu einem Organ zu formen, durch das die Schöpferkräfte der Sprache in neuer Weise wirksam werden. Jeder einzelne Mensch wird als Sprecher, als Redner, als Bildner des Lebens im Schöpfungsnetzwerk der Erde von immer größerer Bedeutung sein. Wir werden dann voll in der Verantwortung stehen für das, was wir mit den Schöpfungskräften der Sprache tun. Das Geistwesen am Erdhalschakra einer kleinen Schweizer Gemeinde drückte es mir gegenüber einmal so aus:

Worte sind Wesen in unseren Händen, gemeinsame Kinder
(Gempen, 10. 3. 2016)

Sinn und Gesinnung,
Stimme und Stimmung,
Partikel und Partei:
Bei allen Worten
Fühl ich die Schwingung
Und die Kraft dabei,

Denn Worte leben
Ein längeres Leben
Als ihre Sprecher
In ihrem Klang

Und es gibt heute
Noch tausend Worte,
Die Christus einst sprach,
Von hohem Rang.

Sie sind die Samen,
Die ich hüte,
Für die neue Zeit.
Und auch in euch
Wird ihre Blüte sein.
Seid ihr bereit?

Halschakren der Erde im engeren Sinn

Als ein eigenständiges Organsystem sind die Erdhalschakren erst seit Kurzem zu beobachten. Sie sind meines Erachtens Vorboten einer zukünftigen Verkörperungsstufe von Mensch und Erde. Sie werden erst in ihrer vollen Funktion sein, wenn auch der Mensch das in seinen Halschakren angelegte Potenzial voll entfaltet haben wird, die in der Sprache schlummernden Kräfte. Marko Pogačnik beschrieb in den *Geheimnissen der lebendigen Erde* Erdhalschakren als ein System von bis zu fünf säulenförmigen ätherischen Organen in der Landschaft. Wenn es fünf sind, liegen sie recht regelmäßig, radial angeordnet.

Ich selbst habe folgende Beobachtungen an den Erdhalschakren machen können: Wenn ich untergeordnete Holone untersuche, wie etwa Wohnungen, Häuser und Gärten, finde ich in der Regel zwischen zwei und fünf Teilorgane des Halschakras an jeweils eigenem Ort. In größeren landschaftlichen Zusammenhängen sind es meist fünf. Wenn es so viele sind, liegen sie gerne ringförmig und bezogen auf das Holon auch eher randständig, doch gibt es auch andere Anordnungen. So finde ich zuweilen etwa die für Flächenchakrensysteme typische individuelle Anordnung vor.

Bei der Erkundung des Landschaftsholons Nordeifel mit meinem Ausbildungskurs Rhein-Ruhr fand ich kartenradiästhetisch vier Halschakrenorte. Hier war zum Verständnis ihrer Anlage eine Imagination von Undine Hossmann sehr hilfreich. Sie sah die Halschakren des Holons aus einer gemeinsamen Wurzel zur Erdoberfläche hin wachsen. Ein fünfter Abzweig hatte die Erdoberfläche fast erreicht, die Anlagen weiterer Abzweige von der Hauptwurzel waren in der Tiefe schon auszumachen. Man kann also sagen, dass die Erdhalschakren derzeit wie Pilze aus dem Boden schießen, und ich halte es durchaus für möglich, dass ihre Qualität einmal flächendeckend in den Holonen vorhanden sein wird – eben dann, wenn auch wir Menschen die Kräfte unseres eigenen Halschakras zur Entfaltung gebracht haben werden.

Zu Beginn meiner Forschungen an Halschakren fand ich jeweils nur zwei Halschakren in einem Holon. Ich erkannte in ihnen unterschiedliche Aufgaben, die an die beschriebenen Dualitäten der Erdwurzelchakren und der Erdsakralchakren erinnern, sich jedoch erst durch die Mitwirkung des Menschen entfalten können. An dem einen Pol fand ich eine Qualität, die ich als »Kommunion mit der Natur« bezeichnen würde. Der Mensch begegnet der Natur als einem Sakrament, er nimmt es in sich auf. Am Gegenpol fand ich Orte, an denen der Mensch beginnt, Zeugnis abzulegen von dem, was er mit dem Sakrament empfangenen hat. »Evangelium der Natur« würde ich diese Qualität nennen, um eine Wortschöpfung Jakob Lorbers abzuwandeln.[32] – Die folgende Mitteilung einer »Kommunion mit der Natur« kam auf Marienwerder, einer Halbinsel im Unteruckersee bei Prenzlau. Dort stand früher ein Zisterzienserkloster, von dem nur noch Fundamentreste erhalten sind. Das Organ arbeitet für das Holon des Unteruckersees, in dem auch die Stadt Prenzlau liegt.

Kommunion von Erde und Mensch
(Marienwerder, 28.4.2012)

Wenn auch unsere Wege
Entgegengesetzt scheinen:
Sie treffen sich in der Höhe,
Sie treffen sich in der Tiefe.

Wenn auch euer Gang
Vom Schicksal schwer ist:
Wir machen ihn federnd
Und leicht.

Wenn auch eure Einsamkeit groß ist:
Wir geben euch ein Zuhause.
Wir pflanzen euch Sterne auf die Erde.
Ihr pflanzt eure Taten in den Himmel.

Euer Samen wird in uns Fleisch:
Der Körper der Erde.
So nehmet und esset davon.

Es spricht hier die geistige Welt zu den Menschen. Die Unterschiede zwischen der rein göttlichen Welt und der des Menschen werden nicht geleugnet. Doch beide Sphären werden als miteinander verbunden geschildert. Und das soll uns Menschen mehr als nur Trost spenden. Wie schon beim zweiten Chakra erläutert, ist das rechte Verhältnis zwischen beiden Welten das einer wechselseitigen Ernährung: »Wir pflanzen euch Sterne auf die Erde / Ihr pflanzt eure Taten in den Himmel.« Der Himmel erscheint hier als ein Acker, oder besser noch, als eine Gebärmutter, in der das aufgehen und Fleisch werden kann, was als Folge unserer Taten in ihm angelegt ist. Das Kind, das da geboren wird, ist der Körper der Erde selbst, eine neue Erde der Zukunft. Abschließend die Worte Christi beim Abendmahl: So nehmet und esset davon. Sie werden im Gottesdienst nach der Wandlung von Brot und Wein in Christi Leib und Blut gesprochen, umreißen das Geheimnis der Transsubstantiation: dass Irdisches Himmlisches werden kann. Dieser Vorgang wird sich in den zukünftigen Verkörperungsstufen der Erde tatsächlich vollziehen, wenn es dem Menschen gelingt, das, was Christus vorgelebt hat, Wirklichkeit werden zu lassen im Sozialen: untereinander und in der Begegnung mit den Geistwesen der Erde.

Das folgende Beispiel gilt der zweiten Qualität und Aufgabe des Halschakras: das »Evangelium der Natur« zu verkünden, in Zusammenarbeit mit den Menschen. Auch hier nehmen bereits vorhandene Erdhalschakren einen Entwicklungsschritt der Menschen vorweg, der zur vollen Aktivität ihrer Halschakren nötig ist.

Der Harz an die Menschen (Neinstedt, 8. 8. 2013)

Einst werden wir zusammen zeugen
Aus Worten, Atemströmen,
Aus Blüten- und Sternenstaub
Die Augen, die dich sehen können,
Die Glieder, die dir dienen können,
Oh Herr,
Die Hände, die dich spüren können,
Oh Erde.

Wir werden euer Liebeswort hören können.
Wir werden es beherzigen.
Wir werden es sein
Und werden es schenken,
Bis alle Tränen getrocknet
Und alle Wunden geheilt sind.

Durchwandert mich,
Bis wir eins werden an den Füßen.
Öffnet mich,
Bis ich vor euch liege
Wie ein aufgeschlagenes Buch.

Dies ist eine Vision des neuen Menschen. Der Harz gibt sie als ein hohes Geistwesen. Der Mensch wird sich mit den der Erde verbundenen Geistwesen vereinigt haben zu einem höheren Tempeldienst am Göttlichen. Die Zeit der Kriege wird vorbei sein. Ein Weg dorthin wird in der letzten Strophe aufgezeigt. Wir sollen die in den Erscheinungen der Natur tätigen hohen Wesen erkennen und von ihnen lernen, indem wir das Buch der Natur lesen und, so darf man hinzufügen, daraus verkündigen. Ganz konkret bedeutet das auch, sich auf den Weg zu machen durch eine Landschaft und ihre Geistigkeit zu erforschen. Wir können überall damit beginnen. Eine Gegend, die von sich aus viele Anknüpfungspunkte bietet, ist der Harz. Ob man an den sagenumwobenen Plätzen wie der Rosstrappe oder dem Hexentanzplatz bei Thale beginnt oder sich zu weniger bekannten Orten führen lässt – der Harz als Ganzer, so, wie er vor einem liegt, wenn man sich ihm nähert, lebt. Bis in seine tiefsten Tiefen hinein. Er ist ein riesiger, aber eben doch überschaubarer und auch in überschaubarer Zeit zu Fuß zu erkundender Bewusstseinskörper voller Liebe und Weisheit. Er wird auch Sie an die richtigen Stellen führen, wenn Sie ihn darum bitten und auf seine Weisungen lauschen.

Bei Erkundung von Erdhalschakren ist eine gewisse Wachsamkeit geboten, denn sie können uns mit einem unaufgearbeiteten Thema innerhalb unserer eigenen Persönlichkeitsentwicklung konfrontieren, selbst wenn wir noch so liebevoll und aufgeschlossen an sie herangehen: In welcher Weise wirken auch wir selbst noch manipulativ durch unser Sprechen? Bei der angesprochenen Reise durch die Nordeifel entpuppten sich alle vier Halschakrenorte als solche, die von einer früheren militärischen Nutzung her gezeichnet waren. Nur auf den ersten Blick lagen sie idyllisch in der Natur. Einer befand sich neben dem ehemaligen Gelände der Sprengstofffabrik Espagit bei Blankenheim. Die Firma war kurz vor dem Ersten Weltkrieg weitab menschlicher Siedlungen aufgebaut worden, und ihre Produkte dienten ausschließlich der Tötung von Menschen. Nach Kriegsende waren noch große Mengen Sprengstoffs vorhanden, die durch Unachtsamkeit entzündet wurden und das gesamte Werksgelände in die Luft jagten. Das Gelände ist bis heute nie komplett saniert worden und aus Gefahrengründen nicht frei begehbar. Auch die anderen drei Orte waren von Kriegen gezeichnet, bis hin zu einem ehemaligen Munitionslager der Siegermächte des Zweiten Weltkriegs, das in dem Verdacht stand, auch atomare Waffen vorgehalten zu haben.

Von der Kommunikation zum Logos: weiblich, irdisch

Als ich mit einer Gruppe die Erdhalschakren in der Region zwischen Bernburg, Halle an der Saale und Wittenberg aufsuchte, wurde ich zu einem verwilderten Acker- oder Wiesengelände geführt, das zwischen einem Industriegebiet und einer Autobahn übrig geblieben war. Stichstraßen endeten im Nichts, neue Produktions- oder Lagerhallen ragten in einiger Entfernung auf. Außer dem Schriftzug mit dem Firmennamen verrieten diese Kuben nicht, was hinter ihrer aufgeräumten Oberfläche vor sich ging. Es war Sonntag, die Parkplätze waren leer. In unserer Nähe standen aus einer früheren Nutzung des Landes durch den Menschen vereinzelt Obstbäume. Sie reichten uns noch im Absterben ihre letzten wohlschmeckenden Früchte. Hier, an einem vergessenen Ort, durften wir eine zukünftige Qualität der Erde erleben, so als wäre die Erde bereits erlöst.

> Wo der Himmel schon offen ist – unter den Augen der Götter
> (Industriegebiet an der A9 bei Bitterfeld, 26. 7. 2014)
>
> In den Himmel,
> Taste dich in den Himmel!
>
> Angewärmt ist dein Geschenk,
> Die Rede deiner Hände.
>
> Wir nehmen es gern.

Auch diesen kurzen Text durfte ich als eine Reaktion der geistigen Welt auf mein Schreiben entgegennehmen.

Können Sie sich vorstellen, dass beispielsweise einer der am meisten ausgebeuteten Rohstoffe, das Erdöl, geistig gesehen noch ganz andere Aufgaben haben könnte? Dass dieser unangenehm riechende, schmierige Stoff heilig ist, geradezu ein Attribut von Isis-Gaia, der Schwarzen Göttin der Wandlung? Dass vielleicht gerade das Erdöl mit dem tiefen Geheimnis der zukünftigen Verwandlung unserer Sprache in Verbindung steht?

Über das Erdöl (Berlin, 16. 2. 2015)

Ganymed
Wie ein Kellner warte ich dir auf.
Mit meinem weißen Tuch putze ich dich blank.
Ich creme dich ein, mache dich rein und schön.
Ich möchte dich pflegen, dir dienen, Erde.

Denn ich verehre dich schon so lang.
Und ich gebe dir, Isis,
Zusammen mit der Kohle, die dich über alles liebt,
Dein dunkles Erscheinen.

Du sollst nicht meinen, dass dies alles ist,
Was ich dir geben kann, dann und wann.
Es gibt noch ein Größeres,
Das ich bis heute nur ahnen kann –

Dass, wie in meiner Schwester, der Kohle,
Das Licht als ein Diamant durchbricht,
Mein Liebeswort einst
Aus Menschenkehlen spricht.

Erdstirnchakra

Wissensspeicher ohne materielles Substrat

Auch über diesen Erdchakrentyp ist noch nicht viel bekannt. Marko Pogačnik erwähnt Erdstirnchakren erst 2008.[33] Er beschreibt sie kurz als Wissensspeicher der in den Naturkräften tätigen Geistwesen und sieht sie daher in Entsprechung zum Gehirn des Menschen. Einen zweiten Typ von ätherischem Organ in der Landschaft, die von ihm so gennanten Gleichgewichtszentren, sieht er über den Gleichgewichtssinn des Menschen ebenfalls in Wechselbeziehung zum Stirnchakra des Menschen. Auch ich habe inzwischen angefangen, Erdstirnchakren zu erforschen und zu erfragen, was sie den Menschen spiegeln. Dabei zeigte sich mir vor allem die von Pogačnik angedeutete Parallele zum Gehirn des Menschen im Detail.

Als ätherische Organe geben die Stirnchakren der Erde unserem Denken ein Rätsel auf, solange unser Denken abstrakt, fern der Bildekräfte ist und sich an der Sinneswelt als dem vermeintlich letzten Grund der Dinge orientiert. Das Rätsel lautet: Wie kann Wissen aufbewahrt werden und jederzeit zugänglich sein, ohne dass ein materieller Speicher vorhanden ist? Als Angehörige einer Schriftkultur sind wir über Jahrtausende das Niederlegen von Wissen auf materiellen Speichern wie Stein, Papyrus, Pergament, Papier und Festplatten gewohnt. Durch den Gebrauch des Internets erschließen wir uns Netzwerke von Rechnern. Im Gebrauch der elektronischen Medien gewöhnen wir uns langsam daran, fast – aber eben doch nicht ganz – abgelöst vom Materiellen miteinander zu kommunizieren. In der Telepathie und dem licht- und klanghaften Wissenstransfer innerhalb der geistigen Welt wird Wissensaustausch ohne materiellen Speicher gepflegt. Wäre es nicht schön, wenn unsere Gesellschaft in die Erforschung davon wenigstens einen Bruchteil dessen investieren würde, was sie in die IT-Forschung steckt? Durch die elektronische Kommunikation üben wir ansatzweise, uns von materiellen Wissensspeichern zu lösen, zugleich besteht die Gefahr, in einem Zerrbild des Geistigen stecken zu bleiben.

Neben dem auf Speichermedien fixierten Wissen gibt es einen bis heute wirksamen Strom mündlicher Überlieferung, von den Sagen und Schöpfungsmythen früherer Zeiten oder archaischer Kulturen bis hin zum Buschfunk und der Mundpropaganda unserer Tage. Und ob mündlich oder schriftlich unterwegs, wir alle sind natürlich immer und überall Nutznießer eines überaus alten und nur aufgrund seiner Ungenauigkeit verlässlichen Zeichensystems: der Sprache. Die Sprache selber ist eigentlich ein Geistorganismus, getragen von hohen Geistwesen. Sie ist prall gefüllt mit Erfahrungen ihrer Sprecher aus langen Zeiträumen, spiegelt und ordnet deren Verhältnis zur Welt in den grammatischen Beziehungen, kommt ohne materielle Speicher ihres Zeichenvorrates aus, nicht jedoch ohne Sprecher. Sie steht in dem Geheimnis, dass der einzelne Sprecher sie kaum ändern kann und dass sie sich über längere Zeiträume sehr wohl ändert.

Was sagen die mit den Erdstirnchakren verbundenen Geistwesen zu unserem derzeitigen Umgang mit Wissen und materiellen Wissensspeichern?

Angst vor der Selbstbegegnung

Enzyklopädie (Übach-Palenberg, 7. 9. 2013)

Wie ihr Wissen sammelt, speichert, lehrt, austauscht – oh Mann, ich halt's im Kopf nicht aus! Das tut richtig weh! Und welch eine Wüste entsteht daraus! Ihr tut auch hier so, als wärt ihr getrennt von allem, als könntet ihr ›die Welt‹ losgelöst betrachten, als hätte nicht alles, was euch begegnet, auch mit euch selbst zu tun, als wärt ihr nicht zugleich Urheber, Veränderer, Beeinflusser von all dem, was ihr betrachtet, als zeigte sich nicht in allem auch euer eigenes Schicksal. Doch ihr wollt's nicht sehen.
In jedem Atemzug, in jedem Wassertropfen ist alles Wissen der Welt enthalten, jederzeit für jeden zugänglich. Aus jedem Grashalm, aus jedem Schmetterlingsflügel blickt es dich an. Komm in dir selbst an, und du erkennst es. Der Ort kann dir helfen, dich selbst zu betrachten. Hier schauen dich deine Taten an. Und so ihr es in Gemeinschaft tut, entsteht ein Raum, in dem die Wesens- und Lebenskräfte ganz einander dienen können, wie der Baum der Erkenntnis und der des Lebens.

Die Mitteilung erhielt ich an dem Stirnchakra eines Holons ganz im Westen Deutschlands, dem des Landkreises Heinsberg, nördlich der Stadt Aachen. Die Gegend ist vom Steinkohlebergbau geprägt, die Zechen sind mittlerweile geschlossen. Kegelförmige Abraumhalden stehen als künstliche Berge in der Landschaft. Wenn wir diese Berge für natürliche Höhenzüge hielten, dann täten wir das, was das mit dem Erdstirnchakra verbundene Geistwesen unserer gewöhnlichen Verstandestätigkeit vorwirft. Es geht hier um die Illusion des unbeteiligten Beobachters. Diese liegt ja dem neuzeitlichen Wissenschaftsverständnis zugrunde und ist uns auch im Alltag zur Wahrnehmungsgewohnheit geworden. Wir sehen uns – abgesehen vom Streben nach dem kleinen persönlichen Glück – als Zaungäste des Weltgeschehens und werden allzu gern von früh an in diese Rolle eingeführt, verstehen aber nicht, wie sehr das Leben in der Nähe und im Umkreis darauf wartet, dass wir endlich aus unserem Schlaf erwachen.

Der obige Text ist eine Standpauke, man spürt die Ungeduld der geistigen Welt, die sich wundert, warum wir zögern, die längst möglichen und auch fälligen Erfahrungen jenseits der Dualität von Subjekt und Objekt zu machen. Das hermetische Gesetz, nach dem sich Universum und Mensch gegenseitig spiegeln, ist bekannt, und es gilt. Warum wenden wir es nicht an, um die Welt zu erkennen? Vermutlich, weil wir Angst davor haben, uns beim Blick auf die Welt draußen selbst zu begegnen. Wir vermeiden es, den Außenwelt gewordenen Folgen unserer Taten ins Auge zu schauen. An den Erdstirnchakren wird uns die Verschattung unseres Denkens gespiegelt. Unser Denken muss verschattet bleiben, solange es nicht von sich aus die Verbindung mit dem schaffenden Denken der geistigen Welt gefunden hat.

Eine Standpauke bekam ich auch anlässlich einer Reise nach Chartres. Wenn Sie einmal nach Chartres kommen, besuchen Sie nicht nur die berühmte Kathedrale, sondern auch die Stadtkirche St. Aignan. Es herrscht eine angenehme persönliche Atmosphäre dort. Fast fühlt es sich so an, als hätten die Gemeindemitglieder beschlossen, den Kirchenraum zu ihrem Wohnzimmer zu machen. Die Chakrenachse der Kirche verläuft regelhaft entlang der Mittelachse des Gebäudes vom Westeingang unter dem Turm bis hinter die Apsis. Hinter dem Altar befindet sich das Stirnchakra, an dem ich einmal mit einer Gruppe in aller Ruhe meditierte.

Hinter dem Altar in der Kirche St. Aignan (Chartres, 19. 5. 2012)

Mit leichtem Strich skizziere ich dir ein Fenster,
Geschnitten quadratisch in deine Stirn und in die der Kirche –
Ein Fenster, durch das du die Wirklichkeit sehen kannst:
Mundgerecht, aufgeschrieben, erzählt,
Beteuert, beschworen, im Herzen gewusst:

Dass die Taten unseres Herrn Jesus wahr sind –
So wahr, wie nur irgendetwas wahr sein kann.

Während ihr nach der richtigen Auffassung
Der Heiligen Schrift sucht, fassen wir
Euch auf, wie man Hilflose am Wegesrand
Auffasst und in Gewahrsam nimmt, bis
Sie wieder zu Verstand kommen: Wir betten
Und ernähren euch, halten euch warm.

Wenn ihr einst aufgewacht seid,
erfüllt sich die Schrift.

Aus der Perspektive der göttlichen Einheit betrachtet braucht es schon viel Langmut, um unseren Zustand der Getrenntheit nicht nur weiterhin aushalten zu können, sondern auch ständig unterhalten zu müssen, damit wir darinnen überhaupt am Leben bleiben. Da können wir der geistigen Welt durchaus wie Obdachlose vorkommen, die jeden Abend erneut volltrunken in die Notaufnahme eingeliefert werden, egal, ob wir Atheisten oder Theologen sind. Während manche indigenen Völker die Verbindung gehalten haben und manche Tradition des Ostens noch lebt, muss unsere westliche Zivilisation wie ein gewaltiges Irrenhaus erscheinen, ja wie ein böser Alptraum. Und doch könnten auch wir in unserem eigenen Kulturkreis ernsthaft das zur Kenntnis nehmen, was uns allen in der Heiligen Schrift zugänglich verzeichnet ist und uns bis ins Allerpersönlichste betrifft. Denn die Lebensgeschichte Christi nimmt unsere eigene Geschichte vorweg. In der Nachfolge dieser Geschichte können wir den Zustand der Getrenntheit überwinden. »Ich bin der Weg, die Wahrheit und das Leben.« (Joh 14,6)

Den Schatten im heutigen Denken erlösen

Wir können zwar viel von den unter den Menschen noch lebenden älteren Verbindungen zur geistigen Welt lernen, erwachen müssen wir aber aus eigener Anstrengung des Bewusstseins und des Herzens und losgehen, indem wir nicht unseren Verstand über Bord werfen, sondern ihn verwandeln. Zwischenzeitlich war eine gewisse Trennung von der göttlichen Einheit nötig, damit wir die Erfahrung der Freiheit machen konnten. Als Beispiel sei die babylonische Sprachverwirrung genannt. Sie erscheint im Bibeltext als Strafe Gottes, weil der Mensch sich anmaßte, selber Gott zu sein. Als ich einmal mit meinem Arbeitskreis Geomantie Potsdam hinter diese Erzählung meditierte, erschien uns die Aufgliederung in Sprachen als ein notwendiger Schritt hin zur Ausbildung der Volksseelen, natürlich mit allem Potenzial für Missverständnisse, aber auch mit dem zu einer neuartigen Zusammenarbeit. Das ist ja durch Institutionen wie die Vereinten Nationen noch lange nicht ausgeschöpft. In der Zeit vor dem Turm zu Babel war die Menschheit so etwas wie ein behagliches gallisches Dorf. Es gab nicht viel Anreiz, sich weiterzuentwickeln. Daher glaube ich auch nicht, dass es reicht, ältere Anbindungen an die geistige Welt zu reaktivieren.

Um den Blick auf die geistige Welt wieder freizubekommen, müssen Nachwirkungen magischen Missbrauches erkannt und aufgelöst werden. Dieser Befund ergab sich mir nicht nur beim Europäischen Herzchakra in Russland. Hier ist ein Beispiel, das ich an dem Erdstirnchakra der Stadt Halle an der Saale erhielt.

Ungeweinte Tränen am Giebichenstein
(Halle an der Saale, 11.10.2014)

Ich weine um meine Kinder.
Sie sind alle getrennt von mir und liegen hier in der Erde begraben.
Wenn du hier grübest, würdest du sie finden.
Als sie noch lebten, war es auf der Erde wie ein Sonntagsspaziergang.
Wir berichteten dem Himmel von der Schönheit der Erde und von den Entdeckungen, die man auf ihr machen kann.
Ein Stein war damals nie allein, sondern, wie heute noch das Wasser, mit allen verbunden.
Wenn du heute mit mir zum Steinerweichen über sie weinen könntest, würden sie alle wieder lebendig: sieben Hügel, sieben Raben, sieben Söhne bei ihrem Vater.
Von einem Ort wie diesem hier, mit dir und mir, könnte es sich ausbreiten.
Dann müsstet auch ihr nicht mehr sterben.
Bis dahin aber beruht alles Erinnern auf diesem Schmerz.

Nicht nur Rom, sondern auch Halle an der Saale ist auf sieben Hügeln erbaut. Der Giebichenstein als der markanteste von ihnen erscheint hier als Vaterfigur, verzweifelt über die Trennung von den anderen Hügeln, den Söhnen. Es wird ein lange zurückliegender, sehr friedlicher Zustand der familiären Gemeinschaft der Hügel und der Verbindung von Himmel und Erde beschrieben. Der Mensch war ein Teil davon. Die begrabenen Kinder, die verlorenen Hügel, das sind auch die Menschen, die aus der Gemeinschaft mit der Erde und der geistigen Welt ausgeschieden sind. Mit dem Verweis auf das Grimm'sche Märchen von den Sieben Raben wird auf einen Fluch angespielt, der zu der Trennung geführt hat. Dieser Fluch kann nur, wie in dem Märchen auch, durch größtmögliche Empathie aufgehoben werden, hier, indem mit dem einsamen Felsenvater zusammen »zum Steinerweichen« über das Schicksal der Söhne geweint wird. Geschähe dies hier, könnte sich die heilende Wirkung auch im Umkreis ausbreiten, mit anderen Worten: Der magisch wirkende Fluch ist nicht auf die Stadt allein beschränkt. Ich gehe davon aus, dass ein Schatten frühen Missbrauchs des Denkens ein konstituierendes Element der nachatlantischen Kulturepochen ist.

Das mit der Formation des Giebichensteins verbundene hohe Erdelementarwesen spricht an dem Stirnchakra von Halle nicht nur über das Schicksal des Menschen, sondern auch über das seines Elementes. Erst die immer schwerer und fester werdende Erde ermöglicht die sinnliche Erfahrung der Getrenntheit von der geistigen Welt. Eine Folge davon ist das, was wir heute als unsere Sterblichkeit erleben.

Ein Ort, an dem man den geheilten Bruch zwischen Mensch und geistiger Welt wie aus der Zukunft erleben kann, ist die Ruine der Basilika St. Maria Niedermünster im Elsass. Sie befindet sich unterhalb des Klosters Odilienberg. Hier hatte die heilige Odilie im achten Jahrhundert unserer Zeitrechnung ein Hospital für kranke Pilger eingerichtet. Die Zukunft ist hier durch die hingebungsvolle heilerische Arbeit der Odilie bereits vorweggenommen und an dem Ort verankert worden. Am Achsen-Stirnchakra der Basilika erhielt ich folgende Mitteilung:

Leib der Basilika St. Maria Niedermünster (7. 7. 2012)

In deinem steinernen Becken der Wellengang der Meere,
Bis es Abend wird an den Küsten der Erde,
Der Wind sich legt und Nacht und Stille werden
Und die Meerestiefen in mir sind.

Ich fühl die Drehung der Erde,
Die Bahnen der Gestirne,
Bis auch das sich legt.

Dann kann auch meine Seele zur Ruhe kommen
Und bei dir einkehren, mein Schöpfer.

Beschrieben wird ein friedvoller, pränataler Zustand, umgeben von Wasser. Obwohl wir uns auf einigen Hundert Höhenmetern befinden, erscheint das steinerne Becken des Kirchenbaues mehr noch denn als Leib einer Mutter, der die Leibesfrucht in sich trägt, als ein Schiffsrumpf, der eine kostbare Fracht sicher durch das Meer trägt. Immer mehr verliert sich der wund und krank machende Lärm des Alltags. Die Stille wendet sich ins Kosmische und führt zu einer heilsamen Begegnung mit dem Schöpfergott.

In dem folgenden Text geht es um ein erlöstes Denken. Das erlöste Denken fließt aus der göttlichen Quelle, es ist der Heilige Geist.

Geistesforschung als Sakrament (Marktoberdorf, 25. 7. 2015)

Wollt ihr den Kopf wieder freibekommen, so betrachtet das Denken und das, was ihr damit erschafft. Seht, was es wirklich ist: der Heilige Geist, ein

göttlicher Strom aus der Höhe, der herabfällt in die Schalen eurer Hände und aus dem Leben und Wärme aufsteigen in euren Leib.
Und dann betrachtet eure Hände, die Werkzeuge eures Willens. So wie ihr mit ihnen Dinge erschafft, so wirken im Denken die Hände Gottes.
Und die Welt seines Willens und eurer Hände vereinigt sich im heiligen Zeichen, in der heiligen Schrift der Schöpferkraft.
Dann geht den Weg des Herzens. Durch das Mitgefühl versteht ihr, was eure Mitschöpfer tun oder nicht tun. So könnt ihr an der Welt weise werden und Gutes tun.
Gehet hin und tut dies zu meinem Gedächtnis.

Die Erdstirnchakren sind Orte, an denen wir nicht nur über die Fehlbarkeiten des Verstandes aufgeklärt werden, sondern auch Wege zu einem lebensnahen, schöpferischen Denken lernen können. Dieses wird vom göttlichen Willen impulsiert und es erschafft dann die Formen der äußeren Erscheinungen aus dem Ätherischen. Wenn wir genau erforschen, wie Gedanken in uns erscheinen, können wir auch über sie die Wirksamkeit Gottes in uns finden. So wie der Heilige Geist die Hand Gottes ist, so sollen auch unsere Hände Werkzeuge göttlichen Willens werden. Was wir tun in der Welt, kann dann Ausdruck des ursprünglichen Schöpfungsimpulses werden. Es wird »heiliges Zeichen, heilige Schrift der Schöpferkraft«. Aus geschichtlichen Dimensionen können dann heilsgeschichtliche werden.

Ausblick auf einen globalen Gottesbürgerstaat

Das europäische Stirnchakra dehnt sich aus zwischen Bern und Genua und hat sein Zentrum im Raum Aosta und Turin. Ich besuchte es mit einer Gruppe im Sommer 2012. Vielleicht ist es kein Zufall, dass sich hier am Südrand der Alpen in den Siebzigerjahren eine esoterische Gemeinschaft angesiedelt hat, die sich als ein souveränes Staatengebilde ansieht. Sie hat sich den Namen Damanhur gegeben und durch diese Namensgebung Anschluss gesucht an die spirituelle Tradition des alten Ägypten. Über die Jahre sind hier in dem weichen Fels erstaunliche unterirdische Sakralräume geschaffen worden, in denen eine spirituell orientierte Kunst Ausdruck findet. Auch gibt es hier Ansätze, eine an den Lebenskräften orientierte Technik zu erforschen. Bei einer Meditation in den Bergen der Region Champorcher, unweit von Damanhur, erhielt ich von einem mit dem Stirnchakra Europas verbundenen Geistwesen folgenden Text:

Die Politik sollte Naturwesen wie dem «grünen Mann» (hier im Deckenstuck der Eusebiuskirche, Arnheim) mehr Gehör schenken

Monte dei Corni, Aosta (August 2012)

Aus meiner Höhe erschallt das Wort
Vom Werden der Welt, vom Tragen der Zeit,
Vom Halten des Raumes, vom Werfen des Samens
Ins All.

Europa zu wiegen ist mein Spiel.
Es beginnt am Nil und endet in Rom
Am Petersdom.

Den Gottesbürgerstaat mit euch zu gründen,
Bleibt mein Ziel.

Wir erleben hier in der ersten Strophe so etwas wie eine tätige Genesis des Wortes, eine Schöpferkraft, die vom Wissen um das Leben kündet und es so stetig neu hervorbringt. Was uns in der Thora als historisches Geschehen berichtet wird, das vollzieht sich seitens der geistigen Welt weiterhin.

Auf der europäischen Ebene ergibt sich aus diesem Text die Frage nach der spirituellen Anbindung der europäischen Gemeinschaft. Der Bogen wird historisch von Ägypten bis zum Vatikanstaat gespannt. Obwohl es nicht mehr in Europa liegt, dürfte von Alt-Ägypten spirituell wie kulturell eine sehr starke Wirkung auf ganz Europa ausgegangen sein, bis heute. Man könnte das ägyptische Reich daher als die älteste, über das Pharaonen- und Priestertum eng mit der geistigen Welt verbundene Staatsform bezeichnen, die auf Europa eingewirkt hat. Der Vatikanstaat wäre dagegen die letzte heute noch existierende Theokratie auf dem Boden des Kontinentes.

Aus gutem Grund haben die Menschen Europas eine Trennung von Staat und Kirche in den meisten ihrer Staaten erreicht. Theokratie im überkommenen Sinn passt nicht mehr zu einer Gemeinschaft mündiger Bürger, die einen offenen Prozess der Meinungs- und Willensbildung wünschen. Die bis heute ungelöste Frage ist, wie dieser Prozess mit den spirituellen Lebensgesetzen

Mehr Fürsprecher der Naturwesen werden gebraucht:
hier mein Schüler Joachim Welz

harmonisiert werden kann und wie der Rat der geistigen Welt segensreich in alle Unternehmungen der Menschen einzufließen vermag unter Wahrung der Freiheit jedes einzelnen Mitgliedes der Gemeinschaft. Weitere Gespräche mit den Geistwesen, die mit dem europäischen Stirnchakra verbunden sind, würden sich hier zur Klärung anbieten.

Eine spirituelle Anbindung darf staatlicherseits nicht verordnet werden. Die Zeit für einen globalen Gottesbürgerstaat mit menschlichem Gesicht ist erst dann reif, wenn alle Menschen, jeder Einzelne für sich und alle in den Religionsgemeinschaften verbunden, die eigenen dunklen Seiten durchgearbeitet und erlöst haben. Sonst sind dem Missbrauch auf der politischen Ebene Tür und Tor geöffnet. Dennoch sollte es schon heute möglich sein, den Rat der geistigen Welt bei politischen Entscheidungen einzuholen: wenn es gelingt, dieses tiefe Wissen allen Entscheidungsträgern verständlich zu machen, sodass es sich als hilfreich bewähren kann.

Auf meiner geomantischen Karte befindet sich das planetare Erdstirnchakra dort, wo man ein Zentrum der früheren atlantischen Kultur vermuten darf: mitten im Atlantischen Ozean, auf halbem Wege zwischen Europa und Amerika. Sehr wahrscheinlich war den Menschen jener Zeit eine Form bildekräftigen Denkens möglich. Wenn wir auch in unserer Kultur diese Fähigkeit weiter ausbilden, werden wir auf diese Weise auf das Wissen der alten Atlantis, die uns ja keine materiellen Wissensspeicher hinterlassen hat, zurückgreifen können. Wir werden dann die gemeinsame Natur- und Kulturgeschichte von Mensch, Erde und geistiger Welt als zusammenhängend überschauen und vielleicht auch Anregungen erhalten, wie wir unsere aktuellen technischen Probleme lösen können. Denn um lebensgemäß wirtschaften zu können, werden wir Strategien entwickeln müssen, die auf ätherischen Fertigkeiten basieren.[34] Die atlantische Zivilisation war da wahrscheinlich einmal viel weiter als wir. Wir können von ihr also viel lernen, auch aus ihren Fehlern. Während wir im Augenblick noch von konventioneller Energieerzeugung auf regenerative Energien umstellen, sollten wir schon den nächsten Schritt vorbereiten: ätherische Technik. Denn erst, wenn Energieerzeugung nicht mehr gleichbedeutend mit der Bereitstellung von elektrischem Strom auf welchem Weg auch immer ist, können die damit verbundenen Todesprozesse überwunden werden: Elektrischer Strom ist nur auf Kosten von Ätherkräften erhältlich. Auch hier ist ein Überwinden der Egoität in selbstlos tätigen Menschengemeinschaften Voraussetzung. Wenn wir das Denken aus seiner Verschattung erlösen und unser Lieben frei fließt, werden wir selbst Quelle ätherischer Kräfte sein, die dann etwa als Levitationskräfte Arbeiten verrichten können. Eine seriöse Forschung dazu ist heute schon möglich. Alles, was nach dem Ende der Atlantis bis in unsere heutige Zeit mit Landwirtschaft und Gartenbau zu tun hat, ist so etwas wie eine atlantische Kultur in der

Diaspora. Wir gehen mehr oder weniger äußerlich mit Wachstumskräften um, die es in Wahrheit ›in sich haben‹.

Erdkronenchakra

Erdkronenchakren werden bei Marko Pogačnik als Orte beschrieben, an denen die Qualitäten von Erde und Kosmos einander begegnen.[35] Als Spiegel der Menschen zeigen sie nach meiner Beobachtung in gut verständlichen Imaginationen, ob unsere »Antenne« zur geistigen Welt funktioniert, auf Empfang steht. Wenn es so ist, können sie uns mit den Wesen aus der geistigen Welt verbinden, die auf unsere Erdenentwicklung schauen.

Die typische Lage des Erdkronenchakras im Energiekörper eines Hauses ist der zentrale Kaminschacht. Dieser Hohlkörper mit im Inneren aufsteigendem Luftstrom ähnelt der aufgerichteten Wirbelsäule des Menschen. Die Wirbelsäule saugt an ihrem oberen Ende kosmische Energie an. Unser Kronenchakra, das sich in und auf der Schädelplatte befindet und darüber hinausreicht, wirkt wie eine Empfangsstation. So wie Menschenseelen am Ende des Lebens oder für eine Astralreise den physischen Leib durch die Wirbelsäule verlassen, so reist auch im Märchen die Hexe durch den Schornstein, wenn sie ihr Haus verlassen oder betreten möchte.

Wenn sich mir bei Betrachtung des Erdkronenchakras während einer Hausuntersuchung mein Nacken versteift, erkenne ich daran, dass das Kronenchakra des Hauses nicht richtig arbeitet. Es spiegelt dann in aller Regel Blockaden, die sich im leiblichen Kronenchakra meiner Auftraggeberinnen und Auftraggeber befinden. Diese Blockaden führen dazu, dass die Impulse der geistigen Welt nicht richtig aufgenommen werden können. Oft steckt ein Mangel an Glaubenskraft dahinter. Er drückt sich durch eine unproduktive, eigensinnige Skepsis aus, die verbunden ist mit einer Weigerung, die eigene Lebensaufgabe zu ergreifen. Wenn ich meinen Auftraggebern diesen Mangel zu Bewusstsein bringen und auch die Ursachen dafür erkennen kann, wird in der Regel das Chakra des Ortes wieder aktiver.

Spiegel der kollektiven geistigen Arbeit der Menschen

Über die Jahre hinweg habe ich zu Beginn meiner Arbeit an Erdkronenchakren immer wieder eine bestimmte Imagination bekommen: den Nahblick auf eine lockige Frisur, sodass ich die einzelnen Haare, die Strähnen und das Muster des ganzen Haarschopfs studieren kann. Ich verstehe das Bild dahingehend, dass jedes einzelne Haar für die geistige Arbeit eines Menschen steht, der das Holon bewohnt. Der ganze Haarschopf bedeutet dann die Summe der geistigen Arbeit aller Bewohner des Holons. Der Drall in den Drehungen und Wendungen der Haare und Strähnen ermöglicht Rückschlüsse auf die Qualität dieser kollektiven Arbeit, in ähnlicher Weise, wie wir einen natürlichen Lockenkopf vielleicht als Kennzeichen eines lebhaften, willensbetonten, ja widerspenstigen Charakters deuten. Was die tatsächliche Qualität der kollektiven geistigen Arbeit der Menschen in einer Gegend angeht, so bekomme ich von den Erdkronenchakren oftmals einen Negativbescheid ausgestellt. Das Erscheinungsbild der Frisur wird von der Mehrheit der Menschen in dieser Region bestimmt, es ergibt sich aus dem Querschnitt ihrer Bewusstseinsinhalte. Was beispielsweise morgendlich durch die Schlagzeile der Boulevardzeitung in entsprechend vielen Lesern ausgelöst wird, wiegt hier leider auch mehr als vereinzelte überdurchschnittliche Denk- und Bewusstseinsleistungen.

Das Kronenchakra von Berlin-Köpenick an die
Menschen seiner Gegend (1. 7. 2012)

Ich hör mir die Augen aus dem Kopf,
Ich dehn mir den Nacken wund,
Sehn mich nach deiner Gedanken Rund,
Und auch mein Herz kann es nicht fassen,
Dass du bei all dem bleibst so gelassen,
Als würde die Erde nicht warten
Auf deiner Worte Taten,
Als würden die Toten nicht hoffen
Auf das, was in dir offen,
Als hätten die Engel vergebens
Den Leib dir bereitet zum Leben.

Ich hör hier so wenig von Chören
Aus Menschen und Engeln, ich sehe
stattdessen die Götter erscheinen
Und inniglich über dich weinen.

Mit dem Kronenchakra öffnet sich der Blick deutlich zum Himmel hin. Bei den Erdstirnchakren wird die Natur unseres Denkens intim betrachtet. Sie können uns spiegeln, wie wir uns mit unserem dualen Denken weigern, die Erde als

Gegenüber unserer eigenen Entwicklung wahrzunehmen. Bei den Erdkronenchakren geht es hingegen um die vielen Wesenheiten der geistigen Welt, die auf den Menschen schauen und auf sein Erwachen warten. Aus dem obigen Text spricht die pure Verzweiflung bezogen auf den Südosten von Berlin. An dem übergeordneten Kronenchakra für ganz Berlin erhielt ich einmal ein Bild der vollkommenen Verbindung von Himmel und Erde, die im Zusammenspiel der Elemente und der geistigen Welt jederzeit besteht.

Am Sacrower See (16. 7. 2012)

Jeder Tropfen dieses Sees
Hängt an einem Stern.
Jede Krume dieser Erde
Träumt von ihm so gern.
Und jedes Blatt in diesem Wald
Lebt in ihm, nah und fern.

Was dein Augenstern berührt,
Sei's See, sei's Erd, sei's Blatt,
Es jubelt umso mehr empor
Zu seinem Schöpfergott,
Sehnt sich nach deiner Schöpferkraft,
Aus Samen, Herz und Mund,
Will sich versammeln, wenn du magst,
Im Menschheitshimmelsrund.

Alles ist mit allem verbunden. In den Kronenchakren können alle erdenklichen Beziehungen zwischen Mensch, Erde und Kosmos geknüpft werden. Auch das Entfernteste und Entlegenste ist mit uns verbunden, ganz gleich, ob es in der tiefsten Tiefe der Erde ruht oder im hintersten Winkel des Universums versteckt ist. Die Verbundenheit zwischen Himmel und Erde kann sich jedoch nur ganz erfüllen, wenn der Mensch vollbewusst in sie eintritt. Schöpfung und Schöpfer warten auf nichts anderes. Das »Menschheitshimmelsrund« wäre dann die erlöste Erde als Ort der in die Hierarchien der Engel aufgestiegenen Menschheit. Die Menschen wären Meister der Erde geworden, die allem, was auf ihr existiert, seine himmlische Aufgabe und Erfüllung zuwiesen.

Hier folgt ein Beispiel dafür, wie über das Kronenchakra eines Holons die Ahnen die Bewohner des Holons mit Willenskräften impulsieren.

Kronenchakra des Hintertaunus (bei Oberwetz, Herbst 2014)

So wie aus einem kleinen Samen ein großer Baum wird, so kann aus einem Entschluss ein Ereignis werden, das weit in die Welt strahlt. Welche Wege es in der Welt nimmt, bevor es ganz in der Weite verstreut ausläuft, das kommt aus der ursprünglichen, im Kern geballten Geste. Wie ein Windstoß, der das herabhängende Segel und das träge Ruder ergreift, gibt sie ihm Fahrt und Richtung. Wie ein Wort zur rechten Zeit, am rechten Ort gesprochen.
Die Keime und Kerne erhalten wir aus den Händen der Vorfahren. Es sind ihre Liebesgaben, unser Reiseproviant. Wie ein Sämann sollen wir sie in den Raum auswerfen, und von den Früchten wollen wir leben.
Die Keimkräfte der Samen, unserer Entschlüsse, sie kommen aus dem freudigen Zutrauen und Ermuntern der Vorfahren. Sie übergeben sie uns mit den Worten: Ja, du kannst es! Wir wünschen dir gutes Gelingen!

Wieder geht es um die Willenskräfte, die dem Denken zugrunde liegen. Sie sind Samen vergleichbar, die die »ursprüngliche, im Kern geballte Geste« enthalten, ähnlich dem zur Lockenform führenden Drall im Haar, den ich als meine Erkennungsimagination für Erdkronenchakren beschrieben habe. Antriebe zu unserem Handeln können sich aus der liebevoll entschlossenen Geste des Zutrauens ergeben, das uns von den Ahnen geschenkt wird. Wie wichtig für das gesamte Leben eine solche Geste sein kann, kennen Sie vielleicht aus eigener Erfahrung.

Das Kronenchakra Europas in Schottland

Im Sommer 2017 fuhr ich mit einer Gruppe nach Schottland. Unsere erste Station war die Insel Lindisfarne, die im äußersten Norden Englands liegt. Danach fuhren wir auf die Orkney-Inseln, die der schottischen Nordküste vorgelagert sind. Unsere dritte und letzte Station war die Insel Iona, die vor der Westküste Schottlands liegt. In der Weite dieser Landschaften durchdringen sich Land und Meer, Licht und Finsternis, Himmel und Erde. Am Ostufer der Insel Lindisfarne berichtete ein hohes weibliches Elementarwesen des Meeres über den zukünftigen Venus-Zustand der Erde, eine nach Rudolf Steiner gesetzmäßig kommende Verkörperung der Erde, die sich schon heute ankündigt.

Am Nordufer der Insel Lindisfarne

Insel Iona, Blick nach Westen

Ostufer der Insel Lindisfarne (31. 7. 2017)

Heute noch
Wird der Kelch deines Hauptes
Gefüllt werden von der Mutter Milch
In Strömen,
Und du wirst dich
Von dem Beutewissen lösen
Und mit dem All wieder versöhnen.

Du wirst dann dein Denken verschenken
Und lenken in alle Richtungen und Regionen.
Du wirst es entsenden im Wort
Und in sanften durchdringenden Tönen.

Die Formulierung »heute noch« lässt das Christus-Wort anklingen »Wahrlich, ich sage dir, heute noch wirst du mit mir im Paradiese sein« (Lk. 23,43). Der Kelch des Hauptes deutet darauf hin, dass unser Kopf durch eine Verwandlung unseres Gehirns und unseres Denkens zu einer Gralsschale werden kann. Die Milch der Mutter wäre dann die Entsprechung zu dem Blut Christi. Ich denke an die Erdmutter, auch an die Meeressäuger. Es geht ein deutlicher Auftrag von ihnen aus.

Am Nordufer von Lindisfarne wurde uns gezeigt, was den erwünschten Entwicklungsschritt des Menschen und der Erde hemmt.

Nordufer der Insel Lindisfarne (31. 7. 2017)

Hilf mir – bin flügellahm geworden.
Eigentlich bin ich hier,
Dich mit Geistes Kraft zu versorgen.

Ich gebe dir Zeichen, Botschaften,
Wenn du schaust und lauschst hin.
Kostbar sind sie und verborgen,
tragen in sich tiefen Sinn.

Wenn keiner mehr kommt,
Sie zu verstehn,

Schwindet mir meine Kraft,
Muss ich bald vergehn.

Allzu verständlich,
Kann auch nicht bestehn.
Rein gegenständlich
Wird es verwehn.

Was kann ich tun? Wie kann die Zeichendeutungskunst erneuert werden?

Schließe die Augen,
Flute mit Herzblut sie und das Hirn.
Geh in die Tiefen der Erde
Und suche mein Morgengestirn.

Ursula Dahlbüdding und der Autor während der Überfahrt zu den Orkney-Inseln

Es spricht hier ein hohes Luftelementarwesen Europas. Die Zeiten sind vorbei, in denen die iroschottischen Mönche hier lebten, hingebungsvoll verbunden mit den Elementen der Erde und dem Kern der Botschaft Christi, und sich, gesättigt damit, nach Mitteleuropa aufmachten, um die Menschen dort zu erreichen. Das Luftelementarwesen, das auch sie inspiriert haben mag, ist zwischenzeitlich abgehängt worden in der Konkurrenz mit den Botschaften der technischen Massenmedien. Der Zustand des europäischen Erdkronenchakras spiegelt uns, dass man in Europa mehrheitlich in passivem Medienkonsum geistig wie eingeschlafen ist. Kaum noch wird hinter der Alltagswelt nach der Schöpfungswelt gefragt; eine Suche nach Zeichen des Heiligen findet nicht mehr statt, geschweige denn ihre Deutung. Damit aber das »Morgengestirn« aufgehen kann, die Venusqualität der kommenden Erdverkörperung, müssen wir anfangen, geistig das Erdinnere zu durchdringen und den Ort unserer Schattenseiten verstehen.

Auf den weiteren Stationen unserer Reise durch Schottland ergab sich mir eine tiefe Begegnung mit den Meeressäugern. Man sollte also auch an sie denken, wenn man hinsichtlich des Kronenchakras vom Kontakt des Menschen mit konkreten Gruppen von Geistwesen spricht. Einmal, während einer Meditation auf den Orkney-Inseln, durfte ich in mir den Herzschlag eines Wales empfinden, so als wäre ich zugleich in seinem Leib. Ich spürte den Kontinent Europa als eine schlafende Landmasse, die umgeben ist von dem wachenden Seelenraum der Meere. Dieser Seelenraum mit all seinem Empfinden und all seiner Weisheit gehört zu uns und wartet darauf, dass wir uns ihm zuwenden.

Auf Iona durften wir den Frieden, der hier über Land und Meer liegt, in uns aufnehmen. Er gibt uns eine Ahnung davon, wie sich eine erlöste, ganz in Schönheit verwandelte Erde anfühlen wird. Bei zehn bis zwölf Grad Wassertemperatur in glasklarem Meerwasser badend, machten wir alle tiefe Reinigungsprozesse durch. Es war, als öffneten sich alle Körperzellen ins Lichthafte.

TRANSPERSONALE CHAKREN

Es gibt über die behandelten, mit Mensch und Erde zugleich verbundenen Chakren hinaus noch weitere, sogenannte transpersonale Chakren. Diese Chakren liegen beim Menschen außerhalb des physischen Leibes. In der neueren Literatur über die Hauptchakren des Menschen werden einige davon beschrieben. Ihren Bezug zum Energiekörper der Erde möchte ich hier der Vollständigkeit halber kurz andeuten.

Achtes Chakra: Ewigkeit und Neugeburt

Wenn man senkrecht über dem Kopf den Arm fast ganz ausstreckt, berührt man das eigene achte Chakra. In den Energiekörpern der Erde gibt es jeweils zwei Resonanzorte des achten Chakras. Diese Zweiheit steht aber nicht mehr im Zeichen der grundlegenden Dualität der gegenwärtigen Verkörperungsstufe der Erde, wie sie sich im Falle der paarigen Atmung der Erdsakralchakren in In- und Exkarnation ausdrückt. Im achten Chakra ist eine Atempause erreicht, ein Innehalten, das in sich den Schritt zu einer neuen Verkörperungsstufe der Erde vollzieht. In dieser Atempause ist kein Unterschied mehr festzustellen zwischen Himmel und Erde, Diesseits und Jenseits. Im ersten Aspekt des achten Erdchakras erleben wir einen Zustand nach Beendigung aller irdischen Entwicklungen, so wie wir sie bisher kennengelernt haben. Nun versammeln sich alle Akteure und erleben sich gegenseitig in ihrer reinen Wesenhaftigkeit.

Versammlung I (Kempten, Burghalde, 26. 7. 2015)

Das Räderwerk der Zeit kommt an sein Ende.
Wir bleiben stehn und reichen uns die Hände.
Wir blicken nun durch jedes Augenrund
Des andren in den einen Schöpfergrund.

Wir lesen staunend die Kontur
Von Stirnen, Lippen, Wangen nur
Mit unsren Fingerkuppen zart.

Wir wagen, unser Herz zu zeigen,
Mit allem, was darinnen wohnt,
Ganz so, wie es geworden ist,
sei's weich, sei's hart.

Im zweiten Aspekt des achten Erdchakras erleben wir eine zukünftige Verkörperungsstufe der Erde, deren Substanz dann die Folge aller Taten ist, die wir auf der jetzigen Stufe getan haben. Die Qualität dieser Neuverkörperung hängt ganz davon ab, wie weit wir bis dahin gekommen sind.

Versammlung II (am Zwieselberg westlich Roßhaupten, 26. 7. 2015)

Was wir getan, wird offenbar
Und liegt der neuen Erd zugrunde.
Und sie wird reden klar und wahr
Aus deinem lieben Munde.

Nulltes Chakra: Urkräfte der Erde

Beim Menschen liegt das nullte Chakra zwischen den Knien. Es verbindet uns mit den Urkräften der Erde, die im Bild des Drachens und der Schlange aufleuchten. Diese Kräfte können uns zunächst als feindlich gesonnen erscheinen, und wir stehen daher in einer langen Tradition ihrer Ablehnung. Um dieses Missverständnis zu klären und ganz aufzuarbeiten, werden wir noch etliche Male zur Erde zurückkehren müssen. Zur erlösten Erde und zum Mensch gewordenen Menschen gehört, auch die Urkräfte des Lebens integriert zu haben.

Kundalini/Sushumna
Nulltes Chakra (Lebenberg bei Kitzbühel, 2.9.2017)

In allem, was auf diesem Planeten existiert, bin ich dabei.
Ich schiebe die Wehen in der Geburt.
Ich strebe aufwärts in den Pflanzen.
Ich marschiere in den Beinen der festlich geschmückten Elefanten in Indien.
Ich bin unaufhaltsam Leben.

Ich werde von außen über deine Grenzen quellen und mir holen, was du mir gestohlen, wenn du mich in dir begrenzt.

Wenn du mich in dir so lenkst und den Lärm in dir so dämpfst, dass ich
Meinen Schöpfer hören kann, bin ich bereit, mit dir in der Zeit
Das, was nur durch dich in die Welt kommen kann, wachsen und blühen zu lassen.

Du kannst mich fürchten oder gar hassen.
Du kannst mich in dir fassen und zum Wohle aller wirken lassen.

NACHWORT UND DANK

Ja, und wie reinigt man sich eigentlich von all den ›Energien‹?

Baden, baden, baden, wo immer es möglich ist, je kälter das Wasser, desto besser.

Singen, singen, tönen, tönen. Je länger, je inniger, je freier, aber auch: je mehrstimmiger und kunstvoller, desto besser.

Gehen, gehen, tanzen, gehen, weitergehen, in Bewegung bleiben.

Üben, üben, üben, weiter üben.

Lieben, lieben, lieben, nicht aufhören.

Lesen, lesen, lesen.

Verstehen, fragen, weiterforschen.

Ich möchte mich bei allen meinen Lehrern und Kollegen bedanken, die mich gefördert haben, insbesondere bei Marko Pogačnik. Danken möchte ich den Teilnehmerinnen und Teilnehmern meiner Ausbildungskurse, Seminare und Arbeitskreise für die treue Mitarbeit auf dem gemeinsamen Forschungs- und Heilungsweg. Ohne Euch hätte dieses Buch nicht entstehen können. Für die gute Betreuung seitens des Verlags Urachhaus danke ich meiner Lektorin Nana Badenberg, dem Buchgestalter und Grafiker Manfred Christ und dem Verlagsleiter Michael Stehle. Wichtige Anregungen und Ermunterungen verdanke ich Christiane und Egbert Krellmann, Caroline Wispler, Jörg Kunze, dem Team des Seminarhauses Der Quellhof in Kirchberg/Jagst und insbesondere meiner Frau Hendrikje. Dem geistig überaus fruchtbaren Austausch mit ihr seit fast drei Jahrzehnten verdanke ich, dass ich tatsächlich Geomant geworden bin und dabei die Bodenhaftung behalten habe. Ihr und meinen Kindern danke ich auch für das geduldige Ertragen meiner Reisetätigkeit, ihnen und allen weiteren Helfern auf

Die gemeinsame Auswertung der Ergebnisse einer geomantischen Gruppenmeditation – eine zeitgemäße Form der Geistesforschung und des Gottesdienstes. An einem Sonntagmorgen in der Schwäbischen Alb.

dem Undinenhof verdanke ich, dass ich stets froh wieder heimkehren konnte. Ich habe bei meinem Vorhaben stets die Hilfe, den Schutz und den Segen der geistigen Welt spüren dürfen und wünsche das auch meinen Leserinnen und Lesern.

Handlungsanleitung für künftige Gärtner Eden oder:
Gentechnik 2.0 (Potsdam-Eiche, 22. 8. 2017)

Was künftig wachsen will auf Erden,
Sei's Tier, sei's Pflanze oder Mensch,
Ihr müsst es wollen.
Es stellt sich unter euren Schutz.
Ihr sollt's begrüßen, dürft nicht grollen;
Ihr sollt's befrein von seinem Schmutz.

Ihr dürft es lenken hin
Zu frohem Wiedersehn,
Doch sollt ihr's nicht verrenken,
Ihm auch nicht nehmen seinen Trutz.

Versteht es richtig,
Dass ein jeder kommt mit seinem Schmerz.
Manch einer scheint euch giftig
Und doch erfreut er anderen das Herz.

Wenn ihr der Schöpfung
Nun selber Hand anlegen wollt,
So tut es stets in dem Bewusstsein:
Durch eure Hände fließt das reine Gold.

Ihr sollt es nicht vergraben
Und könnt es selber nicht besitzen,
Doch könnt ihr alle ewig treu
Es neu gebären und beschützen.

Mein typischer Arbeitsplatz – hier auf dem Donnersberg.
Danke für die Inspirationen!

Anmerkungen

1 Marko Pogačnik 2009, S. 34 f., vgl. Hradil 2014, S. 45–95.
2 Ich werde dies exemplarisch in einer Folgepublikation unter dem Titel *Naturmeditation* zeigen, in der es vor allem um die praktische Anwendbarkeit der Methode für Gruppen im Gelände gehen wird, um die tiefere Bedeutung der vier Elemente Erde, Wasser, Luft und Feuer und um Erfahrungen mit den Geistwesen der Natur.
3 Vgl. Pogačnik 1996.
4 Vgl. Pogačnik 2008.
5 Vgl. Leadbeater 1988.
6 Vgl. Schneider 2008.
7 Vgl. zum Beispiel Sharamin / Baginski 2001.
8 Pogačnik 2008, S. 56–58.
9 Vgl. Pogačnik / Pogačnik Meier 2004, S. 41 f. Als Entsprechung zum Wurzelchakra des Menschen beschreibt Marko Pogačnik »Erdungszentren«, vgl. auch Pogačnik 2008, S. 72–74.
10 Mt. 6,26.
11 Pogačnik 2008, S. 70–72; Pogačnik 1996, S. 310.
12 Goethe 1982, S. 8.
13 Steiner 1919, S. 105–119.
14 Dies auch im Ätherischen genauer zu erforschen ist Aufgabe der goetheanistisch angeregten Saatgut- und Bildekräfteforschung.
15 Pogačnik 1997, S. 136 f.
16 Levi-Strauss 1988.
17 Vgl. Pogačnik 1998.
18 Vgl. Findeisen 2012.
19 Pogačnik 1996, S. 283–288; Pogačnik 1997, S. 34–48; Pogačnik 2008, S. 76 f.
20 Vgl. Thiele / Knorr 2003.
21 Vgl. Markides 1998, S. 51–74.
22 Vgl. Westrich 1975.
23 Sebastian Böckmann: *Warum der Klemmhof bunte Kacheln braucht.* In: *Grundwasser – Zeitschrift der Fachsektion Hydrogeologie,* 2009, S. 304 f.
24 Vgl. Wimmer 1993, S. 169.
25 Vgl. Hahn 1982.
26 Marko Pogačnik spricht von Herzzentren, vgl. Pogačnik 2008, S. 78–82; Pogačnik 1997, S. 52–63.
27 Vgl. Suchorukov 2010.
28 Vgl. Melchisedek 2008.
29 Pogačnik 1996.

30 Pogačnik 2008, S. 83 f.
31 Pogačnik 1996, S. 281.
32 Vgl. Lorber 2010.
33 Pogačnik 2008, S. 83; 85 f.
34 Vgl. Emberson 2013.
35 Pogačnik 2008, S. 87–89.

Literaturverzeichnis

Aderholt, Hans-Joachim, und Mayer, Thomas (Hrsg.), *Erlebnis Erdwandlung. Berichte und Texte einer Zeitzeugenschaft.* Borchen [2]2008.

Arzt, Gregor, *Geomantie in der Praxis und die Sehnsucht der Wesen.* In: Mayer, Thomas (Hrsg.), *Zusammenarbeit mit Elementarwesen.* Bd. 2, Gespräche mit Praktikern. Saarbrücken 2012, S. 165–191.

Ders., *Walter E. Richartz. Über literarische und naturwissenschaftliche Erkenntnis.* Paderborn 1995.

Bachelard, Gaston, *Poetik des Raumes.* München 1960.

Balalaev, Sergey, *The Call of Kailash.* Moskau 2010.

Brönnle, Stefan, *Die Kraft des Ortes.* Niedernhausen/Ts. 1998.

Delor, Andreas, *Atlantis nach neuesten hellsichtigen und wissenschaftlichen Quellen.* Band 1, Borchen [2]2011.

Emberson, Paul, *Maschinen und der Menschengeist.* Edinburgh 2013.

Findeisen, Wolfgang, *Mit dem Herzen sehen lernen.* Duisburg 2012.

Fremantle, Francesca, und Trungpa, Chögyam (Hrsg.), *Das Totenbuch der Tibeter.* Sonderausgabe. München 2002.

Gesellschaft für Bildekräfteforschung (Hrsg.), *Arbeitsmaterialien, 5 Bde.* Bensheim 2010 ff.

Goethe, Johann Wolfgang, *Die Natur.* In: *Naturwissenschaftliche Schriften,* hrsg. von Rudolf Steiner, Bd. 2. Dornach 1982, S. 5–9.

Hagia Chora – Zeitschrift für Geomantie. Klein Jasedow 1999 ff.

Hahn, Herbert, *Vom Genius Europas. Begegnung mit zwölf Ländern, Völkern, Sprachen.* Sonderausgabe in 3 Bänden. Stuttgart 1981.

Hein, Alexandra, *Frankfurt, meine Geburtsstadt. Stadt der Banken, angeschaut mit geomantischen Augen.* Unveröffentlichte Abschlussarbeit zur dreijährigen Ausbildung Spirituelle Erdwissenschaften – Geomantie am Institut für Geomantie, Dr. Gregor Arzt. Frankfurt/Main 2013.

Hensch, Eike Georg, *Geomantische Reisen. Eine Wahrnehmungsschule.* Nienburg 2001.

Ders., *Geomantisch Planen, Bauen und Wohnen.* 2 Bde. Klein Jasedow 2007.

Hölderlin, Friedrich, *Dichtungen und Briefe.* München 1952.

Kantilli, Günther, *Naturheiligtümer in Europa.* Alberndorf 2010.

Leadbeater, Charles Webster, *Die Chakras.* Freiburg i. Br. [8]1988.

Levine, Peter, und Frederick, Ann, *Trauma-Heilung.* Essen 1998.

Levi-Strauss, Claude: *Traurige Tropen.* Leipzig 1988.

Ließ, Christian, Sutter, Christine, und Schleyer, Manfred, *Untersuchung von Methoden der Wasserbehandlung zur Qualitätsverbesserung, Projektbericht.* Herrischried 2012.

Lorber, Jakob, *Der Großglockner. Ein Evangelium der Berge,* Bietigheim-Bissingen [7]2010.

Lüdeling, Hartmut, *Handbuch der Radiästhesie. Schwerpunkt Grifflängentechnik,* Nienburg [3]1998.

Markides, Kyriacos C., *Der Magus von Strovolos.* München 1998.

Melchisedek, Drunvalo, *Die Schlange des Lichts.* Burgrain 2013.

Novalis, *Werke, Tagebücher und Briefe Friedrich von Hardenbergs,* hrsg. von Hans-Joachim Mähl und Richard Samuel. 2 Bde. München 1978.

Pogačnik, Marko, *Erdsysteme und Christuskraft. Ein Evangelium für das Menschwerden.* München 1998.

Ders., *Wege der Erdheilung.* München 1997.

Ders., *Schule der Geomantie.* München 1996.

Ders., *Das geheime Leben der Erde. Neue Schule der Geomantie.* Baden und München 2008.

Ders., *Elementarwesen. Die Gefühlsebene der Erde.* München 1995.

Ders., *Synchrone Welten.* Aarau und München 2011.

Ders., *Universum des menschlichen Körpers.* Aarau und München 2015.

Ders., *Von Geomantie zu Geokultur.* In: *Hagia Chora. Zeitschrift für Geomantie,* Heft 33, 2009, S. 34f.

Ders., und Hradil, Radomil, *Gaiakultur.* Saarbrücken 2014.

Ders., und Pogačnik Meier, Ana, *Das Herz so weit. Zu den Wurzeln des Friedens in Palästina und Israel.* München 2004.

Posner, Roland, *Warnungen an die ferne Zukunft – Atommüll als Kommunikationsproblem.* München 1990.

Rath, Johannes, *Im delischen Kreis,* hrsg. und mit einem Nachwort von Klas Diederich. Stuttgart 1990.

Reinhard, Jürg, *Geosophie. Erdwesenskunde.* Merligen 2004.

Schmidt, Dorian, *Lebenskräfte – Bildekräfte. Methodische Grundlagen zur Erforschung des Lebendigen.* Stuttgart 2010.

Schneider, Reinhard, *Leitfaden und Lehrkurs der Ruten- und Pendelkunst, Teil 1: Einführung in die Radiästhesie.* Wertheim [7]1996.

Schneider, Wolfgang, *Schulungsmaterial zur Geomantie.* In: Aderholt/Mayer, a. a. O., S. 478–495.

Sharamin, Shalila, und Baginski, Bodo J., *Das Chakra-Handbuch.* Aitrang [46]2001.

Steiner, Rudolf, *Die Geheimwissenschaft im Umriss.* GA 13. Basel [31]2013.

Ders., *Theosophie.* GA 9. Basel [33]2013.

Ders., Vortrag, Stuttgart, 28. August 1919. In: *Allgemeine Menschenkunde als Grundlage der Pädagogik.* GA 293. Dornach [9]1992, S. 105–119.

Stoehr, Guntram, *Vom Wesen der Bäume. Geomantische Landschaftsphänomene und Baumwuchsformen.* Baden und München 2012.

Storl, Wolf-Dieter, *Pflanzendevas – Die Göttin und ihre Pflanzenengel.* Aarau 1997.

Suchorukov, Aleksandar, *Praktitscheskaja Eniologia.* Voronezh 2010.

Thiele, Wolfgang, und Knorr, Herbert, *Der Himmel ist unter uns.* Bottrop [2]2003.

Westrich, Klaus-Peter, *Neustadt an der Weinstraße. Beiträge zur Geschichte einer pfälzischen Stadt.* Neustadt/W. 1975.

Wimmer, Clemens, *Die Geheimnisse des Neuen Gartens.* In: *Potsdamer Schlösser und Gärten.* Potsdam 1993, S. 164–170.

Erläuterung der Symbole

Erdchakren

- unteres transpersonales Chakra: Urkräfte der Erde
- Wurzelchakra
- Sakralchakra

VE vitalenergetische Einatmung
VA vitalenergetische Ausatmung

- Solarplexuschakra
- Herzchakra
- Halschakra
- Stirnchakra
- Kronenchakra
- oberes transpersonales Chakra: Verbindung mit dem Ewigen

Zusätzlich in den Karten verwendete Symbole bzw. Symbolgruppen

Yin-Yang-System in der Landschaft

♂ Yang-Zentrum: Schöpferkräfte des Himmels

♀ Yin-Zentrum: Empfängnis- und Zeugungskräfte der lebendigen Erde

☯ Begegnung von Himmel und Erde in der Vereinigung von Yin und Yang

Landschaftstempel Gaias
(räumlich erfahrbare Schwerpunkte der lebenspendenden Aktivität Gaias in einem gegebenen Holon)

R Rote Göttin der Fülle

S Schwarze Göttin der Wandlung

W Weiße Göttin der Ganzheit

Die Hände Gaias: Ein- und Ausatmungspunkte des Landschaftstempels

Ley-Linie; Energiemeridian

Landschaftsengel

Grenze des Energiekörpers; Holon

Bildnachweis

Einband Vorderseite: www.shutterstock.com, Opsormen
Einband Rückseite: ESA / NASA – A. Gerst
S. 29: Aus Eike Hensch, Geomantische Reisen. Nienburg 2001, S. 59. Der Abdruck erfolgt mit freundlicher Genehmigung des Autors; die Abbildung wurde leicht modifiziert.
S. 84, 222, 223: Undine Hossmann
S. 94, 101, 143 (unten), 161, 196, 198, 199, 229 (oben): Egbert Krellmann
S. 95: stefg74, 2.0 Generic (CC BY 2.0) www.flickr.com/photos/stg_gr1/376400984/in/photostream
S. 143 (Mitte, rechts): T. Perlick
S. 229 (unten), 231: Johannes Peters
S. 194: Marcus Richmann
Alle anderen Fotos stammen vom Autor.